Die Vierte Gewalt

# Die Vierte Gewalt

im Gespräch mit
Friederike Schröter und Claus Gerlach

Kulturverlag Kadmos Berlin

Die Deutsche Bibliothek – CIP-Einheitsaufnahme

Die Deutsche Bibliothek verzeichnet diese Publikation in der
Deutschen Nationalbibliografie; detaillierte bibliographische
Daten sind im Internet unter http://dnb.ddb.de abrufbar

Das Werk einschließlich aller seiner Teile ist urheberrechtlich geschützt.
Jede Verwertung ist ohne Zustimmung des Verlages unzulässig. Das gilt
insbesondere für Vervielfältigungen, Übersetzungen, Mikroverfilmungen
und die Einspeicherung und Verarbeitung in elektronischen Systemen.
Copyright © 2008,
Kulturverlag Kadmos Berlin. Wolfram Burckhardt
Alle Rechte vorbehalten
Internet: www.kv-kadmos.com
Umschlaggestaltung: kaleidogramm, Berlin.
Gestaltung und Satz: kaleidogramm, Berlin
Druck: AJS
Printed in EU
ISBN (10-stellig) 3-86599-069-X
ISBN (13-stellig) 978-3-86599-069-3

# Vorbemerkung

Dies ist ein Interviewbuch. Wir haben mit 26 ausgewählten Journalistinnen und Journalisten Gespräche geführt, die sehr individuell gestaltet sind – sozusagen maßgeschneidert – und die jeweils zu einem bestimmten und nachvollziehbaren Zeitpunkt innerhalb eines Jahres stattgefunden haben. Dieser Schnitt quer durch die Medienlandschaft legt somit den Blick ins Innere frei und lässt die Vierte Gewalt nicht nur als Berichterstatterin, sondern auch als Handelnde im Zeitgeschehen erkennbar werden.

Wir schreiben und wir urteilen nicht über die Medienleute. Die siebzehn Männer und neun Frauen dürfen vielmehr mit ihren eigenen Worten sprechen, müssen sich dann jedoch von uns auf den Zahn fühlen lassen. Und manchmal hat es auch wehgetan.

Friederike Schröter / Claus Gerlach

# Inhalt

**Vorwort**   9

**Tissy Bruns**
Über das langsame Bohren dicker Bretter   13

**Sven Kuntze**
Zur Idee des Nebenbei-Fernsehens   25

**Tilman Krause**
»Ich bin ein Konservativer«   35

**Henryk Modest Broder**
»Das Leben ist voller Widersprüche«   47

**Peter Rásonyi**
Die unerträgliche Leichtigkeit des liberalen Denkens   61

**Marie Sagenschneider**
Über die Kunst ein Interview zu führen   73

**Helmut Markwort**
Im Focus der Hubert Burda Media Holding   83

**Christine Ellinghaus**
Kann ein Minirock ein Freund sein?   95

**Claus Strunz**
... nicht immer ganz bis zum Anschlag ...   99

**Günter Schabowski**
Über die plötzliche Entdeckung der Realität   111

**Wolfram Weimer**
Auf der Suche nach dem Heiligen Gral   121

**Bascha Mika**
Die Queen von der Rudi-Dutschke-Straße   133

**Peter Kloeppel**
Vom Ferkelstall ins Fernsehstudio   145

**Maybrit Illner**
Im Gespräch mit dem Salz der Erde  155

**Jolyon Brettingham Smith**
»Möchten Sie wirklich Phil Collins sein?«  165

**Cathrin Kahlweit**
»Ich habe einen tollen Job«  175

**Hans Leyendecker**
Hänschen klein  185

**Gerhard Delling**
»Ich kann ja nur über mich sprechen«  197

**Christoph Amend**
Zur Kultur des Unpolitischen  207

**Claus Kleber**
Das Alpha-Tier im Rennstall des ZDF  215

**Philipp Krohn**
Der Sender mit der ernsten Anmutung  227

**Anke Kapels**
Einmal Hollywood und zurück  235

**Karin von Faber**
Mit einem Rosenstrauß für Golda Meir  245

**Markus Schächter**
Der Brückenbauer aus Hääschde  255

**Dirk Kurbjuweit**
»Wir machen diese Leute ja erst zu Königen«  265

**Eva Herman**
Die verlorene Ehre der Eva Herman  277

**Nachwort**
Vom Konflikt zweier Eitelkeiten und anderen interessanten Überraschungen  291

# Vorwort

Das Wort von der Mediokratie – von den Medien als der Vierten Gewalt – scheint mir ein absolut angemessenes Wort zu sein. Wenn Medien aber eine Gewalt sind, müsste man sehr gute Gründe anführen, um zu sagen: Was für Legislative, für Exekutive und Judikative gilt, soll für die Medien nicht gelten.

Stellen Sie sich mal vor, der Regierungssprecher sagt: Wir prüfen noch, ob wir bei der nächsten Bundespressekonferenz Fotos von Frank Schirrmacher zeigen – oder von Kai Diekmann, wo er Hand in Hand mit einer Frau, mit der er nicht verheiratet ist, über einen Marktplatz geht. Oder stellen Sie sich vor: Kai Diekmann und Frank Schirrmacher – ganz ohne Frau – aber die beiden Männer Hand in Hand auf Sylt – am FKK-Strand – und der Regierungssprecher sagt nun: Wir prüfen noch, ob wir diese Fotos bei der nächsten Bundespressekonferenz an die Wand werfen, Sie können die dann natürlich auch gleich übernehmen. Dann würden Sie zu Recht sagen: Gott sei Dank ist das nicht möglich, das ist juristisch, stilistisch und moralisch absolut inakzeptabel.

Sie merken, dass hier asymmetrische Verhältnisse herrschen. Wir schütteln vielleicht den Kopf und finden es unfein, wenn Medien das im Hinblick auf Verheugen oder Seehofer machen, die Umkehrung des Verhältnisses – Politiker gehen so mit Journalisten um – wäre schlichtweg nicht akzeptabel. Das Eigentümliche ist demnach, dass Medien, die alles beobachten, selbst weitgehend unter dem Privileg der Nichtbeobachtung stehen. Sie werden selbst nicht beobachtet – jedenfalls nicht in der Weise, in der sie am liebsten andere Systeme beobachten, nämlich personenbezogen. Meine Kernthese ist also, dass es im Augenblick noch nicht so ist, und das ist sehr bemerkenswert, dass die Mediensphäre mit vergleichbarer Tabulosigkeit beobachtet wird.

Ich mache eine Einschränkung: Es gibt so etwas wie das systematische Schlechtreden des Journalismus überhaupt – spätestens seit den Zeiten von Karl Kraus und Kierkegaard. Jeder, der etwas auf sich hält, weiß, dass Journalisten nicht viel taugen. Das sind Feuilletonisten, die schreiben nur fürs Zeilengeld, die sind unverantwortlich, das sind Schmierfinken, die hängen alle an der Flasche und dergleichen mehr. Das ist so etwas wie eine Generalabwehr gegen die »Medienfuzzis«: Medien sind schlecht, das Fernsehen ist die »Glotze«, die »Flimmerkiste« und so weiter. Aber das ist gewissermaßen die Klammer, die umgekehrt dafür sorgt, dass das asymmetrische Verhältnis von Journalisten und Politik – wir beobachten euch, aber wir lassen uns nicht beobachten – sich lange gehalten hat, ich sage ganz deutlich: hat. Denn meine Beobachtung ist, dass dieses asymmetrische Verhältnis dabei ist zu kippen.

Heute ist Politik das System, dem alles zugerechnet wird: Es gibt Kampfhunde, die beißen, oder Menschen, die rauchen, oder ein Wetter, das immer schlechter wird; an allem ist die Politik schuld. In einigen Fällen ist das plausibel; bei anderen, schon bei Wirtschaftsentwicklungen, ist oder sollte doch die Frage sein, wie weit wirklich die Politik dafür verantwortlich ist, dass die Konjunktur anspringt oder eben nicht. Es gibt andere Fälle, wie sexuellen Missbrauch, wo nicht recht ersichtlich ist, inwieweit die Politik daran schuld ist, aber das normale Spiel der Medien läuft so: Was immer auch geschieht, der sich anbietende Kandidat für Zurechnungen, gerade auch für negative Zurechnungen, ist die Politik.

Das führt dazu, dass es so etwas gibt wie eine – nennen wir es ruhig so – Weigerung der Eliten, in die Politik zu gehen. Die Attraktivität des Berufs Politik ist aus nachvollziehbaren Gründen enorm gefallen. Die Einkommen von Politikern sind anderslautenden Gerüchten zum Trotz schlechter als die der arrivierten Medienleute. Das Privileg, weitgehend nicht beobachtet zu werden, die Privat- und Intimsphäre schützen zu können, geht vor die Hunde, wenn man sich in die politische Sphäre hineinbegibt. Der Arbeitstag ist auf eine Art und Weise unerträglich lang und stressig; die Ehen vieler Politiker sind gescheitert – so viele wie in kaum einem anderen Berufszweig. Ich will in aller Ernsthaftigkeit sagen: Wir müssen erstens überlegen, ob wir mit dieser auch medial antrainierten Haltung, alles was schief läuft, immer nur der Politik zuzurechnen, alles Negative politischen Ursachen zuzuschreiben, von verqualmten Kneipen bis zur sinkenden Geburtenrate, wirklich analytisch auf der Höhe sind, und zweitens, ob die politische Sphäre weiterhin eine Mindestausstattung an Attraktivität behält, die dafür sorgen kann, dass qualifizierte Leute, die auch Alternativen hätten, in die Politik gehen.

Wer die Kabinette der letzten 30 – 40 Jahre durchgeht, merkt, dass es beim Kabinett Brandt noch eine ganze Reihe von Leuten gab, die freiwillig ihre durchaus privilegierten Berufspositionen aufgegeben haben, um in die Politik zu gehen. Ich weiß das zum Beispiel in Bezug auf meinen Berufsstand. Man kann das ironisieren, aber ich will es bloß sachlich festhalten: Es war weitgehend ein Professorenkabinett. Ob das nun Dahrendorf war oder Ehmke oder Leussink oder Maihofer oder Schiller – es war für Professoren ersichtlich attraktiv, eine Zeitlang auch mal ein Ministeramt zu besetzen. Das ist heute nicht mehr so. Denken Sie mal an den Wahlkampf 2005: Der »Professor aus Heidelberg« wurde zu einer Lachnummer. Da war mal einer bereit, in die Politik zu gehen, aber alle sagten: Wie kann der überhaupt so dämlich sein das zu machen? Und Schröder unkte, wenn der das macht, dann fällt er auf den Bauch wie nur irgendeiner. Vermutlich hatte Schröder damit sogar Recht. Ich will das jetzt nicht ausfantasieren, was geworden wäre, wenn der Professor aus Heidelberg ein Ministeramt bekommen hätte. Ich will nur sagen: Insgesamt ist die Situation gekippt; Politik zu machen und Politiker zu sein, wird zusehends unattraktiv.

Wir haben also eine Weigerung, eine begründete Verweigerung der Eliten, in die Politik zu gehen. Natürlich geht es dem Chefredakteur der *Zeit* gründlich besser als es einem Spitzenpolitiker geht. Er hat unter dem Strich das besser bezahlte, das mit höherem Prestige versehene Leben als ein Politiker, der systematisch im Fokus der Öffentlichkeit steht, sich beobachten lassen muss und über die Privilegien, über die man im Mediensystem verfügt, so eben gar nicht verfügt.

Auch da eine kleine Fantasie: Stellen Sie sich vor, wir hätten wirklich Kabinette, die von denen gestellt würden, die Politik kritisieren. Ich würde – je nachdem, aus welchem Umfeld diese Kabinettslisten kämen – sofort den Emigrationskoffer packen. Würden wir ernsthaft wollen, dass wir ein Kabinett hätten, wo Anne Will Familienministerin ist, Kai Diekmann das Außenministerium übernimmt, Frank Schirrmacher Umweltminister wird, Hans Leyendecker Verteidigungsminister und – Maybrit Illner Kanzlerin? Ich glaube, Sie würden alle schnell schauen, wann der nächste Zug fährt, und dann möglichst weit weg ins Ausland fahren. Lassen Sie diese Fantasie mal zu, dass die Politik sagt: Wie wäre es denn, wenn wir in der nächsten Legislaturperiode wirklich das machen, was ihr Kommentatoren und Beobachter verlangt? Wir machen mal wirklich fünf Jahre lang das, was in Leitartikeln der *Bild*-Zeitung oder der *Frankfurter Rundschau* oder der *Frankfurter Allgemeinen* oder der *Süddeutschen* steht. Das wäre eine grausame Drohung.

Nun werden Sie zu Recht sagen: Das ist ja auch nicht die Aufgabe der Medien. Die Aufgabe der Medien ist es vielmehr, die Politik zu beobachten und zu kritisieren. Aber die drängende Frage bleibt doch: Wessen Aufgabe ist es eigentlich, die Medien zu beobachten und zu kritisieren? Wer kann das überhaupt? Wer darf das und wer traut sich das, ohne die Rache der Medien zu fürchten?

Meine Prognose ist, dass die Medien als die Kraft, die lange das Privileg hatte alles zu beobachten, bald zunehmend selbst beobachtet werden. Bis hin zu den Personalisierungen, dass man also über Chefredakteure genau so spricht wie über Spitzenpolitiker. Es wird noch lange dauern, bis wir dahin gekommen sind, Medienprofis so scharf zu beobachten wie Politiker, aber der Weg dorthin ist deutlich absehbar. Das Buch, das Sie in Händen halten, ist jedenfalls ein Schritt in diese Richtung.

Jochen Hörisch

# Tissy Bruns

**Tissy Bruns**, in Sachsen-Anhalt geboren. Seit 1981 Journalistin. *Deutsche Volkszeitung*, *taz*, *Stern*, *Wochenpost*, *Tagesspiegel*, *Welt* und – seit 2004 als Leiterin des Parlamentsbüros – wieder *Tagesspiegel*. 1999-2003 als erste Frau Vorsitzende der Bundespressekonferenz.

## Über das langsame Bohren dicker Bretter

**Wer hat Ihnen diesen schönen Kosenamen Tissy geschenkt?**
Ein Schulfreund meines Bruders; das hat schon in der Kindheit stattgefunden, und fast möchte ich sagen: Meine Mutter weiß nicht mehr, dass ich Christiane heiße.

**Sie sprechen bezüglich Ihrer Herkunft von Kleinbürgerfamilie und Aufsteigermilieu. Im Alter von 6 Jahren haben Sie mit Ihren Eltern, von Sachsen-Anhalt kommend, rübergemacht – in die Gegend von Hamburg, mit anderen Worten: Axel-Cäsar-Springer-Country. Welche Tageszeitung lag denn bei Ihren Eltern auf dem Tisch?**
Hmh, nach Hamburg sind wir über Umwege gekommen: Schleswig-Holstein, dann Uelzen in Niedersachsen, dann Hamburg. Aber tatsächlich war die erste Zeitung, mit der ich in meinem Elternhaus in Berührung kam, das *Hamburger Abendblatt* – ein Springer-Blatt. Wir waren ein – für die Zeit ganz typischer – Aufsteigerhaushalt. Ich war die erste aus der Familie, die Abitur gemacht hat.

**Haben Sie denn als Kind schon in der Zeitung gelesen?**
Ich habe immer den Cisco gelesen, das war ein Comic – damals im *Hamburger Abendblatt*.

**Aber das hat vielleicht auch schon prägend gewirkt?**
Ja, geprägt hat mich vor allem, dass meine Eltern überhaupt viel gelesen haben.

**Sie haben 20 Jahre lang – in den 70ern und 80ern – richtig heftig linke Politik gemacht (MSB Spartakus, VDS-Vorstand, *Deutsche Volkszeitung*). Damals wollten Sie die Welt radikal verändern. Sind Sie heute froh, dass Sie damit keinen Erfolg hatten?**
Ich glaube, es ist ganz gut, dass die Welt nicht so geworden ist, wie ich es mir vorgestellt habe. Ich war ja für den Sozialismus als Befreiung der Menschheit und habe das als doch sehr schweren Irrtum einsehen müssen. Ein Irrtum, der mich bis heute beschäftigt und wahrscheinlich auch immer noch Auswirkungen auf meine Berufsausübung hat: Ich habe zum Beispiel eine Abneigung gegen sehr kategorische Urteile, also etwas dezidiert und absolut für den Stein der Weisen, die allgemein glücklichmachende Lösung – oder für vollkommen falsch zu halten.

**Ende der 80er Jahre gingen Sie plötzlich auf Distanz zum Linksaußen-Journalismus, um Angestellte der AOK zu werden. Was war da passiert?**
Das war der Bruch sämtlicher Verhältnisse. Ich hatte mich innerlich schon früher davon getrennt, aber 1989 ging mit der Mauer auch die Zeitung kaputt, bei der ich damals war; das war die *Deutsche Volkszeitung*, ein Linksblatt im Umfeld der DKP. Ein Teil der Kollegen ist mit einer Neugründung nach Berlin gegangen, das ist heute der *Freitag*. Ich habe einen Schnitt gemacht – und gesagt: Wer so viel Unfug geschrieben hat, der muss jetzt wirklich mal die Feder hinlegen.

**Sie hatten sich schon vorher persönlich distanziert, haben Sie gesagt?**
Ja, das ist ja oft so, dass der Prozess der Ablösung viel länger dauert als die Zeit der gläubigen Teilnahme.

**Sie haben auch ein Kind gekriegt ...**
Kein unwichtiger Einwurf. 1987 ist mein Sohn geboren und es ging mir, wie es praktisch allen geht: Nichts verändert das Leben so gründlich wie das Auftreten eines Kindes, und das hat sicher auch viel beigetragen zu einer anderen Sichtweise auf die Dinge.

**Seit 1991 aber haben Sie eine höchst beachtliche Karriere als politische Journalistin an der Parlamentsfront gemacht. Sie waren gerade in der Zeit dramatischer Veränderungen in der Medienlandschaft (Stichwort: Ende der Bonner und Beginn der Berliner Republik) Vorsitzende der Bundespressekonferenz – und das auch noch als erste Frau. Klingt nach einer echten Herausforderung.**
Das war es auch. In Bonn war alles so schön wattiert; wir kannten uns alle; alle Wege waren ausgetreten, alle Gewohnheiten ausgelotet. Und in Berlin stellten wir dann fest, dass die mediale Welt auf einmal die digitalisierte Welt geworden war, dass ein ganz anderer Takt, ein ganz anderes Tempo da war. Keiner kannte mehr die Regeln und alles musste auf neue Füße gestellt werden. Deswegen hatte ich sehr viel zu tun.

**Männer haben, wenn sie erfolgreich Karriere machen, immer ein erfolgreich befriedetes privates Hinterland. Wie sieht denn Ihr privates Hinterland aus?**
Ich habe ein stabiles privates Hinterland. Als wir heirateten, war unser gemeinsamer Sohn sechs Jahre alt; wir sind also schon sehr lange zusammen. Die volle Berufstätigkeit, ein Ehrenamt und dann noch ein Kind, das ist ungewöhnlich und war zeitweise sehr anstrengend.

**Ist es ungerecht, dass immer Frauen die Kinder kriegen müssen?**
(lacht) Es ist die Natur der Menschen. Ich hoffe, es bleibt auch so.

**Sie haben es mal als ungerecht bezeichnet.**
Na, das war eher eine ironische Bemerkung: die natürliche Ungerechtigkeit des Menschseins. Ich persönlich befürworte, dass die Frauen die Kinder kriegen. Ich habe die Mutterrolle immer sehr geliebt und liebe sie immer noch.

**Sind Sie eine Feministin?**
Eigentlich ja. Zeitweise hatte ich ein verdrucktes Verhältnis zu dem Begriff; aber ich bin eine Feministin in dem Sinne, dass ich für die Rechte und die Befreiung der Frauen eintrete.

**Befreiung von was? Von schlechten Schulzeugnissen?**
Nein – obwohl ich Ihre Anspielung verstehe. Es geht einfach darum, dass Frauen nicht durch Schicksal und Geschlecht in ausgetretene Pfade geschickt werden, die vielleicht ihrem Naturell und ihren Talenten nicht entsprechen. Die Frauen müssen dasselbe Recht haben wie die Männer, mit ihren Pfunden zu wuchern, ihre Begabungen und ihre Talente ...

**Tun sie das nicht sehr erfolgreich?**
Da gebe ich Ihnen Recht: Die Frauenbewegung ist im 20. Jahrhundert die erfolgreichste Bewegung – neben der Arbeiterbewegung. Ich gehöre nicht zu den Freundinnen des »neuen Feminismus«. Wenn, dann höchstens in einem sehr klaren Sinn, nämlich der Bekämpfung der neuen Unfreiheiten für Frauen, die es in dieser Gesellschaft tatsächlich gibt – bei den muslimischen Mädchen und bei den Kindern der Unterschicht.

**Wie erklären Sie sich, dass so viele Hardcore-Feministinnen sich lieber die Zunge abgebissen hätten als für die erste Frau zu stimmen, die in diesem Land für das höchste politische Amt kandidierte?**
Ach, Angela Merkel hatte sehr viel weibliche Unterstützung. Als sie damals CDU-Vorsitzende wurde, hatte man allerdings so ein bisschen das Gefühl: Das Leben ist ungerecht. Für die Frauenrechte wurde ja eher auf der linken Abteilung der Gesellschaft gekämpft, bei den Grünen, bei der SPD usw. – Und wer macht dann das Rennen? Die CDU. Wenn man ehrlich ist, ist das ein Neidgefühl. Aber ich nehme es Frau Merkel kein bisschen übel, dass sie in der Zeit ihres Aufstiegs die Frauenfrage nicht sonderlich stark thematisiert hat.

**Sie meinen nicht so stark thematisiert wie Gerhard Schröder zum Beispiel?**
Schröder hat dann Renate Schmidt als Familienministerin geholt, das war ein sehr kluger Schachzug. Von Schröder vorher wollen wir aber lieber nicht reden; da haben Sie vollkommen Recht. – Und von Fischer auch nicht.

**Sie schreiben Gastkommentare für die GEW, moderieren bei SPD-Veranstaltungen ...**
... und auch bei CDU-Veranstaltungen.

**Sie beteiligen sich an Diskussionen über das Grundsatzprogramm der SPD, Sie begeben sich mit dem Bonner SPD-Abgeordneten auf einen Prominentenrundgang. Wie nah stehen Sie der SPD?**
Wie nah stehe ich der SPD? – Ich bin kein Mitglied und werde nie eines sein. Ich bin immer dafür, dass Journalisten in allen politischen Lagern den Diskurs suchen sollten. Ich teile nicht die Haltung, die es ja in unserem Stand auch gibt, dass man sich gewissermaßen auf die andere Seite der Barrikade begibt, wenn man in einer parteinahen Stiftung referiert.

**Aber die Intensität Ihrer Beschäftigung mit der SPD ist schon auffällig.**
Sicher. Das hängt aber auch damit zusammen, dass ich die SPD viel besser kenne – berufsbedingt. Die SPD war bis jetzt immer mein Arbeitsschwerpunkt; in diese Schiene bin ich schon damals bei der *taz* gekommen. Es gibt ja den Spruch: Jeder Journalist ist immer ein bisschen so wie die Partei, die er macht. Da ist schon was dran, weil man eine Partei, mit der man sich 15 Jahre lang beschäftigt hat, einfach besser kennt und versteht, auch im Sinne von Empathie.

**Über den so genannten Wohnzimmerkreis, den Sie mit drei namhaften Kollegen bilden und der exklusive Gespräche mit Einzelpolitikern führt, würden wir gern etwas mehr erfahren – als man so munkeln hört.**
Na, exklusiv sind diese Gespräche ja nicht; der Wohnzimmerkreis ist etwa zehnköpfig. Er hat gegenüber anderen Kreisen eine Besonderheit: Es wird bei den Gesprächen nicht mitgeschrieben. Er ist in einer Zeit gegründet worden, in der man einfach nichts mehr erfahren hat. Wir führen ja Hintergrundgespräche, um Informationen zu erarbeiten, die noch nicht auf jeder Nachrichtenagentur laufen: Was wird in den Parteien gedacht, welche Vorüberlegungen gibt es, gibt es Strategiewechsel usw.

**Fragen denn auch mal die Politiker die Journalisten: Wie sollen wir das machen, wie können wir das am besten rüberbringen?**
Ja, aber eher als Ausnahme. Es ist klar, dass kein Politiker dahin kommt, um uns was Gutes zu tun. Er hat natürlich selbst ein Interesse. Er will zum Beispiel Dinge ausloten, die er im Kopf hat, von denen er noch nicht weiß, wie könnte das ankommen. Das ist sein Interesse.

**Was ist Ihr Interesse dabei?**
Informationsvorlauf. Wenn man z.B. mit mehreren Politikern aus einer Parteiführung über dasselbe Thema spricht, dann weiß man: Öffentlich sagen sie zwar, zwischen uns passt kein Blatt Papier. Aber die Beobachtung, dass da doch ein ganzer Stapel dazwischenpasst, war nicht falsch.

**Und Sie haben ja auch ein legitimes Interesse, Papier dazwischenzu-**

schieben, denn damit kann man Zeitungen verkaufen.
Ich habe kein Interesse daran. Ich habe ein Interesse an der Information, ob ein Papier da ist.

**Aber sie müssen die Interessen Ihrer Zeitung – das ist ja ein kommerzielles Unternehmen – vertreten.**
Aber ein kommerzielles Unternehmen ist nicht zwingend darauf angewiesen, Streit anzufachen, wo keiner ist. Ich weiß allerdings, dass wir das machen, durchaus auch aus Konkurrenzgründen. Aber ich beharre schon darauf, dass wir die Wirklichkeit abzubilden haben und nicht die Wirklichkeit befeuern sollten.

**Sie persönlich sind da ja vielleicht die Integrität in Person ...**
Sie bringen mich von der Frage nach den Hintergundkreisen ab: Die Überlegung war, wieder mit Politikern in ein politisches Gespräch zu kommen – und dieser fürchterlichen Tagesergebenheit der Politik, diesem »Ich denke gerade bis zur nächsten Umfrage, die in zehn Tagen erscheint« etwas entgegenzusetzen.

**Dennoch mag das mancher als übertriebene Nähe zur politischen Klasse empfinden. Sie gehören ja auch dem Gelbe-Karte-Kreis an, der auf dem linken Spektrum angesiedelt sein soll und z.B. Gespräche mit dem Regierungssprecher Steg (SPD) führt.**
Die Gelbe Karte ist eindeutig eine Gründung aus dem linken Spektrum. Die haben sich – ich war noch nicht dabei – zu Willy Brandts Anfangszeiten gegründet und wollten dezidiert diese neue Politik unterstützen. Das ist heute fast unvorstellbar: Um Willy Brandt gab es eine gespaltene Medienwelt. Die einen waren voll dafür, die anderen waren voll dagegen. Heute sind ja alle Medien gleich liberal.

**Heute sind alle für Willy Brandt.**
Ja, und auch für Konrad Adenauer. Alle sind gegen Gerhard Schröder und gegen Angela Merkel. Insofern ist die Gelbe Karte kein Richtungsverband mehr. Was bei der Gelben Karte absolut gilt, ist eine bestimmte Verpflichtung auf handwerkliche Regeln – und das finde ich sehr gut!

**Wieso heißt es Gelbe Karte?**
Man bekam doch früher auf Kongressen bei der Akkreditierung Karten, und die für Journalisten waren gelb. Daher kommt das ursprünglich. Später gab es diese Umwertung: Ich zeig' dir die gelbe Karte, wenn du die Regeln des Kreises verletzt.

**Da muss man auch immer teilnehmen und darf nie fehlen, heißt es.**
Wer Urlaub hat, hat Urlaub, und wer krank ist, ist krank. Aber wenn man nur zu Themen kommt, an denen man selbst berufliches Interesse hat, das wäre dann kein Kreis – dessen Witz ja in einer gewissen Kontinuität besteht, der nicht nur Momentaufnahmen macht, sondern über längere Zeit die Entwicklung betrachtet.

**Was tun Sie so alles, um Ihre Allgemeinbildung auszubauen?**
Hauptsächlich lesen. Gerade lese ich »Rummelplatz«, diesen Roman von Werner Bräunig, DDR, schon längst tot, jetzt wiederentdeckt, damals der Zensur zum Opfer gefallen. Dann habe ich – das war furchtbar – vor Weihnachten diese zweibändige Friedlaender-Sache über den Holocaust gelesen. Also, ich lese immer irgendwas. Ich bin damit aber vielleicht nicht der Normalfall in meiner Branche.

**Sind sie ein religiöser Mensch?**
Ich bin Atheistin. Ich bin zwar getauft, in den Kindergottesdienst gegangen und konfirmiert, und dafür bin ich außerordentlich dankbar. Das war damals so: Man wurde konfirmiert. Insofern ist die Frage mit dem Satz »Ich bin Atheistin« nicht vollständig beantwortet; da müssen Sie sich den Rest dazu denken. Ich bin kein unreligiöser Mensch. Ich bin Weihnachten in der Kirche, bei Konfirmationen befreundeter Familien ...

**Warum gehen Sie Weihnachten in die Kirche?**
Ich bin auch Anhängerin des Religionsunterrichts in der Schule. Warum? Also, ich hatte ein Schlüsselerlebnis: Als mein Sohn ungefähr acht war, waren wir bei Freunden mit gleichaltrigen Kindern. Es war Karfreitag und die Großmutter der anderen fragte die Kinder: Warum habt ihr denn heute schulfrei? – Und nur mein Sohn wusste es. Ich habe manchmal das Gefühl, von einem derartigen kulturellen Analphabetismus umgeben zu sein, das ist wirklich ganz schrecklich.

**Also Religion als Kulturpflege?**
Das ist fast noch zu läppisch ausgedrückt; man muss wissen, auf welchem Boden man steht – dass man weiß, was der 24. Dezember ist und wer Jesus Christus ist. Das ist ein Respekt, den man auch als Atheist haben sollte.

**Ist Demokratie eine Wortveranstaltung oder eine Wertveranstaltung?**
Die Formulierung »Demokratie ist eine Wortveranstaltung« habe ich als eine Abgrenzung zur Bildveranstaltung der Sonnenkönige benutzt. Wenn die Demokratie sich völlig entfernt von Debatte, Argument, Programm, Konzept sowie Streit und Auseinandersetzung darum, dann fängt es an schwierig zu werden.

**Aber nur Wort klingt sehr evangelisch.**
Ja, die Formulierung macht nur Sinn in der Abgrenzung zur bildhaften Inszenierung von Macht. Natürlich ist Demokratie keine rein rationale, papierne Angelegenheit; das schließt auch ein, dass Bindungen und Entscheidungen über Gefühle, Konstellationen und natürlich auch über Inszenierungen stattfinden. Ich bin nur ganz entschieden für gute Inszenierungen; und diese Kunst ist relativ selten zu beobachten.

**Die häufig geäußerte These, Sabine Christiansen wäre für die Politik wichtiger geworden als das Plenum des Bundestages, empfinden Sie als Beleidigung. Warum?**
Erstens glaube ich, dass das eine Selbstsuggestion unserer Branche ist. Das stimmt einfach nicht! Und als Beleidigung empfinde ich es insofern, als dass ich der Meinung bin, dass die Institutionen unserer Demokratie zu ihrem Recht kommen müssen – wozu öffentliche Kontrolle gehört, keine Frage. Aber die Behauptung »Sabine Christiansen ist wichtiger als der Bundestag« ist absoluter Quatsch, und Politiker, die ihr dazu gratulieren, machen seltsame Kniefälle.

**Da klingt aber auch Ressentiment gegenüber dem Fernsehen an. Ist es nicht von Vorteil, wenn sich Millionen wöchentlich mit Politik beschäftigen? Ist das nicht ein Gewinn für die Demokratie?**
Ich weiß nicht, ob sie das dann tun. Wir wissen, dass auch früher niemand in deutschen Wohnzimmern Parteiprogramme gelesen hat. Es gibt insofern eine Veränderung, als dass Politik früher im Medialen einen gemeinsamen Ort hatte, mehr oder weniger zwangsweise: Man guckte das Länderspiel, man guckte den Krimi – und man guckte das politische Magazin, weil es nichts anderes gab. Oder eben die Tagesschau.

**Aber das politische Magazin wurde schon damals von den meisten ignoriert.**
Ich will das nicht in rosiges Licht stellen. Mittlerweile müssen aber Politik und politische Journalisten im großen Rauschen des 44-Programme-Angebots dermaßen um Aufmerksamkeit kämpfen, dass sie dabei den Gehalt ihrer Sache selbst verändern. Das Problem ist, dass das Politische bei der Jagd nach Aufmerksamkeit sich selbst so schrill machen muss, dass es flach wird. Mich macht das unruhig. Ich bin da nicht apokalyptisch oder pessimistisch, aber dass irgendwas in eine Schieflage gekommen ist und man aufpassen muss, davon bin ich inzwischen felsenfest überzeugt.

**Also, Sie verstehen sich *nicht* als Kulturpessimistin?**
Ich bin da keine Kulturpessimistin, weil ich fest daran glaube, dass es immer eine bestimmte Anzahl von Menschen gibt, die Dinge gründlicher, besser und tiefer wissen wollen anstatt flach, langweilig und schrill.

**Die *Tagesspiegel*-Leser.**
Ja, zum Beispiel. Die das Motto im Titel ernst nehmen (rerum cognoscere causas).

**Die das sogar verstehen.**
Dass es immer Menschen gibt, die mehr wollen und die Dinge durchdringen wollen, das halte ich für ein Naturgesetz. So ist der Mensch.

**Der Fall »Sankt Pauli« gibt aber schon ernstlich zu bedenken. Wer hat diese Fürther Landrätin dahin getrieben, sich in der *Park Avenue* mit**

erotisierenden Fotos für ein höheres Amt in der CSU zu bewerben?
Ja, aber das finde ich nun wirklich großartig: Das ist der archaische Konflikt des Vatermordes, nur dass heute häufiger auch die Töchter den Vater ermorden. Jeder, der ein bisschen in die Geschichte geschaut hat, weiß aber auch, dass der Königsmörder immer selber stirbt – und das hat hier stattgefunden.

**War sie denn wirklich die Königsmörderin?**
Nein. Stoibers Entmachtung ist eigentlich ein Beispiel für Volksparteien-Demokratie. Die hatten noch genug Wurzeln in der Erde, um zu wissen, dass es nicht um seine »ähs« geht, die er im Fernsehen vorführt, sondern dass sein Reformtempo in Bayern zu schnell war.

**Aber unser Thema ist jetzt nicht, wie die Politik funktioniert, sondern wie die Medienwelt funktioniert. Wie die Medien die Pauli ge-hyped haben – das ist ganz normal?**
Nein, das ist nicht normal. Aus der Bedeutung, die sie nur durch uns – die Medien – hatte, nicht aus eigener Kraft, nicht durch Mandatierung, nicht durch Abgeordnete, die hinter oder neben ihr standen, hat sie sich verführen lassen und gesagt: Ich warte auf die Angebote. Aber das einzige Angebot war, sich in der *Park Avenue* fotografieren zu lassen. Das ist sozusagen der mediale Hype. Schrecklich!

**Aber jetzt nach den Fotos schweigen die Medien auffällig; die wenigsten kommentieren das überhaupt. Es ist jetzt nicht schon wieder ein neuer Medienhype: Die fürchterliche Frau usw. – Haben die Medien da ein schlechtes Gewissen?**
Vielleicht haben Sie Recht: Da ist so ein uneingestandenes, vielleicht nicht mal selbst bemerktes schlechtes Gewissen dabei.\*

**Es heißt ja immer, eine Frau müsse doppelt so gut wie männliche Mitbewerber sein, um in Spitzenpositionen zu kommen. Waren Sie immer doppelt so gut?**
Das wäre wirklich sehr vermessen; das glaube ich nicht. Was man wirklich mehr haben muss, ist Alltagsdisziplin. Wenn man ein Kind hat und einen vollen Beruf, dann muss man sich das Leben sehr diszipliniert einteilen. Aber doppelt so gut – das wäre einfach vermessen.

**Was ist denn Ihr Erfolgsrezept? Das langsame Bohren dicker Bretter?**
Ich glaube schon, dass eine meiner Stärken ist: Ich halte es aus, wenn alles sehr widersprüchlich ist, wenn sich Leute in meiner Umgebung nicht verstehen und man trotzdem was zusammen erreichen muss. Das ist aber wirklich ein Spezialtraining, das die berufstätige Mutter umsonst bekommt. Man wird durch das praktische Leben zum Multitasking erzogen.

\* Am 21.11.2007 ist Gabriele Pauli sang- und klanglos aus der CSU ausgetreten.

**Wenn Ihnen auf der Straße der *Tagesspiegel* kostenlos – mit Kinofreikarten als Dreingabe – angeboten wird, sind Sie dann schon mal versucht, sich die Kinokarten zu sichern?**
Nie. Das dürfte ich ja gar nicht. – Aber der Konkurrenzkampf ist hart bis mörderisch. Sofern es um den politischen Journalismus geht, ist es unsere Neigung, die Wirklichkeit der Politik mit Bedeutung, Streit, Zuspitzung aufzuladen, die von der Wirklichkeit etwas entfernt sind. Wenn wir Ihr Beispiel aufgreifen, ich hätte ein Interesse daran, ein Blatt Papier zwischen die Politiker zu schieben: Da haben Sie in der Medienbeobachtung Recht; wir lieben Streit und Konflikt mehr als alles andere, und wir verschieben damit das Bild über die politische Wirklichkeit. Und da bin ich nicht frei von Schuld. – Mit solchen Sachen sägen wir an unserem eigenen Ast, an unserer Glaubwürdigkeit. Ich habe manchmal das Gefühl, dass wir dazu neigen, aus Angst vor dem eigenen Tod Selbstmord zu begehen.

**Noch ein Wort zu den, wie Sie es nennen, Zahnrädern der Information. Während diese Zahnräder in Bonn noch synchron mit der Politik liefen, ist die Berliner Medienwelt derart beschleunigt, dass letztendlich sicher beide Seiten – Politik und Medien – darunter leiden werden. Aber noch versteht es die Medienwelt, den bösen Peter immer der Politik zuzuschieben und damit das zu schüren, was dann Politikverdrossenheit genannt wird. Oder wie beurteilen Sie die Situation des politischen Journalismus?**
Ich würde Ihre Formulierung unterschreiben. Wir haben einen Splitter im Auge, den wir nicht sehen wollen. Unsere eigene Glaubwürdigkeit hat gelitten, der Beruf des Journalisten hat einen erheblichen Ansehensverlust. Und Anteil an der Politikverdrossenheit haben wir, da wir eine viel größere Macht haben als früher: Wir bestimmen die Tagesordnung der Themen. Aber wir sind eher eine Destruktionsmacht; wir bekommen alles klein in einer Landschaft, in der die gesamte Medienwelt einen negativen Grundton hat, was wohl mit der Jagd nach Aufmerksamkeit zusammenhängt. – Eigentlich müsste langsam mal jemand auf die Idee kommen, das originelle Format zu kreieren: ganz ruhig, ganz tiefsinnig und langsam.

**Sie haben einmal gefordert: Wir müssen mehr erklären als kommentieren.**
Ja, meine Medienauffassung ist höchst traditionell und klassisch: Aufklärung.

**Aber da versagt doch die Medienwelt ziemlich: Das Erklären schafft sie nicht. Warum nicht?**
Weil sie sich von ihrem eigenen Tempo mitreißen lässt. Wir befinden uns in einer gewaltigen technologischen Revolution. Und wir sind noch nicht die Gestalter dieser Entwicklung, sondern Getriebene.

**Sie sind politische Journalistin. Was würden Sie sagen: Machen Sie Politik oder werden Sie von Politik gemacht?**
Ich hoffe, beides nicht. Ich hoffe, ich beobachte Politik, berichte darüber an meine Leser und interpretiere es so, dass die Leser auch wissen: Jetzt interpretiert sie. Ich hoffe, dass ich im besten Sinne Mittlerin, also Medium bin.

30. März 2007

# Sven Kuntze

**Sven Kuntze**, Generation der 68er. Seit 1983 bei der ARD. Arbeit für Tagesschau und Bericht aus Bonn. 1988-94 Korrespondent in Washington/ New York. Danach zehn Jahre Morgenmagazin und drei Jahre Hauptstadtstudio. Übt 2008 das »Altsein auf Probe« – in der ARD.

## Zur Idee des Nebenbei-Fernsehens

**Was versprechen Sie sich davon, bei diesem Projekt – unser Buch über die Vierte Gewalt – mitzumachen?**
Ich würde mir versprechen – oder erhoffen: keine Jammerei, kein Selbstmitleid, sondern eine kritische Bestandsaufnahme dessen, was wir selbst treiben und was wir selbst, wenn es im Argen liegt, auch zu ändern in der Lage sind.

**In Joachim Fests Worten, den wir leider nicht mehr interviewen konnten, gehören Sie zu der Versagergeneration der sogenannten 68er. Fühlen Sie sich da angesprochen?**
Ja. Ja, fühle ich mich angesprochen: z. B. in meinem Fach, der Soziologie, die ich studiert habe, gab es damals eine ganze Reihe vorzüglicher Professoren – Popitz, Luhmann, Schelsky, Dahrendorf – und aus meiner Generation gibt es eigentlich nichts. – Nach diesem gigantischen, emotional aufwändigen Furz, den wir da gelassen haben, haben sich eigentlich viele relativ gemächlich zurückgelehnt und – dem alten Spruch »Sei schlau, bleib im Überbau« befohlen – so was Richtiges eigentlich nicht mehr auf die Beine gestellt.

**Waren Sie ein Teil davon? Haben Sie damals mitgefurzt?**
Ich habe damals tüchtig mitgefurzt. Ich war praktisch bei jeder Bewegung dabei. Im nachhinein muss ich sagen: Diejenigen Bewegungen, die ich am allerwenigsten ernst genommen habe, die Frauen- und die Schwulenbewegung, haben ja einiges erreicht – und die Grüne Bewegung, an der wir auch nicht beteiligt waren; das waren die Bauern von Wyhl, an die wir uns dann später rangehängt haben – mit großem Erfolg dergestalt, dass wir Stellen geschaffen haben, die wir eingenommen haben: die einen als Abgeordnete und ich als Journalist.

**Was verbindet Sie eigentlich – außer der Generation – mit Alice Schwarzer und Mausi Keller? Eine von beiden soll Sie ja mal verlassen haben, um sich dem Feminismus an den Hals zu werfen?**
Also, mit Alice Schwarzer verbindet mich Folgendes: Das muss so etwa 1972 gewesen sein, da hat die Schwarzer mal bei uns übernachtet, ist in einem sehr leichten Nachthemd mit einer ansehnlichen Figur morgens durch die Wohnung geschwebt, und dann habe ich, damit meine Freundin, die natürlich in der Frauenbewegung war, der Schwarzer gegenüber keinen schlechten Eindruck macht, den Mädels Frühstück gemacht und habe gesagt: Mädels, d. h. Mädels habe ich natürlich nicht gesagt, sondern Frauen, ich hab' euch Frühstück gemacht; ich

muss jetzt in die Uni. Und da höre ich noch im Rausgehen, wie die Schwarzer sagt: Mausi, pass auf, das ist ein Softi, das sind die Gefährlichsten.

**Verheiratet waren Sie nie so richtig?**
Ich war nicht nur nicht richtig, ich war gar nicht verheiratet. Und mein einziger Versuch zu heiraten, war jene Ursula Keller; die wollte ich heiraten; denn die Voraussetzung für das Anmieten einer bestimmten Wohnung am Marktplatz in Tübingen war damals der Eheschluss.

**Aber Alice Schwarzer war dagegen ... ?**
In der Nacht vor dem Eheschluss – brennt das Haus am Marktplatz ab!

**Oh, tatsächlich?**
Und am nächsten Tag hat die Ursula gesagt: Jetzt brauchen wir ja nicht zu heiraten. (mit selbstironischem Unterton:) Das hat mich total gezeichnet – für den Rest meines Lebens. Und deswegen habe ich nicht geheiratet.

**Auch nicht Doris Köpf ... Aber Sie waren zusammen in New York, haben dort eine »wunderbare Katastrophe« erlebt und eine Tochter bekommen, die später bei Bundeskanzlers erzogen werden musste.**
Hmh. Ich habe meine Kinder gut untergebracht.

**Sehen Sie Ihre Tochter noch manchmal?**
Ja. Wann immer ich will. Die Doris hat immer darauf geachtet, dass ich den Kontakt halte.

**Sie sollen ein gutes Verhältnis haben zu Schröders – haben Sie mal selber gesagt.**
Ja. Ich kannte den Schröder lange, bevor die Doris den kennengelernt hat – aus Bonn, aus einer Kneipe namens »Provinz«. Da verkehrten damals der Schröder, der Schily, der Fischer, Karsten Voigt verkehrte da und auch dieser Typ, der später Bürgermeister in Kiel wurde ...

**Männerclub jedenfalls.**
Ja. Männerclub und wenige Frauen. Und da war der Schröder auch immer abends; daher kannte ich den. – Dann habe ich ihn hin und wieder mal im Bericht aus Bonn untergebracht, bis mich der Nowottny irgendwann mal anschrie, ich solle das sein lassen, meinen Saufkumpel als Interviewpartner einzuführen. Da hatte gerade der Schröder auf einem Fest dem Nowottny erzählt, er kenne mich ja und dass wir beide – Schröder und ich – das so geschickt spielen würden, wie er da immer wieder im Bericht aus Bonn auftauche. Das war natürlich 'ne ganz schlechte Idee, das zu sagen, und ich kriegte am nächsten Tag 'ne unheimliche Rüge von Nowottny, das sei eigentlich nicht journalistisch. – Das würde ich im nachhinein auch zugeben.

**Ihre Tochter ist jetzt sechzehn. Was will sie denn mal werden – Jour-**

nalistin wie die Mutter oder Bundeskanzlerin wie Angela Merkel?
Also: Erst wollte sie zur Freiwilligen Feuerwehr, was völlig in Ordnung ist, dann wollte sie zur Berittenen Polizei, was ich total unterstützt habe, dann wollte sie Tierärztin werden, auch das würde ich unterstützen, und jetzt will sie in den Journalismus.

**Also nicht Bundeskanzlerin.**
Nee. Bundeskanzlerin will sie nicht werden.

**Heißt unsere Bundeskanzlerin eigentlich mit Vornamen *An*gela oder Ang*e*la?**
*An*gela würde ich sagen. Also, wir sagen: *An*gela Merkel.

**Aber viele sagen auch An*ge*la.**
Habe ich noch nie gehört.

**Doch. Im Rundfunk hört man das oft.**
Ich nehme an, dass *An*gela deswegen richtig ist, weil – ich verrate kein Geheimnis – wir in der Tagesschau in Hamburg Genossen Volksbeauftragte haben, die dafür sorgen, dass wir die Namen richtig aussprechen. Wenn ich Walter Steinmeier sage, kriege ich sofort einen Anruf: Das heißt Frank-Walter Steinmeier – mit Bindstrich, also nicht Frank Walter, sondern Frank-Walter.

**Was tun Sie so alles, um Ihre Allgemeinbildung auszubauen?**
Das wechselt. Aber es ist ein bisschen erratisch. Einen organisierten und disziplinierten und verlässlichen Zugriff, um meine Allgemeinbildung zu erhöhen, gibt es im Augenblick nicht mehr. Wobei ich glaube: Das bisschen, was ich weiß, reicht. – Es reicht für das Fernsehgeschäft. Nun kann man sagen, das ist kläglich. Aber das sagt etwas über das Niveau des Fernsehgeschäfts aus.

**Sind Sie ein religiöser Mensch?**
Nein. Ich bin Agnostiker.

**Sie glauben an gar nichts?**
Na, 'ne Flasche Wein ist 'ne Sache, an die ich glauben könnte. Ein guter Film. Solche Sachen. Aber ich glaube, das ist nichts da oben – mit dem Herrgott; und wenn man überlegt, was er schon auf dieser kleinen Erde für'n Chaos zulässt, stellen Sie sich mal vor, die ganze Geschichte wiederholt sich da oben: Abwasserprobleme ... Toilettenprobleme ... Umweltprobleme ...

**Klare Antwort. – Wie ist es gekommen, dass Sie in der Tagesschau als Fachmann für CDU-Themen gelten?**
Aber erst seit neuestem. Als ich hierhin kam, hatte ich noch SPD *und* CDU. Erstens sind zwei große Volksparteien immer schlecht, weil die ja beide oft parallele Termine haben, und zweitens gab es doch immer wieder E-Mails, ob der Kerl da, der mit dem Herrn Schröder irgendwie gemein ist, der richtige Korrespondent sei für die SPD. Dann habe ich gesagt: Okay, da lasse ich die

SPD und mache CDU. So einfach.

**Wie kommen denn die anderen hier im Haus ...**
Hier sind ja 24 Korrespondenten und jede Korrespondentenstelle hat – unabhängig vom Inhaber – bestimmte Themen zugeordnet bekommen; d. h. wer im Moment kommt, meine Nachfolgerin oder mein Nachfolger ...

**... der kriegt dieselben Themen wie Sie?**
Dieselben Themen. Ob es den interessiert oder nicht.

**Sind die 24 Korrespondenten, die hier arbeiten, denn immer alle gut ausgelastet?**
Nee. Nee, das kann ja nicht sein, denn z.B. jetzt haben wir drei Wochen, da sind keine Sitzungen des Bundestags, da ist wenig los. Ostern haben wir keinen Bericht aus Berlin, da ist noch weniger los.

**Und was machen Sie dann?**
Ja, dann hängt man hier rum. Früher haben wir Videospiele gespielt. Mohrhuhnschießen. Aber das ist jetzt verboten worden. Die sind alle gelöscht worden. – Ich war gar nicht schlecht beim Mohrhuhnschießen.

**Aber es gibt Zeiten, da werden alle 24 gebraucht?**
Ja.

**In den 14 Minuten der Tagesschau-Hauptausgabe werden regelmäßig etwa 10 – 12 verschiedene Beiträge aus aller Welt untergebracht. Es gibt Studien, die gezeigt haben, dass die meisten Menschen sich schon unmittelbar danach an manches gar nicht und an vieles nicht mehr richtig erinnern.**
Dafür habe ich vollkommenes Verständnis.

**Wird der Zuschauer überfordert?**
Ja. – Die Tagesschau ist ja gewichtig, bedeutsam und wendet sich nur flächendeckenden, zukunftstauglichen Themen zu. Jedes dieser Themen ist kompliziert. Rollt über die Zuschauer weg, und dann kommt schon das nächste. Ich kann mir nicht vorstellen, dass irgendein vernünftiger Mensch sich das merkt oder so ausgebildet ist, jedes einzelne Ding auch verstehen zu können.

**Verstehen Sie immer, was Ihr Kollege Möller vom Bundesverfassungsgericht zu berichten weiß?**
Nee, verstehe ich auch nicht.

**Muss man da Jura studiert haben?**
Nein, das nicht. Aber man müsste immer sorgfältig – ich weiß nicht, welche – Zeitungen studieren, denn das sind ja auch komplizierte Prozesse.

**Es gäbe ja die Alternative, weniger Beiträge in der Tagesschau unterzubringen, sagen wir mal: nur die Hälfte ...**

Ja, das ist 'ne Debatte wert.

**Haben Sie die Debatte schon geführt?**
Ich glaube, die wird seit Jahrzehnten geführt.

**Aber ohne Ende offensichtlich.**
Ohne Ende.

**Helmut Thoma (früherer RTL-Chef) hat gesagt: Die Tagesschau ist keine Sendung, sondern pure Gewohnheit. Die kannst du auch in Latein verlesen.**
Gut. Wenn du so ein Schlachtross hast, was offensichtlich funktioniert, dann sagst du, warum soll ich das strukturmäßig verändern.

**Das ist die Entschuldigung: Die Zuschauer sehen es?**
Sagen wir – die Begründung.

**Thomas Roth, Ihr letzter Vorgesetzter, hat Sie als »Vertreter der experimentellen Perestroika« bezeichnet – auch schön formuliert, aber im Grunde sind Sie doch der letzte Live-Rock'n'Roller der Tagesschau, oder?**
Nein, bei der Tagesschau bist du kein Live-Rock'n'Roller, du bist nicht mal Bob Dylan, nicht mal die Lords aus Hamburg. Die Tagesschau ist ja vom Format sehr restriktiv: Es gibt keine Meinung, es sollte wenig üppige Verben geben, es sollte wenig Adjektive geben ...

**Wer sagt, dass es wenig üppige Verben geben soll?**
Ja, das ist so die Philosophie der Tagesschau. Wir wollen ganz straight nur News sein; und in jedem üppigen Verb, in jedem Adjektiv schwingt ja immer eine Wertung mit.

**Ihnen wird von Kollegen attestiert, dass Sie Politik nur so ernst nehmen, wie sie wirklich ist (Zitat von Jörg Schönenborn) ...**
Ich nehme Politik nur so ernst, wie sie ist. (überlegt) In der Tagesschau muss man sie ernst nehmen, da hat man keine andere Chance. Jetzt kann man natürlich im Bericht aus Berlin oder in den Tagesthemen mal etwas üppiger formulieren, man kann Anekdoten einbauen, kann versuchen, es ein bisschen witzig zu machen. Darum habe ich mich immer bemüht. Aber das heißt nicht, dass ich die Politik nicht ernst nehme.

**1994 sind Sie aus den USA zurückgekommen, um Kaffeeonkel im Frühstücksfernsehen zu werden – vom MoMa (Museum of Modern Art) zum MoMa (Morgenmagazin).**
Na, super Formulierung.

**Das klingt nach einem großen Abstieg.**
Nee. Ich war ja vorher noch in Washington: Diese Positionen sind auf Zeit gegeben. Und wenn das vorbei ist, muss man auch gehen, das weiß man ja

vorher. So. Und was machst du danach? Da kann man ... Weltspiegel-Redakteur werden oder man kann andere redaktionelle Aufgaben ... Aber *frei* das längste – und von den Quoten her sehr erfolgreiche – Magazin in der ARD zu moderieren, war schon nicht schlecht.

**War das schon so erfolgreich, als Sie da hingingen?**
Das wurde natürlich besonders erfolgreich, als ich da war.

**Und Sie haben das jedenfalls nicht als Abstieg empfunden?**
Das war kein Abstieg, das war klasse. Entschuldigung! Ich fahre im Speisewagen, da schüttet mir der Kellner den Kaffee über das Hemd. Früher hätte er gesagt: Pass auf, du Trottel. Und heute, weil er mich erkannt hat, sagt er: Hoppla, da ist uns ein Malheur passiert. Das ist doch ein Zugewinn an Lebensqualität.

**Sind die Kellner das Zielpublikum vom Morgenmagazin?**
Ja.

**Im Unterschied zu Ihren jüngeren Kollegen beim MoMa, die sich und ihren Auftritt im Fernsehen oft tierisch ernst zu nehmen scheinen, gerade wenn sie versuchen locker zu wirken, haben Sie die Idee des Nebenbei-Fernsehens geradezu verinnerlicht. Auch Ihre Tagesschau-Auftritte wirken sehr salopp und nebenbei ...**
Wer sagt das?

**Wir.**
Aha. (lacht) Nebenbei-Fernsehen ...

**Den Ausdruck kennen Sie? Der bezog sich auf das Kaffee-Fernsehen, weil die Leute nur nebenbei fernsehen.**
Ach so.

**Aber Sie haben das offenbar so ernst genommen, dass Sie selber auch nur nebenbei ...**
Sie meinen, ich habe die Form dem mutmaßlichen Zuschauerverhalten angepasst. Oh, das ist aber gescheit gedacht. Als so intelligent habe ich meine Darbietung gar nicht empfunden. (überlegt) Ich finde nicht, dass ich das nebenbei gemacht habe. Du machst morgens nicht dreieinhalb Stunden nebenbei. Ich meine, du schläfst hin und wieder ein. Aber du lässt dich dann ja wieder wecken.

**Sind Sie während der Sendung eingeschlafen?**
Öfters. Wenn längere Passagen waren, wo ich nicht dran war, habe ich mich schon mal zur Ruhe gelegt.

**Ihr Stil vermittelt schon so ein bisschen das Gefühl, dass Sie das nebenbei machen, dass Sie im Grunde Ihres Herzens denken: Na ja, ich hätte was Besseres werden können.**

(überlegt) Nee, hätte ich nicht. – Ich wollte ja mal eine Zeitlang an der Uni Karriere machen. Aber als ich dann nach langen, langen Jahren fertig war, kam dieser Einstellungsstopp. Und ich hatte vorher schon Hörspiele geschrieben und linke Features für's Radio gemacht – von unglaublich radikalem Zuschnitt.

**Was zum Beispiel?**
Warum die Mehrheit schweigt. Oder: Warum die Klasse an sich – sich nicht zur Klasse *für* sich entwickelt. Und warum sie die Revolution nicht macht.

**Das haben Sie alles rausgefunden?**
Das haben wir in diesem Feature vermengt. Und dann habe ich noch ein Feature über das Flippern gemacht: Als Fortsetzung der repetitiven Teilarbeit in den Freizeitbereich, damit der Prolet nicht in der Freizeit das Moment der Utopie spürt und dann im Produktionsbereich auf den Putz haut.

**Und so sind Sie dann ins Fernsehen geglitten?**
So bin ich ins Fernsehen geglitten.

**Wird das Medium Fernsehen generell überbewertet und, wenn ja, warum eigentlich?**
Ja. Na ja. Ich glaube nicht, dass wir, so scheu wie wir sind, um es mal vorsichtig auszudrücken, in den meisten Sendungen …

**Wer ist wir?**
Die ARD und das ZDF. Wir machen immer so'n Kommentar in den Tagesthemen. Aber ich kann mir nicht vorstellen, dass der irgendjemanden beeinflusst. Und ich glaube auch: Politiker, die es zu was gebracht haben, sind von uns nicht mehr abhängig. Da sind wir von denen abhängig, also nicht abhängig, aber die brauchen wir. Die können wir weder beschädigen, so wie wir berichten, noch können wir sie machen. Wen wir allerdings machen können, sind die kleinen Politiker. Nehmen wir so'n Mann wie den vom Untersuchungsausschuss, den Stadler von der FDP. Dadurch dass der immer wieder im Fernsehen auftaucht, so einen kleinen klugen Satz hat, den man gut senden kann – in der richtigen Länge, ist der natürlich in seinem Wahlkreis 'ne große Nummer. Oder der Ströbele, der ja nun auch sicher nicht die Welt bewegt hat, ist natürlich, weil er immer wieder im Fernsehen auftaucht, 'ne große Nummer.

**Gewinnt immer seinen Wahlkreis.**
Gewinnt seinen Wahlkreis direkt. So. – Die können wir machen. Für die sind wir sauwichtig.

**Und negative Wirkung auf Politiker?**
Wir können mal, was ja auch passiert ist, durch Kampagnen einzelne Politiker in die Verzweiflung treiben.

**Gibt es einen Auftritt oder einen Fernsehbeitrag, für den Sie sich hier bei dieser Gelegenheit gern entschuldigen würden?**

Ja. Bei Graf Lambsdorff. Ich habe mal einen Bericht gemacht und da habe ich ihn gebeten, im alten Bundeshaus so einen langen Gang zu gehen, was er auch getan hat; und er ging etwas schwer an seinem Stock. Dann haben wir in der Nachbereitung diesem langen Gang langsam die Farbe rausgezogen, dann haben wir langsam die Grautöne rausgezogen – und dann war dahinten nur noch so ein totenähnliches starres Geschöpf; wir haben ihn dann auch angehalten. Ich habe ihn praktisch bildlich ermordet. – Das hat mir eigentlich ewig leidgetan.

**Okay. Haben wir alles angesprochen? Möchten Sie von sich aus etwas ansprechen?**
Was die schreibende Presse betrifft, gibt es eine Tendenz, wenn man Überschriften liest – etwa in der *Süddeutschen*: »Streit in der Koalition«, »Schwerer Streit in der Koalition«, »Koalition entzweit«, »Erbitterter Streit in der Koalition«. Und Streit, erbittert, entzweit, das sind alles negativ aufgeladene Begriffe …

**Mit denen man aber Zeitungen verkauft.**
Ja. Wenn man dann aber nachliest, ist der Streit nicht so erbittert, sondern der eine sagt hüh und der andere sagt hott in Bezug auf die Frage, wie eine komplizierte Gemengelage gelöst werden soll. – Das, was eine Demokratie ausmacht, das Ringen um Lösungsmöglichkeiten komplexer Probleme, das wird eigentlich täglich in diesen Zeitungen verschleudert, verludert und zum Skandal gemacht. Und das finde ich eine Katastrophe.

**Und wie frei sind Sie davon – in den Öffentlich-Rechtlichen?**
Wir sind davon auch nicht frei. Wenn wir über Themen reden, heißt es immer: Gibt es da 'n Konflikt? Deswegen diese komischen Berichte: Da gibt es ein Thema, die drei, vier gegensätzlichen Äußerungen, die keiner versteht, weil keiner weiß, um was es recht eigentlich geht. – Diese Reduktion des politischen Prozesses auf Streit halte ich für eine Katastrophe – à la longue. Und ich bin nicht sicher, warum einigermaßen gut informierte Chefredakteure, wie die der *Süddeutschen*, so etwas machen.

**Vielleicht weil sich die Zeitungen so ganz gut verkaufen lassen?**
Das ist natürlich auch ein bisschen die *Spiegel*kultur. Der *Spiegel* – deswegen war das schon erstaunlich, dass er in der letzten Zeit mal Partei ergriffen hat – berichtet ja immer aus der Negation heraus. Wenn da in einem Artikel nicht etwas Kritisches gegen irgendetwas steht, machen die das nicht. Diese Negation hat aber auch etwas Selbstbestrafendes, etwas Selbstkasteiendes: Ich kriege jeden Montag erzählt, von was für einem Haufen von Laien ich da regiert werde. Und irgendjemand hat die ja gewählt – ich unter anderem. Das ist schon 'ne seltsame Konfiguration. – Aber das sind wir ja auch – in Deutschland: Wir haben so etwas – uns selbst gegenüber – Negatives. Da passt der *Spiegel* gut rein. *Time Magazine* ist nicht so. *Newsweek* auch nicht. Das ist diese *Spiegel*kultur.

**Die haben eine eigene journalistische Kultur ... ?**
Die es auf der Welt nicht gibt. Wenn die immer sagen, der Augstein hat *Time* oder *Newsweek* nachgemacht, das ist alles Käse!

**Kommen wir denn noch mal weg von dieser – Negativ-Tendenz?**
Ich weiß es nicht. Die Politiker trauen sich auch nichts zu sagen: Wenn wir was sagen, heißt es gleich »Presseschelte« oder »der ist empfindlich«. Da halten sie lieber den Mund.

**Wer darf denn die Presseleute überhaupt kritisieren, ohne ihre Rache fürchten zu müssen?**
Ich meine, das müsste ein Selbstreinigungsprozess sein. Ich habe das mal in einem Artikel geschrieben. Da wurde ein Buch veröffentlicht über den Journalismus in Deutschland, das war natürlich eine lange Suada von Jammereien, was wir für ein schreckliches Leben haben und wie schwer unsere Arbeit ist, so das Übliche. Und ich hatte diese Idee entwickelt. Da flog ich raus.

**Aus dem Buch?**
Aus dem Buch.

**Bei uns werden Sie nicht rausfliegen. Das bleibt alles drin.**

2. April 2007

# Tilman Krause

**Tilman Krause**, Jahrgang 1959. Studium der Germanistik, Geschichte, Politologie, Romanistik und Kunstgeschichte in Tübingen, Paris und Berlin. Vier Jahre Feuilleton der *FAZ*, vier Jahre Literatur des *Tagesspiegel*, seit 1998 leitender Redakteur der *Literarischen Welt*.

# »Ich bin ein Konservativer«

**Sie sind nicht mehr direkt die Generation, die Springer enteignen wollte, aber die Ausläufer haben Sie vermutlich Ende der 70er Jahre noch miterlebt – und jetzt arbeiten Sie für Springer: alles ganz normal?**
Das ist nicht so einfach zu beantworten. Fangen wir mal damit an: Als ich vor zehn Jahren zur *Welt* kam, war das ein Schritt, der eine gewisse Risikobereitschaft erforderte. Es ist ja damals durch Mathias Döpfner – wir sprechen also vom Jahr 1998 – die *Welt* komplett neu erfunden worden. Ich glaube, es hat nie in der Geschichte des Journalismus eine solche Umwandlung einer Zeitung bei laufendem Betrieb gegeben.

**In Deutschland, meinen Sie?**
Ich spreche von Deutschland, ja. Ein risikoreiches Unterfangen, das aber von Erfolg gekrönt war. Wir sind jetzt wieder das, was wir in den 50er Jahren mal gewesen sind: eine der führenden überregionalen Zeitungen, an der man nicht vorbeisehen kann. Also, alles ganz normal insoweit. – Ich gestehe aber, wenn ich meine eigene Vita ein bisschen zurückverfolge: Ich wäre nicht journalistisch eingestiegen in den Beruf bei der *Welt*. Es gab ja ein Angebot in den frühen 90er Jahren, und das habe ich damals noch ausgeschlagen – unter den Auspizien der damaligen Zeitungslandschaft.

**Haben Sie denn Freunde verloren, als Sie später zur *Welt* gegangen sind?**
Nein, ich habe keine Freunde verloren, aber ich habe natürlich Leser verloren. Ich habe meine Leser beim *Tagesspiegel* verloren. Ich habe auch Mitarbeiter verloren, von denen viele nicht mitgegangen sind zur *Welt*. Aber ich glaube, diese Widerstände – oder sagen wir mal: distanzierte Haltung ist weitgehend gewichen, wenn auch in meiner Generation doch viele Leute noch Vorbehalte haben. Wir müssen einfach damit rechnen, das sagt der realpolitische Instinkt, dass es diese Menschen noch gibt, die ideologisch sehr festgefahren sind und auch an ihren Vorurteilen sehr stark hängen. Dass ich das nicht gut finde, brauche ich nicht zu sagen. Ich empfinde das als Ausweis von mangelnder Offenheit, mangelnder intellektueller Neugierde, und das steht einem kulturinteressierten Menschen schlecht an.

**Sie werden von Kollegen oft als konservativ beschimpft ...**
Also, in Ihrer Formulierung »Sie werden als konservativ beschimpft« liegt ja die Annahme, dass konservativ falsch oder nicht angemessen oder wie auch immer sei. Ich fühle mich, wenn ich als konservativ bezeichnet werde, nicht beschimpft, sondern ich empfinde mich als richtig beschrieben. Ich bin ein Konservativer. – Und ich denke auch, zu einer funktionierenden Demokratie, zu einer funktionierenden Meinungsvielfalt in der Presse gehört es, dass sich das ganze Spektrum der politischen, ästhetischen, weltanschaulichen Ansichten artikulieren können muss.

**Ich welchem Sinne verstehen Sie sich denn als konservativ?**
Ich bin ein klassischer Fall für das, was man wertkonservativ nennt. Ich glaube nicht, dass ich in einem politischen Sinne als konservativ zu bezeichnen bin; dafür bin ich politisch zu wenig festgelegt; ich bin ein klassischer Wechselwähler und habe fast alle Parteien des demokratischen Spektrums schon gewählt – d. h. ich habe die CDU gewählt, ich habe die Grünen gewählt, ich habe die FDP gewählt und ich würde mich nicht einer bestimmten Partei ...

**Also, Sie haben noch nie die SPD gewählt?**
Nein, die SPD habe ich allerdings nie gewählt. – Ich würde von mir sagen, dass ich ein Wertkonservativer bin. Das würde auch bedeuten, dass ich bestimmte ästhetische Präferenzen habe, die sicherlich nicht im Experimentellen, Dekonstruktivistischen, Dekonstruierenden liegen. Das sind ja Erscheinungsformen, die auch für meinen Bereich – die Literatur – eine Rolle spielen. Das heißt nicht, dass ich das alles nicht wahrnehme; das muss ich schon; als Literaturkritiker sehe ich mich in der Pflicht, möglichst das ganze Spektrum unserer Literatur wahrzunehmen; aber es gibt genügend Literatur, die *meinen* Vorstellungen, *meinen* persönlichen Ansprüchen sehr stark entspricht; und natürlich konzentriere ich mich auf die dann stärker.

**Nun gibt es aber eine vorherrschende Meinung. Die ist nicht konservativ und die benutzt das Wort »konservativ« als Schimpfwort.**
Würden Sie das so sagen? Komischerweise entspricht das meiner Wahrnehmung nicht.

**Na ja, Sie leben jetzt in einem »stillen Winkel« hier.**
Ich lebe nicht in einem stillen Winkel, weiß Gott nicht. Ich lebe in Berlin, ich bin Journalist, ich bin sehr viel unterwegs, ich werde sehr viel eingeladen, ich bin in verschiedenen Literaturhäusern regelmäßiger Moderator, ich bin an verschiedenen Universitäten mit Lehraufträgen tätig gewesen – also, ich nehme schon sehr viel wahr! Das können Sie mir glauben. Und ich denke nicht, dass die Konservativen eine Minderheit sind in diesem Land.

**Aber in der Wahrnehmung der Medien schon.**
Von welchen Medien sprechen Sie?

**Von der *Zeit*. Oder der *Süddeutschen*.**
Ja gut, das kann sein. Das kann sein.
**Und die machen doch die Meinung ...**
Die *Zeit* macht nicht mehr die Meinung. *Die* Zeit ist vorbei.
**Wer macht jetzt die Meinung?**
Ja, das ist in der Tat ein Punkt, über den zu sprechen sich lohnt. Ich glaube, dass sich das Spektrum sehr stark erweitert hat. Als ich anfing regelmäßig Zeitung zu lesen, in den 70er Jahren, da gab es tatsächlich noch die beiden großen Flaggschiffe.
***Zeit* und *Spiegel*?**
Ja, wobei – der *Spiegel* war es gar nicht so sehr. In meiner Wahrnehmung gab es damals den Antagonismus zwischen *Zeit* und *FAZ*. Die beiden machten Geschmackspolitik. Also, in meinem Milieu, wo ich herkomme, wurde der *Spiegel* als Revolverblatt betrachtet, und den hat man vielleicht gelesen, wenn man irgendwelche politischen Skandalgeschichten erfahren wollte.
**Auf dem Klo gelesen?**
Das will ich so wiederum auch nicht sagen, aber jedenfalls war es ein politisches Blatt, und was man da kulturell zu lesen bekam, das hat man nicht besonders ernst genommen. – Das hat sich inzwischen geändert. Der *Spiegel* ist – sozusagen – in den Salon aufgenommen worden. – Eine neue Entwicklung sind die Zeitschriften, die ja aus dem Boden sprießen wie die Pilze: *Monopol* oder *Cicero*. Das ist ja ganz erstaunlich, wie schnell diese Zeitschriften angenommen wurden, und ich kenne gerade aus dem Bereich der 30jährigen viele, die von den Zeitungen abwandern zu den Zeitschriften. Wir bewegen uns in einer Landschaft, das würde ein *Zeit*-Redakteur natürlich nie bestätigen, in der das Spektrum viel größer geworden ist. Deswegen finde ich es auch so schwierig zu sagen, dass das Konservative eine Minderheitenposition ist und von der Mehrheitsposition verunglimpft wird. Das glaube ich nicht; nach meiner Erfahrung ist das nicht mehr der Fall. – Vor zehn Jahren war es noch so, absolut. Da würde ich Ihnen Recht geben.

**Herr Krause, Sie sind mit der Verleihung der Homogurke (von queer. de) beleidigt worden; Ihnen wird auch schon mal vorgeworfen, dass sie »dem polternden Antiintellektualismus stumpfsinniger Stammtischgesellen das Wort reden«. Wie schaffen Sie es denn, derart ätzende Kritik auf sich zu ziehen?**
Also, von der Homogurke habe ich erst nach langer, langer Zeit und durch Freunde erfahren, die regelmäßig im Internet surfen. Das ist eine vollkommen marginale und irrelevante Angelegenheit, die an mir persönlich abgeprallt ist und die wirklich niemanden interessiert. – Das zweite ist das Schärfere, das ernster zu Nehmende, das erfahre ich aber auch jetzt, bei dieser Gelegenheit,

zum ersten Mal. Sie sehen, ich gehe mit einer gewissen Sorglosigkeit durchs Leben.

**Das ist im Zusammenhang mit der Kafka-Edition geäußert worden.**

Ach so, ja. Aha ...

**Sie haben das gar nicht zur Kenntnis genommen?**

Ich habe es nicht gesehen. Wenn ich einen Artikel schreibe, und ich schreibe mehrere Artikel pro Woche, gehe ich nicht nach jedem Artikel ins Internet und gucke, sind da eventuell irgendwelche Feinde, die damit nicht einverstanden waren. Da hätte man sehr viel zu tun. – Und was diese Kafka-Angelegenheit betrifft, da stehe ich absolut zu meiner Position: Ich habe mich dagegen ausgesprochen, dass man den kulturellen Notstand ausruft, wenn eine faksimilierte Kafka-Edition nicht mit Fördermitteln finanziert wird. Eine faksimilierte Kafka-Edition, die dazu dienen soll, das ästhetische Gesamtkunstwerk »Kafka« unter die Leute zu bringen, ich bitte Sie! Das ist eine Liebhaberei, gegen die überhaupt nichts einzuwenden ist; nur ist das nicht im Interesse der Öffentlichkeit.

**Sie sprechen von Ihrer Tätigkeit als der schönsten aller Berufsverfehlungen. Nehmen wir einmal an, Sie hätten den Beruf *nicht* verfehlt: Welcher Beruf wäre es gewesen?**

Na ja, ich bin von meiner ganzen Sozialisation eher prädestiniert gewesen für den Studienratsberuf. Ich habe ja auch auf Lehramt studiert und Staatsexamen gemacht, und das wäre wahrscheinlich mein Berufsfeld gewesen, das ich also verfehlt habe. Meine Professoren wiederum, meine Doktorväter hätten mich gern als Professor gesehen. Ich habe ja angefangen mich zu habilitieren, hatte ein Habilitations-Stipendium, aus dem ich dann ausgestiegen bin, weil mich der Journalismus mehr gereizt hat. – Ich freue mich jedes Mal, wenn ich wieder an einer Uni zu tun habe und die Klagen der Professoren höre, dass ich da nicht bin. Ich freue mich auch genauso, wenn ich mit Leuten aus dem Gymnasiallehrbetrieb zu tun habe, dass ich da nicht gelandet bin.

**Haben eigentlich alle Literaturkritiker ihren Beruf verfehlt – in dem Sinne, dass sie lieber selber Literaten geworden wären?**

Ja, das ist ja eines der dümmsten Klischees, die so im Umlauf sind – immer noch, obwohl man ja denken sollte, es gibt genügend Aufklärungsarbeit: von Reich-Ranicki angefangen bis zu allen möglichen anderen, die dieses Klischee zum Verschwinden bringen. – Nein, ich glaube das nicht! Es gibt ein eigenständiges kritisches Schreiben. Kritik kann man auch als eine Kunstform betrachten, die gleichwertig neben anderen Formen des kunstvollen Schreibens steht. Man ist auch als journalistischer Schreiber anders eingebunden in den öffentlichen Diskurs denn als Schriftsteller – auch wenn viele Schriftsteller das heute nicht so sehen. Also, ich persönlich habe gute Gründe, nicht Schriftsteller geworden zu sein, ich habe das auch keine Sekunde bereut, mich nicht auf diese Laufbahn kapriziert zu haben.

**Aber es war schon mal im Kopf?**
Nein, nie. Das war bei mir nie im Kopf, nein, nein. Schriftsteller wollte ich nie werden, und ich glaube auch nicht, dass das Gros der Kollegen der Literaturkritiker sich insgeheim als Schriftsteller sieht. Das glaube ich nicht.

**Der typisch deutsche Macht-Geist-Antagonismus – worauf müssen wir den zurückführen?**
Das führen wir darauf zurück, dass es nicht gelungen ist, den Herrschenden klarzumachen, dass sie sich durch die Heranziehung von Kulturschaffenden profilieren können. Wir haben ja ein Modell, wo es funktioniert hat: Weimar. Wir hatten im 18. Jh. das Herzogtum Sachsen-Weimar, den so genannten Musenhof der Anna Amalia, die ja auch für die Berufungspolitik zuständig war, die nachher unter Karl August ausschlaggebend war; Goethe ist berufen worden von Anna Amalia – und Wieland auch; sie war die Mutter dieses Projekts.

**Und ist das vielleicht die Erklärung: Die Frauen können's und die Männer nicht?**
(lacht) Also, ich würde diese Idee nicht zu Tode recherchieren, wie wir im Journalismus immer gern sagen, weil sie mir sehr gut gefällt; als großer Verehrer der Weiblichkeit würde ich das so sagen; aber ich weiß nicht, ob's stimmt. Es ist eine sehr schöne These, und wir finden auch gleich noch einen zweiten Beleg dafür, nämlich die Markgräfin von Bayreuth – Wilhelmine von Bayreuth, die Lieblingsschwester von Friedrich dem Großen. Die hat das auch gemacht. – Vielleicht hat es in der Tat etwas damit zu tun, dass Frauen aus einer untergeordneten Position heraus Politik machen; die Kerle denken zunächst mal, sie wüssten, wo's lang geht; und die Frauen, die ein bisschen differenzierter organisiert sind, kapieren, dass es auch noch andere Möglichkeiten gibt.

**Seit der Wiedervereinigung haben Sie in Deutschland eine »Tendenz zu melancholischem Politikverzicht und ressentimentgeladener Innerlichkeit« detektiert. Stehen wir da vor dem Erbe der DDR?**
Hm, nein, das glaube ich jetzt nicht. Das habe ich jedenfalls damit nicht gemeint. Das bezieht sich einfach auf den Überdruss – oder sagen wir mal: auf die Frustration, die man als Gesamtdeutscher von heute eben erlebt, wenn man das politische Personal sieht. Es gibt ein diffuses Gefühl der Unzufriedenheit: Das, was unser Leben bestimmt, ist irgendwie nicht mehr die Politik; das ist etwas anderes.

**Also, Sie teilen das Gefühl sogar?**
Ich teile das Gefühl. Ich kann es jedenfalls nachvollziehen.

**Demnach war diese Kritik auch durchaus eine Selbstkritik?**
Nein, das ist keine Selbstkritik. Ich habe sehr viel *Verständnis* für diese Position.

Ich glaube, dass wir in einer Zeit leben, in der wahnsinnig vieles im Umbruch ist, sodass sich auch über kurz oder lang die Politik, die politische Landschaft ändern wird.

**Sie selbst haben sich ja als heimatloser Monarchist bezeichnet.**
Ja! Ja, das bin ich halt. Je älter ich werde, muss ich gestehen, finde ich den monarchischen Gedanken immer faszinierender, und ich sehe mit Freude, wie das in einigen sehr modernen europäischen Staaten ja auch gut funktioniert. Ich wäre natürlich immer für eine konstitutionelle Monarchie, ich wäre natürlich nicht für den Absolutismus eines Friedrich II., also nicht mal für einen aufgeklärten Absolutismus. Ich bin schon so weit Demokrat, dass ich für Gewaltenteilung bin. – Wenn wir wirklich geschmacksbildende Eliten hätten in diesem Bereich und auch ein dynastisches Zentrum in unserem Land, an das sich nationale Gefühle, patriotische Gefühle ankristallieren könnten, hätten wir viel gewonnen – für den inneren Zusammenhalt dieses Landes.

**Und wo holen wir den nächsten Prinzen her? Der nächste Prinzenerzieher wären Sie ja dann.**
(lacht) Ja. Mein Großvater war ja Prinzenerzieher. Das Erzieherische ist etwas, was mich immer sehr fasziniert hat; ich habe schon sehr viel pädagogischen Eros, das gebe ich zu. Aber ob ich einen Prinzen auf seine Regierungsgeschäfte vorbereiten könnte – das wage ich dann doch zu bezweifeln.

**Erst mal einen haben. Wo sollen wir den denn her nehmen?**
Erst mal einen haben, ja. Darüber habe ich mir ja auch schon Gedanken gemacht. Ich selber habe große Sympathien für das Haus Württemberg. Das ist mein Großmutter-Haus sozusagen, mütterlicherseits. Ich kenne da auch so ein bisschen das Personal, und das sind integere, sehr anständige, sehr sozial engagierte Leute. Was ihnen vielleicht ein bisschen fehlt, das liegt aber vielleicht auch in der Natur des Schwäbischen, das ist der Glamourfaktor. Aber ich glaube durchaus, wenn die Dinge sich in diese Richtung bewegen würden, dass die Protagonisten, die aus diesem Hause kommen, in der Lage wären, so etwas wie eine Regierungsfähigkeit zu entwickeln.

**Mehrheitsfähig ist diese Idee in Deutschland jedoch nicht.**
Das ist sie zweifellos noch nicht.

**Es soll in Berlin wieder diverse literarische Salons geben. Ist da einer für Sie dabei?**
Ja, das sind mehrere.

**Auch ein monarchistischer Salon?**
(lacht) Nein. Literatur ist ja, wenn man so will, universal. Die kann sich jeder Regierungsform oder Staatsform anpassen.

**Was tun Sie so alles, um Ihre Allgemeinbildung auszubauen?**

Na ja, da will ich Ihnen mal was sehr Ketzerisches sagen: Ich bin in einem Alter, wo man nicht mehr so wahnsinnig viel Wert auf Allgemeinbildung legt, sondern die Bildung dessen, was man mal als für sich selber relevant erkannt hat, ausbildet. Als da wäre: Ich beschäftige mich neben dem Feld der Literatur, was ja schon ein immenses Feld ist, sehr stark mit dem Bereich der Historie, mit dem Bereich der Kunstgeschichte, der Musikgeschichte. Was mich mit den Jahren immer mehr interessiert, ist die Theologie, also der gesamte Bereich des Religiösen.

**Sind Sie ein religiöser Mensch?**
Ja.

**Können wir darüber ein bisschen mehr erfahren?**
Ich bin kein regelmäßiger Besucher des Gottesdienstes, muss ich leider sagen. Das ist ein Zeitproblem.

**Sind Sie evangelisch?**
Evangelisch-lutherisch. Aber ich glaube, die Frage nach der kirchlichen Anbindung ist für die Religiosität eines Menschen gar nicht so zentral. Viel wichtiger ist, ob man sich eingebunden fühlt in den Plan der Schöpfung, ob man an den Plan der Schöpfung glaubt, ob man damit auch Freuden und Leiden, Pflichten und Vergünstigungen verbindet und ob man sich seine Seele offen hält für die Mächte der Transzendenz. Das ist eine Ansprechbarkeit, die nicht viele Menschen haben – immer weniger, glaube ich. Weil wir in einer Zeit leben, in der dieser ganze Bereich, der ja aus der Vita contemplativa erwächst, klein geredet, zugeschüttet, vollgemüllt wird. Und da kann man natürlich mitmachen, mit dem allgemeinen medialen Rauschen mitrauschen. Oder man kann eben als religiöser Mensch sagen: Nein, ich muss dafür sorgen, dass ich einen unverfügbaren Bereich in mir erhalte, den auch kultiviere und versuche in diesem unverfügbaren Bereich empfänglich zu sein für die Stimme von oben. Das versuche ich auf meine bescheidene Weise, und das versuche ich mit den Jahren immer mehr.

**Sie haben jetzt von Vergünstigungen gesprochen. Heißt das, dass Sie sich als Gläubiger irgendwie ausrechnen, später mal besser abzuschneiden?**
Nein, das heißt es nicht. Das war jetzt eine ironische Aufnahme dieses Kosten-Nutzen-Denkens, das heute dominiert. Nein.

**Die Herausgeberin der *Literarischen Welt* ist die Literaturhändlerin Rachel Salamander. Wie viel oder wie wenig kümmert sich Ihre Herausgeberin um die Arbeit bei der Zeitung?**
Ja, sie kümmert sich. Sie ist eine sehr konzeptionell denkende Herausgeberin dieses Supplements und kümmert sich insofern sehr stark um die Zeitung. Sie kommt einmal in der Woche zu einer großen Konferenz, und es gibt viele

kurze Telefonkonferenzen im Laufe der Woche. Also, es gibt einen sehr, sehr kontinuierlichen und intensiven Austausch über die ganze Woche hinweg.

**Wenn Sie einen Artikel oder eine Kolumne schreiben, wen stellen Sie sich dabei als Rezipienten vor?**
Oh ja, das ist eine schwierige Frage. Also, ich stelle mir niemanden vor, weil ich nämlich finde, dass man sich niemanden vorstellen sollte. Wenn ich mir jemanden vorstelle, bin ich nicht mehr ich selbst.

**Wissen Sie, wer Ihre tatsächliche Leserschaft ist?**
Ja, das weiß ich schon, aber ich denke nicht an sie, wenn ich schreibe. Der Schreibprozess ist ein sehr vernunftgesteuerter, aber er ist nicht ohne irrationale Anteile. Das macht es ja so faszinierend.

**Aber das Schreiben ist doch auch Kommunikation; man kommuniziert ja mit jemandem; mit dem Nichts kann man nicht kommunizieren, mit einer abstrakten Masse auch nicht, oder?**
Jein, ja, doch, also, ich hoffe. Ich meine, es ist natürlich keine Masse, sondern es ist schon eine amorphe Vorstellung von einem bestimmten – Charakter vielleicht, mit dem ich im Austausch bin.

**Bekommen Sie viele Leserbriefe?**
Ich bekomme relativ viel Leserpost, ja. Heute kriegt man ja nicht mehr so viele Briefe, man kriegt mehr E-Mails, aber ich bekomme viele Reaktionen, ja.

**Beeinflusst Sie das?**
Nein, das beeinflusst mich nicht! Das beeinflusst mich jedenfalls nicht in meiner Meinungsbildung, es beeinflusst mich vielleicht insofern, als dass ich diese amorphe Vorstellung im Laufe der Jahre immer präziser entwickeln konnte.

**Sind das mehr zustimmend lobende oder mehr andere ... ?**
Ja, Sie werden lachen. Ich kriege mehr zustimmende Zuschriften.

**»Eleganz und Charme setzen sich durch«, haben Sie vor einigen Monaten geschrieben. Sind Sie wirklich davon überzeugt oder ist das mehr so eine Art Beschwörungsformel?**
Das ist, offen gestanden, mehr eine Art Beschwörungsformel. Ich fänd's schön, wenn's so wäre.

**Kann Literaturkritik etwas bewegen?**
Ja, das würde ich schon sagen. Sie kann in mehrerer Hinsicht etwas bewegen. Sie kann natürlich, was ihr allererster Auftrag ist, Leser zum Lesen führen. Und sie kann natürlich im Idealfall auch Autoren dazu führen, sich Gedanken über ihren Schreibprozess zu machen, wenn man beispielsweise ein Buch verreißt und dafür gute Gründe hat.

**Elke Heidenreich glaubt sicher auch daran, etwas bewegen zu können. Ist ihre Fernsehsendung »Lesen!« noch Literaturkritik oder**

**schon -propaganda?**
Nein, das hat mit Literaturkritik nichts zu tun. Man muss zur Ehre von Elke Heidenreich sagen, dass sie selber das auch nicht für sich in Anspruch nimmt.
**Was ist das denn dann?**
Das ist Werbung! Das ist Literaturwerbung. Aber es hat mit Literaturkritik nichts zu tun, es hat mit Analyse nichts zu tun, es hat mit Interpretation nichts zu tun. Sie verreißt ja auch nichts, sondern sie empfiehlt. Sie ist sozusagen die Avon-Beraterin des literarischen Geschmacks.
**Sind Sie bei Ihrer Auswahl der Literatur, über die Sie schreiben, immer frei und unabhängig?**
Gott, wer ist schon komplett frei? Es gibt natürlich immer wieder Diskussionen, dass man sagt: Ja, das sollte vielleicht ein anderer machen. Vielleicht kriegt man dann von zehn Büchern nur acht. Aber ich bin in einer relativ privilegierten Position und kann schon sehr, sehr, sehr weitgehend selber bestimmen, was ich mache.
**Kritiker bezichtigen sich gern gegenseitig, das besprochene Buch gar nicht gelesen zu haben. Wie viel Prozent eines von Ihnen kritisierten Buches haben Sie durchschnittlich gelesen?**
Ich habe immer alles gelesen. Ich habe es auch nicht nur einmal gelesen, sondern ich habe Bücher, die ich bespreche, mindestens zweimal, wenn nicht dreimal gelesen.
**Sie lesen demnach sehr schnell.**
Ich lese sehr schnell. Ich lese sehr viel, und natürlich ist die zweite Lektüre nicht wie die erste, sondern bei der zweiten Lektüre beschränke ich mich auf meine Anmerkungen und Unterstreichungen. Wenn Sie mal ein Buch sehen, dass ich durchgepflügt habe, dann werden Sie merken, dass da ein sehr intensiver Austausch mit dem Geschriebenen stattfindet; und das ist dann meine Zweitlektüre. Die Drittlektüre wird häufig notwendig, wenn ich ein Buch erst mal weglegen muss, weil irgendetwas anderes sich dazwischendrängt und ich danach nicht mehr so ganz im Stoff bin. Das passiert auch. Aber zweimal wird es immer gelesen!
**Schreiben Sie auch Ihre Kritiken sehr schnell?**
Ja, ich schreibe auch sehr schnell. Weil vieles sich bereits im Kopf gefügt hat. Wenn ich ans Schreiben gehe, weiß ich im Grunde schon, was ich machen will. Man ist eigentlich immer mit den Dingen beschäftigt, die in der Mache sind. Man ist immer in so einer produktiven Gestimmtheit – jedenfalls ich bin's – und dann geht's beim Schreiben relativ schnell. Das Schreiben ist dann das Geringste eigentlich.
**Zwei unserer noch lebenden Großschriftsteller haben sich in der letzten Zeit einiges geleistet …**

Das kann man wohl sagen, ja.

**Walser ermordet in literarischer Form seinen ärgsten Kritiker und Grass beklagt sich über die »Entartung der Presse«. Haben Sie dafür Verständnis?**

Nein, nicht das geringste. Ich finde das unmöglich. Wir haben es hier mit zwei unwürdigen Greisen zu tun, die offensichtlich nicht in der Lage sind, in einer erwachsenen Weise alt zu werden. Ich halte das für einmalig in der Geschichte der Literatur: ein Armutszeugnis ohne Ende – und zwar von beiden gleichzeitig. Das ist eine Mischung aus Undankbarkeit, Narzissmus, überzogener Empfindlichkeit und Unverständnis – das gilt allerdings hauptsächlich für Grass – dafür, wie im öffentlichen Diskurs eben nun mal Literatur behandelt wird. Also, Unverständnis für Medien, für das Wechselspiel zwischen Medien und belletristischer Literatur, das er ja an sich sehr gut beherrschte. Da ist sehr viel Heuchelei noch mit im Spiel. Das ist ein ganz, ganz unerfreuliches Schauspiel, und ich kann nur hoffen, dass es typisch ist für diese verkorkste Generation – und dass uns die kommenden Generationen dieses Beispiel nicht liefern werden.

**Wenn der Regierende Bürgermeister von Berlin, das politische Leichtgewicht, wie Sie ihn nennen, auf die Idee käme: Ganz Berlin liest ein Buch und die Stadt finanziert das – welches würden Sie ihm empfehlen?**

Das ist schwer. Auch wenn ich jetzt viel Kritisches über die Literatur gesagt habe, glaube ich doch, dass wir in einer sehr interessanten Zeit leben, was Literatur betrifft. Literatur erreicht nicht mehr so viele Menschen wie früher, jedenfalls nicht mehr in diesem existentiellen Sinne wie früher. Es gibt aber trotzdem sehr viele sehr gute Bücher. Und wenn ich mich jetzt für eins entscheiden muss, ist das wirklich gemein.

**Es muss ja auch massentauglich sein.**

Eins für alle ... Tja, dann würde ich doch sagen: Goethes Faust. Das sollte die Stadt lesen. Ja, das fände ich eine reizvolle ... Ja, je länger ich darüber nachdenke: Faust I – und dann aber mit der entsprechenden Propaganda: Wer liest, lebt länger.

13. April 2007

# Henryk Modest Broder

**Henryk M. Broder**, in Kattowitz als Kind einer polnisch-jüdischen Familie geboren. 1958 über Wien nach Köln. Chefredakteur einer linksrheinischen Schülerzeitung. Journalistische Erfahrungen bei diversen Printmedien. Heute Polemiker, Schriftsteller und Online-Journalist: *Spiegel* und »Achse des Guten«.

## »Das Leben ist voller Widersprüche«

**Sie sind ein Jahr nach dem Zweiten Weltkrieg als Jude in Polen geboren worden. Um das zu schaffen, musste der Mensch schon eine gehörige Portion Glück haben. Sehen Sie das auch so?**
Ja. Ich bin ein Glückskind.

**Erzählen Sie uns noch ein bisschen mehr? Auch von dem Glück Ihrer Eltern?**
Meine Eltern hatten kein Glück, meine Eltern waren Pechvögel. Zuerst in den Holocaust hineinzugeraten und ihn dann auch noch zu überleben, das ist gleich doppeltes Pech. Anständigerweise überlebt man so etwas nicht. Jeder, der überlebte, hat überlebt auf Kosten anderer. Und er weiß es, wenn auch vielleicht nicht bewusst.

**Das klingt nach dieser altmarxistischen Sichtweise: Man kann nur reich sein auf Kosten anderer.**
Nein, das ist eine völlig verkehrte Analogie. Auch das mit dem Reichsein auf Kosten anderer stimmt schon nicht; das gehört zu den vielen Irrtümern von Marx. Aber das Überleben auf Kosten anderer ist völlig klar. Das will ich nicht konkretisieren, weil mir das den Tag verderben würde, aber es ist so.

**Ins Deutsche übersetzt, ist Ihr Vorname Heinrich der Bescheidene. Gab es Zeiten in Ihrem Leben, in denen Sie sich verpflichtet fühlten, diesem Namen Ehre zu machen?**
Täglich.

**Und haben Sie es mal geschafft?**
Es kostet mich keinen großen Kampf, bescheiden zu sein, das ist einfach mein Naturell. Ich bin bescheiden und voller Demut. Ich freue mich jeden Morgen, dass ich in meinem Bett und nicht im Krankenhaus aufwache und mich keine Krankenschwester fragt: Wie fühlen wir uns heute? Wenn ich das Fernsehen anmache und sehe, dass Deutschland sich wieder Sorgen macht, dass es ein kinderarmes Land ist, dann weiß ich: Es ist okay so, es ist in der Welt sonst nichts passiert.

**Waren sie ein ungezogenes Kind?**
Ja. – Also, je nachdem, wie Sie es bezeichnen. Es war nicht so weit, dass meine Eltern die Super-Nanny von RTL holen mussten. Ich habe sehr viele Zwangsverhaltensweisen. Zum Beispiel konnte ich es nie leiden, wenn Teppichkanten

umgelegt waren. Das hat meine Mutter am meisten beeindruckt, dass ich immer die Teppichkanten geradezog.

**Während sich andere noch mit Hausaufgaben rumgeschlagen haben, waren Sie bereits Chefredakteur einer linksrheinischen Schülerzeitung in Köln. War schon der kleine Henryk ein Vollblut-Journalist?**
Ähm. – Das weiß ich nicht. Aber ich wollte immer schreiben, das war das Einzige, das mich interessiert hat. Außerdem haben mich noch Musik und Mädchen interessiert. Ansonsten eigentlich nichts.

**Wofür oder wogegen haben Sie damals geschrieben?**
Vermutlich gegen die Autokraten, die Despoten und die Imbezilen in der Schule.

**Durfte man das?**
Es gab Ärger. Man durfte es nicht, und es gab so eine Art Zensor, der hieß Vertrauenslehrer: Man konnte darauf *vertrauen*, dass er alles raushaute, was gut war. Aber wir haben es versucht und es war eine sehr lustige Zeit. Ich glaube, dass diese Übung in der Tat wichtig war.

**Haben Sie es genossen, dass es Ärger gab?**
Ich glaube, das war mir egal. Obwohl – ich habe es nicht genossen, weil dann immer meine Eltern involviert wurden. Nicht, dass mir das zu viel ausgemacht hätte, aber es war mir doch unangenehm, wenn sie dann zur Schule und sich rechtfertigen mussten.

**Aber Ihre Eltern wollten Sie doch *auch* ärgern?**
Das war verschieden, wissen Sie – so eine Mischung aus Aggression und schlechtem Gewissen. Mal wollte ich sie ärgern, mal wollte ich sie verschonen, das war mal so mal so.

**Waren Mädchen in dieser Redaktion?**
Nein, leider nicht. Das war der große Fehler dieser Zeitung.

**Also war das, um an Mädchen ranzukommen, nicht die richtige Methode.**
Nein, das stimmt nicht. Es gab damals Konferenzen der Jungen Presse Nordrhein-Westfalen. Und daran nahmen auch Redakteurinnen von Schülerzeitungen anderer Schulen teil. Um an Mädchen ranzukommen, war diese Schülerzeitung damals genau das Richtige.

**Zu welcher Zeit haben Sie an das Gute in der Sowjetunion geglaubt?**
Ich habe nie daran geglaubt. Ich habe die ersten elf Jahre meines Lebens versehentlich in Polen verbracht. Wenn Sie so lange in einem kommunistischen System waren, selbst als Kind, glauben Sie nicht an das Gute in der Sowjetunion oder im Kommunismus. Ich habe nie daran geglaubt!

**Aber Sie waren doch mal ein richtiger Linker. Waren Sie so eine Art Trotzkist?**
Nein, Trotzkist nicht. Ich hatte damals Freunde, die beim SDS waren, das waren so anarchische, unabhängige Linke, da waren auch ein paar Trotzkisten dabei – bis ich merkte, dass das auch autoritäre Säcke sind. Aber ich habe nie einen Hauch von Sympathie für die Sowjetunion gehabt.

**Und Sie sagen, das hätte schon in Polen so viel Eindruck auf Sie gemacht?**
Ich kann mich da zum Beispiel an zwei Sachen erinnern. Als Stalin starb, da wurde Kattowitz, wo wir lebten, in Stalinograd umbenannt. Und dann erlebten wir es noch, wie die Stadt wieder in Kattowitz zurück umbenannt wurde, weil es dann mit Stalin eigentlich vorbei war. Diese Willkürlichkeit im Umgang mit Geschichte ist mir schon damals aufgefallen.

**1953 – da wären sie ja noch nicht mal sieben Jahre alt gewesen. Das ist Ihnen da alles schon aufgefallen?**
Ja. Es wurde darüber zu Hause gesprochen und meine Eltern fanden das auch komisch; das waren ziemlich unpolitische Kleinbürger, aber für so was hatten die ein Gespür.

**Sind sie deswegen auch weggegangen – aus Polen?**
Jein. Ich glaube, dass meine Eltern deswegen aus Polen weg sind, weil sie die richtige Idee hatten, dass die Kinder lieber nicht im Kommunismus aufwachsen. Aber der primäre Grund war einfach der ungebrochene polnische Antisemitismus nach dem Kriege.

**Erzählen Sie uns etwas über den virtuellen Showdown zwischen Henryk M. Broder und dem »Rest der Linken« in Entebbe 1976.**
Es gab keinen »virtuellen Showdown« zwischen mir und dem Rest der Linken. Ich habe einfach irgendwann erkannt, dass das eine völlig korrupte Bande ist, die weder bereit noch im Stande ist selbst zu denken.

**Wann haben Sie das erkannt?**
Mit ziemlicher Verzögerung. Ich habe mich gefragt, warum das so lange gedauert hat, und ich weiß es nicht. 1967 hätte man es erkennen können. 1967 war der Sechstagekrieg, als die deutsche Linke schlagartig den Israelis übel nahm, dass sie überlebt hatten. Ich kann Ihnen nicht sagen, warum mich das damals nicht besonders interessiert hat.

**Aber zählen Sie sich jedenfalls zu dem »Rest der Linken« – vor 1976?**
Also, wer damals in Deutschland aufwuchs und zur Schule ging und wer einen Hauch von politischem Bewusstsein hatte, der konnte gar nicht anders als links sein. Es war Adenauer-Zeit, es war Ludwig-Erhard-Zeit, es war alles völlig vermufft …

**Nicht nach 1967, da war Adenauer tot.**
Es war immer noch ... Es war immer noch die Zeit des Vietnamprotestes. Wir hatten keine andere Option. Ich kam in die Bundesrepublik 1958, in die dunkelste Adenauer-Zeit, die aber irgendwie auch ganz gemütlich war – es war alles irgendwie sehr überschaubar, und Sie konnten da gar nicht anders.

**Aber die Hochzeit der Linken fiel in die Zeit Willy Brandts. Da gab es doch die Willy-Brandt-Option.**
Willy Brandt war erstens damals beteiligt an der Großen Koalition, was wir ihm alle sehr übel nahmen. Wir haben das alle als charakterlos empfunden. Wahrscheinlich war das vollkommen richtig, was er gemacht hat – aus der Retrospektive betrachtet.

**Sind Sie damals zur Wahl gegangen?**
Ich bin immer zur Wahl gegangen.

**Was haben Sie denn damals gewählt?**
SPD.

**Das scheint jetzt aber nicht ganz zwingend logisch zu sein.**
Nein. So ist das Leben!

**Aber es hätte schon Alternativen gegeben.**
Ja – was hätte ich denn wählen sollen? Es gab nur diesen marginalen Dreck: KPD, DKP, KPD/ML, KPD/AO, KBW ...

**Und da war kein Dreck für Sie dabei?**
Nein.

**Wenn Sie heute die Formulierung »Rest der Linken« gebrauchen, signalisieren Sie, dass Sie selbst auch ein Linker geblieben sind. Ist das so?**
Ja, natürlich. Sicher. Klar! Selbstverständlich, ja.

**Sind Sie sozusagen der letzte undogmatische Linke?**
Nein, es gibt viel mehr davon. Es gibt wenige, aber ich bin nicht der letzte und ich finde, dass in letzter Zeit die Zahl der undogmatischen Linken steigt. Ich habe eine Reihe von Leuten getroffen, die alle links sind – im positiven Sinne links.

**Was heißt »im positiven Sinne links«?**
Das kann ich Ihnen gern sagen und am besten, weil es so früh ist, im Zitat: »Links: Gütesiegel für Gesinnungen. Stand früher einmal für fortschrittlich, aufklärerisch, human, demokratisch, internationalistisch, sozial und egalitär.« – Das waren wir damals, das bin ich heute noch. – »Steht heute für antiwestlich, beharrend, kulturrelativistisch, antiwissenschaftlich, protektionistisch, etatistisch, bürokratisch und elitär.« Man könnte dazu auch sagen: nationalistisch, autoritär, reaktionär. Das ist alles heute das Trademark der traditionellen Linken.

**Mit der »Achse des Guten« scheinen Sie einen Spagat vollführen zu wollen: einerseits gegen die deutsche Appeasementpolitik und andererseits – mit den Waffen der Ironie – gegen die Propagandapolitik von George W. Bush. So ein Spagat ist nicht leicht, oder?**
Den Begriff »Achse des Guten« meinen wir vollkommen ernst – das ist keine Ironie: Wir sind die Guten!

**Das kommt aber nicht unbedingt so rüber.**
Vielleicht kommt es bei Ihnen nicht rüber. Natürlich ist es ein Zitat, eine geklaute Zitat-Umkehr. Aber wir meinen das vollkommen ernst; wir sind die Guten.

**Aber Sie wissen, dass das ironisch wahrgenommen wird und somit missverstanden werden könnte.**
Die Deutschen haben mit sehr vielem ein Problem und das seriöseste Problem haben sie mit der Ironie. Ich kann nicht alles in Anführungszeichen setzen, um zu signalisieren: Achtung, Ironie!

**Aber mit Ihnen gibt es durchgängig die Schwierigkeit zu erkennen, was Sie ernst meinen und was vielleicht Ironie sein könnte.**
Das schließt sich doch nicht aus. Das ist, entschuldigen Sie, ein Oberlehrerstandpunkt. Ich habe vor zwei Tagen da eine leicht vernuttet aussehende Zwölfjährige gesehen, die den Tagesthemen-Kommentar gesprochen hat. Haben Sie das arme Kind gesehen: Eine Zwölfjährige, die wirklich mehrmals durch die Gehirnwäsche gezogen wurde, erzählt mir, dass sie Angst hat, dass halb Deutschland demnächst unter Wasser steht. Das hätte bei Harald Schmidt ein wunderbarer Satirebeitrag sein können. – Vielleicht haben es die Leute bei den Tagesthemen auch so gemeint, dass sie die ganze Klima-Hysterie auf diesen satirischen Punkt bringen wollen. Das sind für mich so ironische Bezüge, wo ich mich dann frage: Meinen die das wirklich so oder wollen sie mich nur verarschen?

**Haben Sie denn nicht manchmal Angst, dass Sie völlig falsch verstanden werden?**
Ich werde permanent falsch verstanden. Das nächste Mal werde ich wieder richtig verstanden. Wenn ich schreibe, lege ich doch meinen Arbeiten keine Gebrauchsanweisung bei. Nein, das ist mir egal.

**Aber wenn man wirklich etwas zu kommunizieren hat, dann kann man sich schon darum bemühen, dass es von möglichst vielen richtig verstanden wird.**
Woher wissen Sie, dass es nicht verstanden wird?

**Wenn die vielen Sie alle für konservativ halten …**
Was heißt die vielen? Können sie mir quantitative Zahlen nennen? Haben Sie 80 Millionen Deutsche gefragt, wie viele von denen mich für konservativ halten? Sie haben drei, vier Leute gefragt und ziehen daraus Ihre Schlüsse. Ihre Basis ist quantitativ dünn.

**Ist Ihr Hauptfeind in diesem Land nicht eigentlich die Naivität der Deutschen? Es ist vielleicht naiv, aber wohl doch nicht moralisch verwerflich, Frieden besser zu finden als Krieg.**
Ja, da ist was dran. Ich glaube, dass die wenigsten Leute irgendwie bösartig sind, aber die meisten Leute sind von einer wirklich grauenhaften Naivität. Ich habe mir das gar nicht so überlegt, aber wahrscheinlich haben Sie Recht. – Und es ist auch so eine Infantilität, so eine Unbereitschaft, für sich selbst Verantwortung zu übernehmen – die man historisch erklären kann. Komischerweise nimmt diese Unbereitschaft seit dem Fall der Mauer zu. Das haben die Deutschen nicht verkraftet, dass sie jetzt für sich selbst sorgen müssen.

**Die könnten jetzt mal normale Patrioten werden ...**
Ja!

**Aber Sie sind es auch nicht. Sie sind ein amerikanischer Patriot in Deutschland.**
Sehen Sie das so?

**Mit den vielen Fahnen hier in Ihrer Wohnung ...**
Ich finde die einfach schön designt.

**Da wäre – neben der Naivität – auch noch die deutsche Angst vor sich selbst zu berücksichtigen. Und ist die denn nicht etwa berechtigt: Ist die »Lust am Einknicken« nicht wenigstens schon besser als noch mal Polen zu überfallen?**
Das ist nicht die Alternative. Das ist so, als würden Sie sagen: Sich verhauen lassen oder andere zu verhauen, sind die beiden Optionen im Leben. Das glaube ich nicht. – Ihre Frage drückt das ganze Dilemma aus, mit dem ich mich hier beschäftige. Die Leute sagen: Schau mal, wie friedlich wir sind; wir haben nicht vor, Polen zu überfallen. Nein, das haben sie nicht vor, aber sie haben auch nicht vor jemandem zu helfen, wenn er überfallen wird! Das ist das Problem. Und das lässt sich nur mit der Naivität erklären oder mit Traumatisierungen, historischen Erfahrungen, aus denen nicht die richtigen Schlüsse gezogen werden. Der Schluss, den die meisten Deutschen in ihrer Naivität ziehen, ist: Nie wieder Krieg. Der richtige Schluss müsste lauten: Nie wieder Unfreiheit.

**Wie kommt man denn gegen diese Naivität überhaupt an?**
Sie gehen davon aus, dass die Deutschen naiv sind, was zweifellos richtig ist – und dann fragen Sie mich, wie ich dagegen angehe. Für die Naivität bin ich weder zuständig noch verantwortlich.

**Aber Sie halten sie für ein Problem.**
Die halte ich für ein schweres Problem.

**Als Linker müsste man doch eigentlich gegen Probleme angehen.**
Nein. Wenn die Linken anfangen gegen Probleme anzugehen, dann steht der

nächste Völkermord schon um die Ecke. – Was Sie von mir erwarten, ist, dass ich Probleme löse, die ich nicht verursacht habe. Vielen Dank!

**Das wirkt ein bisschen so, als ob Sie mit sich selbst kommunizieren würden: Ich schreibe so, wie ich es für mich selbst brauche.**
Das ist eine sehr gute Beschreibung meiner Arbeit!

**Sie lieben es Klartext zu reden. Mit so etwas wie Political Correctness ist das per se unvereinbar. Oder wie sehen Sie das?**
Ich finde, es gibt schon genug Leute, die langweilen. Außerdem gibt es ein elftes Gebot, das irgendwo auf dem Weg durch die Wüste verloren gegangen ist, das heißt: Du sollst nicht langweilen. – Du sollst morgens nicht joggen, war das zwölfte Gebot, das ist auch verloren gegangen.

**Suchen Sie vielleicht bewusst das Gegenteil? Oder die Grenze? Sie werden ja oft auch als Grenzgänger bezeichnet.**
Ja, das ist das Problem: Ich bin kein Grenzgänger. Ich bin so was von Mainstream – mehr Mainstream als mich gibt's gar nicht.

**Auch wenn Sie immer wieder behaupten, die Juden seien nicht intelligenter als der Rest der Welt, beweist die empirische Wissenschaft etwas anderes: Juden haben durchschnittlich einen um 10 Punkte höheren IQ als der Rest der Welt.**
Wissen Sie, ich habe nichts dagegen, dass die Juden vielleicht mit dem Leben – ich wollte sagen: mit dem Leben besser zurechtkommen als andere, aber das stimmt ja auch nicht, die Geschichte beweist das Gegenteil. Doch ich glaube nicht, dass man das mit klassischen wissenschaftlichen Methoden erforschen kann.

**Haben Sie mal einen IQ-Test gemacht?**
Nein, ich hätte auch Angst schlecht abzuschneiden. Es wäre mir peinlich, nur auf 88 zu kommen, weil ich diese Klötzchen nicht schieben kann.

**Was tun Sie so alles, um Ihre Allgemeinbildung auszubauen?**
Ach, die ist kaum noch ausbaufähig! Ich funktioniere wie ein Schwamm: Ich sauge alles auf und nach einer halben Stunde ist es von mir.

**Sind Sie ein religiöser Mensch?**
Nein.

**Kann man Jude sein und gleichzeitig areligiös?**
Ja. Das ist eine Grundvoraussetzung, um Jude zu sein.

**Ist Jude sein denn nun eine Religion oder ist das was Rassisches oder was ist das eigentlich?**
Ja, diese Frage wird man nie beantworten können – und das ist auch gut so. Sie können das nicht definieren. Das ist wahrscheinlich das, was der Fluch und der Segen des Judentums zur selben Zeit ist. Das gibt eine große Flexibilität,

aber auch eine große Unsicherheit und fördert die Aggression bei anderen, die nicht wissen, womit sie es eigentlich zu tun haben: mit einem Volk, einer Rasse, einer Ethnie, einer Lebenshaltung …

**Aber Sie empfinden sich genauso als Jude wie zum Beispiel ein christlicher Jude?**
Es gibt keine christlichen Juden. Das ist eine Fiktion. Ich bin säkularer Jude.

**Und was waren Felix Mendelssohn-Bartholdy und Gustav Mahler?**
Das waren assimilierte Juden. – Man kann sich auch aus dem Judentum verabschieden. Wenn Sie sich säkularisieren, ihre Kinder ohne jüdisches Bewusstsein erziehen, dann sind Sie irgendwann kein Jude mehr. Sie können sich sozusagen da rausfädeln. – Aber es gibt keine christlichen Juden. Die Grundphilosophien sind diametral entgegengesetzt. Ich kann Ihnen genau sagen, was die Philosophie des Judentums ist: Erstens ist es eine Kultur der Fragen, keine Kultur der Antworten. Eine gute Frage ist immer wichtiger als eine blöde Antwort. Es kommt auf die Fragen an, und das ist, glaube ich, beinahe schon ein wissenschaftlicher Zugang. Und das zweite ist so eine Mischung aus gutem Essen und schlechten Manieren. Und das können Sie auch leben, wenn Sie nicht religiös sind.

**Dann könnten wir uns doch aber auch als christliche Juden bezeichnen.**
Nein, das können Sie nicht. Das ist keine Frage der Wahl; Sie können nicht so Jude werden wie ich zu American Express eintreten kann. – Schauen Sie, ich habe neulich einen Text geschrieben, der hieß: Ich trete aus – nachdem Bärbel Schäfer eingetreten war. Ich dachte, wenn Bärbel Schäfer drin ist, kann ich nicht drin bleiben; für uns beide ist einfach nicht Platz genug. Ich wollte der erste Jude sein, der seit Baruch Spinoza rausgeschmissen wird. Sie haben mich aber nicht rausgeschmissen – und dann, um noch mehr Salz in die Wunde zu reiben: Wen haben sie vor kurzem rausgeschmissen? Diesen Moishe Arieh Friedmann aus Wien. Der war ihnen gut genug für einen Rausschmiss.

**Das klingt aber schon nach Leidenschaft und Ehrgeiz.**
In dem Fall – ja. Da dachte ich wirklich: Wenn Bärbel Schäfer drin ist, das geht mir zu weit. Ich finde schon, dass das Judentum ein kleiner, elitärer Club bleiben sollte.

**Das klingt jetzt alles wieder ganz anders als das, was Sie vorhin gesagt haben.**
Ja. – Das Leben ist voller Widersprüche.

**Wo sind Sie zuhause: in Polen, in Köln, in Israel, in St. Pauli oder in Berlin?**
Polen auf keinen Fall. Polen ist etwas, da fahre ich ab und zu hin, kaufe meine Kitschfiguren ein, meinen Jesus im Schüttelglas, und dann fahre ich zurück und bedanke mich bei meinen toten Eltern, dass sie das Land verlassen

haben. – Wissen Sie, die Frage der Heimat stellt sich auch nicht; ich habe drei Kreditkarten, das reicht mir.

**Also Zuhause als Utopie?**
Nicht mal als Utopie! Das ist keine Frage, wissen Sie, es gibt ein paar Orte, an denen ich mich gut fühle – hier in dieser kleinen Hütte fühle ich mich sehr gut, deswegen komme ich immer wieder zurück. Aber wenn Sie auf diesem Begriff Zuhause bestehen: Der ist für mich irrelevant.

**Mit scheinbarer Genugtuung präsentieren Sie die härtesten Beleidigungen Ihrer Person auf der eigenen Homepage. Welcher Psychodoktor hat Ihnen denn diese Therapie empfohlen?**
Diese Frage geht von einer Unterstellung aus, nämlich, dass ich einen Psychodoc habe. – Ich hatte mal einen Therapeuten; ich hatte mal eine schwere Operation und danach habe ich einen Therapeuten besucht, der mir bei unseren Sitzungen alles über sein Leben erzählt hat; das hat mir sehr gut gefallen. Das hat mich auch wieder gesund gemacht.

**Seitdem machen Sie es mit Ihrer Homepage genauso?**
Nein, das ist keine Therapie, weder für mich noch für die anderen. Wissen Sie, da schreibt mir so ein Sesselpupser einen Brief und hat einen Moment der Genugtuung in sich, das kann ich nachvollziehen: Da sitzt einer in der tiefsten hessischen Provinz, grämt sich und hadert mit seinem Leben. Und ich finde es nur fair, wenn ich es online stelle, was solche Leute aufregt.

**Das Wort Homepage könnt man ja auch als Heimat verstehen – Heimat der modernen Art.**
Stimmt, ist mir noch nicht aufgefallen. Homepage. Das ist eine schöne Definition, die klaue ich Ihnen – morgen ist sie schon von mir.

**Hat es dem »humoristisch verbrämten Hassprediger« (Zitat aus der *taz*), als der Sie immer wieder tituliert werden, schon einmal – in diesem Leben – die Sprache verschlagen?**
Öfter. Das passiert mir jeden Tag. Zuletzt, als ich diese Zwölfjährige da im Fernsehen sah.

**Aber nur kurzzeitig.**
Ja, ich komme wieder zu mir. Aber ich habe auch oft keine Lust. Ich war neulich bei einer Fernsehsendung, da bin ich fast eingeschlafen – ich weiß nicht mehr, was es war – und dann kommt danach die Redakteurin zu mir und war richtig sauer und sagte: Heute waren Sie nicht so scharf wie sonst. Und wenn ich so was höre, dann gehe ich gleich nach Hause. Die Leute erwarten, dass ich den Clown mache, dass ich die Axt aus der Kiste hole, nur um hinterher sagen zu können: Sie können mit Aggression wohl nicht umgehen.

**Und wenn Sie als »Hassprediger« bezeichnet werden, ist das akzeptabel?**

Das ist mir egal. Das ist ein junger Mann, der irgendwie ein Problem mit mir hatte, der sich an mir zu profilieren versucht, und das ist okay. Ich bin kein Hassprediger, ich bekomme auch ganz andere, gute Reaktionen. Übrigens erstaunlich viele von Muslimen, Türken, die vielleicht eher Grund hätten als dieser *taz*-Sesselpupser, mich einen Hassprediger zu nennen, es aber nicht tun.

**Mit der *taz* haben Sie nichts zu tun gehabt?**
Doch, doch, ich habe früher viel für die *taz* geschrieben. Das ist sehr lange her.

**Ging das gut? Da war Bascha Mika noch nicht da.**
Nee, da war Bascha Mika noch nicht da. Ich glaube, da gab es Bascha Mika noch gar nicht. Die war noch irgendwo in Schlesien und backte Knödel, und ich wünschte, sie wäre dabei geblieben. Aber sonst ist sie sehr nett. Wenn sie zum Beispiel einen Kosmetiksalon in Wilmersdorf betreiben würde, da hätte ich nichts dagegen.

**Sie haben bezüglich eines Gerichtsurteils von dem Hautgout gesprochen, dass die »Erben der Firma Freisler« über die Frage entscheiden dürften, »was antisemitisch ist oder nicht«.**
Ja, deswegen gibt es Montag einen Prozess in München. Der Präsident des Landgerichts Frankfurt hat mich wegen Beleidigung angezeigt.

**Haben Sie ursprünglich damit gerechnet, dass die deutschen Richterinnen und Richter diesen Generalangriff stillschweigend ignorieren würden?**
Nein, ich habe gedacht, das ist so selbstverständlich, darüber kann man sich gar nicht aufregen.

**Dass sie die Erben der Firma Freisler sind?**
Natürlich! Wissen Sie was ein Erbe ist? Ein Erbe übernimmt alles, die Hypothek und die Bestände.

**Kann man im Amt etwas erben?**
Ja, natürlich. Die ganze Bundesrepublik ist ein Erbe des Dritten Reiches.

**Ja, die Institution ja. Aber die Nachfolger im Amt?**
Das ist doch die Institution. Die Justiz ist doch eine Institution.

**Das klingt – sehr pauschal.**
Ich fand es sehr differenziert.

**Wenn wir Ihre journalistischen Stationen Revue passieren lassen: In den 70er Jahren haben Sie für *Pardon* gearbeitet – eine Zeitschrift, die doch wohl auf ewig dafür bekannt bleiben wird, dass sie Helmut Kohls Kopf als Birne gezeichnet hat. Oder war da noch etwas?**
Da war noch sehr viel! Unter anderem war da noch die Straßenbahn namens »Sehnsucht«. Dafür ist *Pardon* Gegenstand einer bundesweiten Razzia gewesen.

Das war eine harmlose doppelseitige Grafik, wo es die Leute in einer Straßenbahn auf die wildeste Art miteinander treiben. Da ist *Pardon* bundesweit beschlagnahmt worden.

**Kann man sagen, wenn man die alte *Pardon* mit heute vergleicht, dass die damals den Zeitgeist repräsentiert hat, während das heute *Vanity Fair* macht?**
Ja, das könnte sein. Obwohl – *Vanity Fair* läuft auch schlecht. Ich weiß nicht, was den heutigen Zeitgeist repräsentiert – vermutlich am ehesten Dieter Bohlen. Wahrscheinlich war das so, dass *Pardon* damals in der Tat den Zeitgeist repräsentiert hat, während es heute sehr schwer ist, überhaupt zu sagen, was den Zeitgeist repräsentiert.

**Aber am ehesten doch wohl die Lifestyle-Magazine, die es damals ja gar nicht gegeben hat.**
Ja, vermutlich. *Gala*, *Bunte*, so was.

**Der *Spiegel*, für den Sie seit geraumer Zeit unregelmäßig schreiben, hat in den letzten 10-12 Jahren erheblich an Einfluss verloren (als Leitmedium für 2/3 der Journalisten in 1997 bis zu 1/3 in 2005). Gibt es noch etwas Gutes, was Sie über das Blatt sagen könnten?**
Ich finde den *Spiegel* prima. Also, ich finde den *Spiegel* als Institution prima. Und dass der *Spiegel* als Leitmedium an Bedeutung verloren hat, das glaub' ich schon. Was vermutlich damit zusammenhängt, dass es in den wunderbaren 60er, 70er Jahren sehr wenige Angebote gab, die man ernst nehmen konnte. Das heißt, der Markt ist viel voller mit Angeboten geworden, und wenn der Kuchen verteilt werden muss, bleibt für jeden weniger übrig.

**Ja, aber wer jetzt dem *Spiegel* den Rang abgelaufen hat und heute an erster Stelle steht, ist die *Süddeutsche Zeitung*. Die gab es damals auch schon.**
Rang abgelaufen als was?

**Als Leitmedium für andere Journalisten.**
Ja, wenn die Journalisten sagen, woran sie sich orientieren – weiß ich nicht. Also, ich weiß ja nicht, was ein Leitmedium ist. Und die *Süddeutsche* z.B. bemüht sich mühsam um einen Internetauftritt, der absolut ärmlich und kläglich ist und mit dem sie nicht hochkommt.

**Vielleicht könnte es damit zusammenhängen, dass der *Spiegel* immer als Männermagazin wahrgenommen wurde und dass heutzutage viel mehr Frauen auch in der Journalistik unterwegs sind.**
Ja, das kann sein. Das war gestern in der Redaktion auch ein Thema: Ob die Farben, die der *Spiegel* verwendet, nicht Männerfarben sind. Wobei ich gar nicht wusste, dass es Männer- und Frauenfarben gibt.

57

**Also ein Männermagazin ist es nach wie vor?**
Von der Leserstruktur her – ja. Von der Schreiberstruktur vermutlich auch.

**Wenn man sich das so überlegt – *St.-Pauli-Nachrichten*, *Pardon*, *Spiegel* – das sind alles Männermagazine gewesen, bei denen Sie geschrieben haben.**
Wissen Sie, eine Bewerbung bei *Emma* wurde leider abschlägig beschieden.

**Haben Sie sich beworben?**
Nein, aber ich habe eine *Emma*-Redakteurin geheiratet, das reicht.

**Apropos: Sind Sie eigentlich ein Familienmensch?**
Ich bin Familienmensch auf meine Weise, ja. Aber darüber rede ich nicht.

**Darüber möchten Sie gar nichts sagen?**
Familienleben? Das ist etwas für Guido Westerwelle, ich mache so was nicht.

**Von Helmut Markwort, dem *Focus*-Chef, haben Sie in diesem Jahr (er war 2007 Preisrichter) den Ludwig-Börne-Preis verliehen bekommen. Aber Arbeit beim *Focus* hat er Ihnen nicht angeboten, oder?**
Nee – fällt mir auch gerade auf, hat er nicht gemacht. Komisch.

**Hätten Sie denn angenommen?**
Ich habe keinen Grund, den *Spiegel* zu verlassen. Ich habe auch einen Vertrag beim *Spiegel*, der mir viel Freiheit lässt: Ich schreibe auch noch für den *Tagesspiegel*, habe eine Kolumne in der *Weltwoche*, das geht alles; aber ein Auftritt im *Focus* oder im *Stern*, also der unmittelbaren Konkurrenz, wäre ein Kriegsgrund.

20. April 2007

# Peter Rásonyi

**Peter Rásonyi**, 1966 in Zürich als Sohn eines Ungarn geboren. Volkswirtschaftsstudium und Assistententätigkeit an der Universität Zürich. Seit 1997 bei der *Neuen Zürcher Zeitung*. Seit 2003 Wirtschaftskorrespondent der *NZZ* in Berlin.

# Die unerträgliche Leichtigkeit des liberalen Denkens

**Sie leben als ungarischer Schweizer jetzt seit vier Jahren in Deutschland. Wie fremd fühlen Sie sich hier?**
Gar nicht. Wobei ich die kulturellen Unterschiede hier in Berlin größer empfinde, als ich gedacht hätte, weil ich Süddeutschland besser kenne. Süddeutschland und die Schweiz sind sehr nah verwandt; die regionalen Unterschiede innerhalb Deutschlands sind doch größer als ich erwartet hatte.

**Da ist der alte Limes dazwischen?**
Ja, ja.

**Spüren Sie den noch?**
Sehr stark. Baden-Württemberg und Bayern – das ist eine andere Welt. Immer wenn ich aus dem Süden nach Berlin zurückkomme, ist das ein Riesenschritt.

**Und wie erklären Sie sich das? Wirklich mit den Römern, die *da* mal waren und hier nie waren?**
Ich denke, das hat mehr mit Entwicklungen im Mittelalter und nachher zu tun, als dann das preußische Gedankengut und auch die Aristokratie stärker ausgeprägt waren hier im Norden. Deswegen habe ich das Gefühl, da war ein anderes Verhältnis zur Obrigkeit.

**Können Sie das ein bisschen näher beschreiben?**
In Baden-Württemberg habe ich den Eindruck, die Distanz zur Regierung in Berlin ist sehr groß; man nimmt es nicht so ernst, was hier entschieden wird, wie im Norden. Da ist eine stärkere Autonomie im Denken, und ich glaube auch, die föderalen Strukturen sind im Süden wichtiger. Man hat eine stärkere Identität als Baden-Württemberger oder als Bayer denn als Niedersachse.

**Die Wirtschaft, die für das Leben der meisten Menschen eine grundlegende Bedeutung hat, kommt in den Lehrplänen der deutschen Schulen fast gar nicht vor. Ist das in der Schweiz anders?**
Nein, das ist in der Schweiz auch so. Ich finde das absurd, völlig verkehrt und auch für das ganze Staatswesen und die Demokratie problematisch, dass man keine Grundausbildung in wirtschaftlichen Fragen hat.

**Was oder wer ist dafür verantwortlich, dass das so ist?**
(überlegt) Ich denke, das ist so eine sich selbst verlängernde Tradition. Wenn die

Leute, die sich mit pädagogischen Fragen beschäftigen, selbst nie mit Wirtschaft in Berührung gekommen sind, dann kümmern sie sich auch nicht darum. – Und gleichzeitig ein problematisches Desinteresse der Wirtschaft, die nicht mehr Druck macht, dass in den Grundschulen wirklich die Ausbildung verbessert wird.

**Warum machen die das nicht?**
Das weiß ich auch nicht. Das verstehe ich nicht.

**Da müssen Sie die mal fragen ...**
Ja. Das wäre ein interessantes Thema, warum die nicht im eigenen Interesse darauf drängen. Die Lehrpläne werden ja sonst durch Lobbys stark beeinflusst.

**Sie persönlich haben eine ausgesprochen fundierte Ausbildung genossen – bis hin zur Assistententätigkeit an der Uni Zürich. Warum haben Sie sich anschließend weder für eine akademische noch für eine privatwirtschaftliche Karriere entschieden, sondern für den Journalismus?**
Es hatte mich nie interessiert, in Richtung Management zu gehen. Ich habe Ökonomie studiert aus Interesse, gesellschaftliche Entwicklungen besser zu verstehen. Ich hatte den Eindruck, mit einem Volkswirtschafts-Studium verstehe ich die Welt besser, als wenn ich Soziologie oder Geschichte studiere. Von daher stand für mich immer ein akademisches Erkenntnisinteresse im Vordergrund.

**Jetzt könnten Sie schon Professor sein.**
Ja, absolut. Der Entscheid fiel mir auch schwer. Ich hatte schon Freude an der Forschung und Lehre, fühlte mich aber auch gleichzeitig ein bisschen beengt von diesen langen, trostlosen, grauen, staubigen akademischen Zirkeln und dieser einsamen Arbeit. Dann sagte ich mir, jetzt mache ich zwei Jahre Journalismus, was von der Tätigkeit und von den Interessengebieten her sehr nah verwandt ist mit einer akademischen Tätigkeit – auf diesem Niveau, auf dem ich das jetzt machen kann.

**Inwiefern ist das verwandt?**
Ich kann jetzt – bei einer Redaktion wie der *NZZ* – sehr stark meinen Interessen nachgehen.

**Ihren Forscherinteressen?**
Meinen Forscherinteressen. Wenn ich eine Frage interessant finde, kann ich der nachgehen.

**Und auch der Zeitung verkaufen?**
Natürlich. Ja, klar. Der Zeitung kann ich alles verkaufen, was ich mir ausdenke. – Im nachhinein bin ich froh, weil ich diese Universitäten in Europa als sehr verstaubt empfinde – und auch strukturell sehr unbeweglich. Da habe ich im Journalismus extreme Freiheiten, die ich wirklich genieße.

**Ihre »Alte Tante«, die *Neue Zürcher Zeitung*, die unter diesem Namen immerhin schon 186 Jahre auf dem Buckel hat, ist eine, wenn nicht gar *die* Qualitätszeitung in deutscher Sprache. Welches der deutschen Blätter würden Sie als Konkurrenz akzeptieren?**
Also, sehr ähnlich erscheint mir die *FAZ*. Die wäre, wenn man so will, der direkteste Konkurrent oder der nächste Verwandte.

**Können Sie da einen Unterschied festmachen zwischen den beiden?**
Der wichtigste Unterschied ist sicher die Internationalität. Die *Neue Zürcher* wird auch hier in Deutschland sehr stark wahrgenommen als internationalste Zeitung im deutschsprachigen Raum. Die deutschen Medien sind alle sehr stark auf Deutschland bezogen.

**Haben Sie noch andere Konkurrenten, die Sie akzeptieren würden?**
Nein, von den Tageszeitungen ist dann eigentlich schon Schluss.

**Also, dann können wir die *Süddeutsche* jetzt vergessen?**
Die *Süddeutsche* ist einfach sehr anders ausgerichtet. Das ist wirklich ein ganz anderes Verständnis von Journalismus. Es ist sehr viel populärer. Man versucht sich aktiver zu verkaufen – mit übertriebenen Schlagzeilen. Und es hat kein so klares Weltbild; in der *Süddeutschen* schwankt das ganz wild. Es ist auch ein Konzept natürlich: Man möchte alles abbilden. Gleichzeitig ist der Anspruch, Orientierung zu stiften, weniger stark als bei einer *Frankfurter Allgemeinen* oder bei uns.

**Sollte es das Ziel sein, Orientierung zu stiften?**
Ja. Für mein Verständnis ist es gerade in der heutigen Zeit der elektronischen Medien eines der wichtigsten Ziele einer Zeitung, Orientierung zu stiften, denn die blanke Information kriegt man ja ohnehin, wenn man das will, im Übermaß.

**Von Ihrem Berliner Bürogebäude können Sie sowohl den Reichstag als auch das Kanzleramt und die Schweizer Botschaft gut überblicken. Beschreiben Sie uns einen normalen Arbeitstag, gerade auch im Hinblick auf Ihre Mediennutzung.**
Am Morgen bringe ich erst mal meine Kinder in den Kindergarten und in die Schule. Und dann ist das Erste immer, die Nachrichtenlage anzuschauen über das Internet: Reuters, ap und dpa. Wenn etwas Interessantes ist, gehe ich zu Pressekonferenzen. Sonst kontrolliere ich den ganzen Tag immer wieder mal die Agenturen und sehe mir die Online-Medien der wichtigsten Zeitungen an.

**Als da wären?**
Ich sehe mir immer an: *FAZ*, das *Handelsblatt*, die Tagesschau, den *Spiegel* und die *Welt*. Die habe ich eigentlich immer offen; die helfen noch als Selektionsleistung neben den Agenturen.

**Haben Sie denn eine bestimmte Deadline, wenn Sie am nächsten Tag in Ihrer Zeitung erscheinen wollen?**
Da sind wir sehr liberal. Ich telefoniere gegen Mittag immer mit der Redaktion, um das Tagesprogramm abzustimmen. Ich schreibe meistens relativ viel, also mehrere Texte pro Tag. Bei mir geht es oft bis in den Abend – bis 21 Uhr oder noch später.

**Aber irgendwann ist auch Redaktionsschluss für die Internationale Ausgabe.**
Ja. Am äußersten kann man sogar noch nach 22 Uhr etwas schicken; das muss man einfach genau ausmachen mit der Länge. Gedruckt wird ab 23 Uhr.

**Machen Sie für Ihre Arbeit von Internet-Blogs Gebrauch?**
Nein, die nutze ich gar nicht. Erstens bin ich skeptisch gegenüber den Blogs, weil da jeder was reinschreibt und ich nicht weiß, wer das ist und welche Interessen der hat. Und zweitens leide ich nie unter Mangel an Informationen, sondern eher unter Überfluss.

**Eine Lieblingsbeschäftigung deutscher Medien ist seit einiger Zeit die Demontage von wirtschaftlichen Führungskräften. Das bisher prominenteste Opfer ist ein Schweizer namens Ackermann. Wie haben Sie das Ihren Lesern zu erklären versucht?**
Wir in der *NZZ* sehen das differenziert. Ich habe eigentlich nie verstanden, warum Ackermann so unpopulär ist. Wir sehen auch seine Leistungen: Die Deutsche Bank wird gut geführt durch ihn und ist erfolgreich. Ich hatte schon den Eindruck, dass auch eine Ursache dieser Kritik ist, dass Ackermann ein Ausländer ist.

**Meinen Sie?**
Ich glaube schon. Er ist ja einer der ersten und einzigen Ausländer als Konzernchef eines DAX-Unternehmens. – Auch Harry Roels wurde massiv angegriffen, obwohl er äußerst erfolgreich war bei RWE. Jetzt muss er gehen. Jetzt kommt einer aus dem Ruhrgebiet: ein völlig regional verwurzelter Nachfolger, aber ohne irgendwelche Kompetenz im Bereich Energiegeschäft.

**Ist das nationalistisches Denken?**
Ich glaube, nicht unbedingt nationalistisch, sondern man weiß nicht so richtig, was man kriegt, wenn ein Ausländer ein DAX-Unternehmen führt.

**Weiß man bei einem Deutschen, was man kriegt?**
Das weiß man besser; man kennt ihn besser. Hat da ein bisschen mehr Vertrauen, dass er nationale Interessen vertritt. Und bei Ackermann war das Misstrauen da: Der möchte die Zentrale nach London verlegen. Der möchte vielleicht das ganze Unternehmen verkaufen …

**Der denkt nicht deutsch, mit anderen Worten.**

Genau. Der ist keiner, der im Notfall darauf schaut, dass das Unternehmen national bleibt.

**Und der Deutsche denkt an den Notfall?**
Ja. Das Bestreben, dass die Großunternehmen national bleiben, ist ja sehr stark; dieses nationale Champions-Ziel, dass man nationale Champions hat in der Wirtschaft, scheint mir in Deutschland sehr stark zu sein.

**Nehmen wir mal als Beispiel VW.**
Das ist letztlich eine feindliche Übernahme von VW durch Porsche, völlig heimtückisch eingefädelt mit falschen Informationen. Also ganz hinterhältig. Und das finden alle toll.

**Weil es ein Deutscher ist?**
Weil es ein Deutscher ist. Genau. Wenn das jetzt ein ausländisches Unternehmen gemacht hätte, wäre da natürlich ein Riesenaufschrei gewesen.

**Wie einst bei Mannesmann?**
Ja.

**Kann man in diesen Fragen noch ungehindert den Nationalismus ausleben?**
Ja, ungehindert wahrscheinlich auf Dauer nicht; auch da wird der globale Wettbewerb Schranken setzen. Aber im Moment ist es offenbar so, dass man hier noch den Nationalismus auslebt.

**Und Sie halten den Nationalismus hier für etwas Ungutes und nicht für etwas verständlich Patriotisches?**
Ich halte es für wirtschaftlich schädlich. Ja. Unternehmen können das ja nur machen, wenn sie irgendwie geschützt sind, und dieser Schutz, der meistens vom Staat kommt, geht letztlich auf Risiko der Steuerzahler und lässt damit ein Unternehmen entstehen, das ineffizient ist und damit Ressourcen verschwendet. Und das Risiko trägt immer der Steuerzahler am Schluss. Das halte ich für sehr problematisch.

**Es ist in vielen deutschen Zeitungen zu beobachten, dass Wirtschaftsjournalisten Dinge gänzlich anders beurteilen als politische Journalisten. Ist das ein Zeichen von gesunder Meinungsvielfalt?**
Ich denke, da ist eher die Ursache, dass die politischen Journalisten keine Ahnung von Wirtschaft haben und darum auch anders denken – wirtschaftliche Grundbegriffe und Grundinteressen gar nicht in ihr Denken einfügen. So kommen sie fast zwangsläufig zu anderen Einschätzungen. Das empfinde ich auch als Problem für die ganze Gesellschaft: diese Polarität, die eigentlich völlig unsinnig ist, weil in Politik und Gesellschaft und Wirtschaft – da geht es ja immer um das Gleiche.

**Das würden Sie schon als *ungesunde* Meinungsvielfalt bezeichnen?**

Ja, genau. Weil es nicht der Aufklärung dient.

**Stichwort Globalisierung: Obwohl Deutschland als Exportweltmeister der Globalisierungsgewinner schlechthin ist, hat Globalisierung hierzulande eine sehr schlechte Presse. Können Sie uns das erklären?**
Das geht für mich auch auf Inkompetenz zurück.

**Wessen Inkompetenz?**
Der Berichterstattung, also der Medien, der Politiker und auch der Bevölkerung.

**Aber wo soll die es her haben, wenn nicht aus den Medien?**
Oder aus der Schule! Ich glaube, da fehlt die Basis, solche Dinge richtig einordnen zu können – bei ganz vielen Menschen. In den Medien fehlt sie zum Teil auch.

**Ist das wieder ein Unterschied zwischen Wirtschafts- und politischen Journalisten?**
Ja, sehr stark. Auch Feuilleton, die sind ja dann noch extremer. Ich glaube, das ist ganz schwierig. Das ist eine Riesenaufklärungsaufgabe, weil das Grundverständnis oft fehlt. Deutschland ist so ein Riesenprofiteur von der Globalisierung; das ist ja fantastisch, was die deutsche Industrie alles verkaufen und entwickeln kann!

**Ist es vielleicht auch einfach mangelnde Bildung der Bevölkerung?**
Ja, es ist mangelnde Bildung. Die sind ja nicht dumm, aber sie haben sich in anderen Bereichen gebildet, und in den wirtschaftlichen Bereichen ist es mangelnde wirtschaftliche Bildung.

**Die lesen die falschen Zeitungen ...**
Ich denke schon, die Qualitätsmedien werden zu wenig gelesen, und im Fernsehen kann man sich nicht besonders bilden; da würde ich es wünschenswert finden, im Sinne der Aufklärung und des Fortschritts, wenn in der *FAZ* gelesen und weniger ferngesehen würde.

**Für viele ist ja *das* Qualitätsmedium die *Zeit*. Viele Intellektuelle würden die *FAZ* gar nicht als Qualitätsmedium akzeptieren. Ist nicht eigentlich das Problem, dass diese Spaltung besteht, dass Qualität hier und dort überhaupt nicht miteinander kompatibel ist?**
Ja, das ist richtig. Ich glaube, dass ein großer Teil der Intellektuellen sehr ignorant ist gegenüber wirtschaftlichen Themen. Das ist sicher ein Problem. Das prägt natürlich die Grundeinstellungen eines Landes ganz stark – und reproduziert sich ständig.

**Ist das unterm Strich auch zum Schaden des Landes – volkswirtschaftlich?**
Rein volkswirtschaftlich gesehen, ist das wahrscheinlich zum Schaden des Lan-

des. Deutschland könnte mehr aus sich machen, wenn man eine vernünftigere Wirtschaftspolitik hätte. Da würde der eng wirtschaftlich definierte Wohlstand steigen. Hätte natürlich auch Folgen: Man müsste flexibel sein, man müsste vielleicht mehr arbeiten, sich mehr anstrengen. Das kann man dann auch wieder als Nachteil empfinden.

**Wenn jetzt die Bundeskanzlerin den kurzen Weg zu Ihrem Büro machen würde, um Sie zu bitten, dem deutschen Volk Nachhilfeunterricht in Wirtschaftsfragen zu geben: Was wäre Ihre erste Lektion?**
Also ich glaube, die absolut zentrale Frage ist, dass man mehr in die konstruktiven Kräfte des Wettbewerbs vertraut – in ganz vielen Bereichen.

**Nennen Sie mal ein Beispiel.**
Im Arbeitsmarkt. Wenn der Druck ein bisschen größer ist, wenn Sie wissen, ich bin für mein Schicksal verantwortlich, dann können Sie auch mehr erreichen und sind am Schluss zufriedener, als wenn Sie so eine Hartz-IV-Existenz haben; das macht die Leute ja nicht glücklich.

**Die Kernaussage wäre dann: Mit etwas mehr Druck könnte man mehr leisten?**
Mit etwas mehr Wettbewerb – ja. Wettbewerb ist anstrengend. Aber ich glaube nicht, dass wir – im großen Ganzen – in der heutigen Zeit an Überanstrengung leiden. Warum ist das denn so eine Grenze: Man möchte sich so wenig wie möglich anstrengen. Das verstehe ich nicht ganz.

**Über die Transferleistungen in den deutschen Osten und deren Wirkung vor Ort haben Sie sich – anders als viele deutsche Journalisten – schon mit deutlich kritischen Worten geäußert. Warum?**
Das muss man differenziert betrachten. Ich finde es eine erstaunliche Leistung, dass man nach der Wiedervereinigung – bis heute und weiterhin – so massive Transfermittel in die neuen Länder schickt. Das sind reale Verzichtsleistungen im Westen, die ja überall spürbar sind.

**Der Westen wäre komplett schuldenfrei, wenn ...**
Genau. Das finde ich eine unglaubliche Solidaritätsleistung. Sehr beeindruckend. – Aber das birgt auch die Gefahr, dass man das für selbstverständlich nimmt und die Anreize nicht so groß sind, sich selbst mehr zu bemühen. Nur muss man sehen: Das ist ein Thema, das eigentlich schon vorbei ist. Jetzt glaube ich nicht, wenn man diese Transfers abschaltete, dass dann noch die Chance groß wäre, dass eine eigenständige wirtschaftliche Entwicklung in Ostdeutschland entstehen könnte.

**Das heißt, jetzt ist das Kind in den Brunnen gefallen?**
Ich glaube, das Kind ist in den Brunnen gefallen.

**Das heißt, der Osten wird immer von Subventionen abhängig bleiben?**

Ja, das glaube ich. Ich glaube auch, wenn der Solidarpakt II ausläuft, wird man irgendeine Nachfolgeregelung treffen, die wahrscheinlich weniger großzügig, aber …

**Also, was die Slowakei geschafft hat, wird der Osten Deutschlands nicht schaffen?**
Ja, das glaube ich.

**Daran ist jetzt nichts mehr zu ändern?**
Ich glaube nicht. Das ist ein sehr trauriges Thema. Aber da bin ich leider sehr pessimistisch. Ich denke, damit wird man lange leben müssen.

**Wir haben jetzt noch nicht über diese aktuellen Korruptionsprobleme gesprochen – bei Siemens zum Beispiel.**
Also, da fand ich eigentlich in *beiden* Fällen – Siemens und VW – haben die Medien wirklich zur Aufklärung beigetragen. Da haben Sie wirklich recherchiert. Fand ich 'ne gute Sache. Man hat auch die ganzen problematischen strukturellen Interessenkonflikte mit den Gewerkschaften, also mit den Betriebsräten, mit der Mitbestimmung hervorgehoben. – Die moralische Frage scheint mir aber im Fall von Siemens manchmal ein bisschen überzogen. Korruption ist extrem schädlich, also wirtschaftlich für alle extrem schädlich. Aber wenn man das noch bis 1999 im Ausland erlaubt hat und jetzt nicht mehr, da finde ich auch die moralische Empörung so ein bisschen überzogen.

**Von wem?**
In der Öffentlichkeit und in den Medien. Das ist alles ganz schlimm, aber vor kurzem war es noch erlaubt. In der Übergangszeit muss man da ein bisschen nachsichtiger sein. Das Geschäftsmodell war vermutlich stark auf Korruption aufgebaut.

**Das hieß damals aber gar nicht Korruption. Wenn es erlaubt ist, ist es nicht Korruption.**
Genau. Wie hieß das wahrscheinlich: Beratungshonorar oder Vermittlungshonorar. – Und so funktionierte das weltweit und überall. Und dass man das jetzt nicht innerhalb weniger Jahre komplett umstellt, kann ich auch ein bisschen verstehen. Es war moralisch vorher genauso zu verurteilen wie jetzt, wurde aber nicht verurteilt. Von daher gesehen, ist das ein bisschen inkonsequent.

**Noch ein Wort zu den Medien generell: Dass der deutsche Journalismus grundsätzlich aus der Negation heraus arbeitet, das halten Sie nicht für ein Problem?**
Nein, das finde ich konstruktiv.

**Aber verbreiten solche Nachrichten nicht auch eine bestimmte Stimmung in der Bevölkerung, die vielleicht nicht immer konstruktiv ist?**

Die Gefahr ist eher, dass es zu einer Abstumpfung führt. Dass man das nicht mehr ernst nimmt: Die kritisieren ja sowieso. – Aber Kritik ist wichtig!
**Sie müsste sich nur auch mal mit Lob ablösen?**
Genau, müsste sich auch mit Lob ablösen, das aber dann nicht wieder vom Wirtschaftsminister kommt, sondern als eigene Analyse.
**Und da fehlt es?**
Ja. – Was ich in dem Zusammenhang besonders problematisch finde, ist, dass die Berichterstattung sehr stark von Politikern angetrieben wird; man hängt sehr nah am Mund der Politiker, die irgendetwas sagen, und lässt sich zu leicht dadurch lenken.
**Ist das nicht auch bequemer?**
Ja. Das hat wahrscheinlich auch mit Bequemlichkeit zu tun. Man bezieht den Stoff und die Themen sehr direkt von den Politikern und macht es sich damit ein bisschen zu leicht. Damit kann man natürlich sehr stark eine kontroverse Debatte führen, aber letztlich ist sie nicht aus eigener Überzeugung heraus geführt, sondern es wird einfach transportiert, was gesagt wird von den sich bekämpfenden Lagern, was ich gefährlich finde, weil das eindimensional ist und alle das Gleiche tun: Alle laufen den gleichen Leuten nach und verwenden die gleichen Zitate.
**Die Medien profilieren sich nicht wirklich als eigene Vierte Gewalt?**
Genau. Sondern sie machen diesen politischen Schaukampf willig mit, weil das immer Schlagzeilen bringt. Aber damit verschwimmen die Gewichtungen der wirklich wichtigen Themen.
**Noch einmal zurück zu Ihrer Person: Was tun Sie so alles, um Ihre Allgemeinbildung auszubauen?**
Ich gehe sehr gern ins Theater, reise sehr gern, lese sehr gern, aber ich komme kaum mehr dazu. Das ist Luxus- und Hobbybereich, und Allgemeinbildung ist Luxus für mich; ich habe fast keine Zeit, um Luxus zu genießen.
**Sind Sie ein religiöser Mensch?**
Nein.
**Waren Sie auch nie?**
Das ist eine ganz schwierige Frage. Meine Mutter ist katholisch, mein Vater ist protestantisch, beide Eltern haben sich aber nie um religiöse Bildung gekümmert.
**Sie sind auch nicht getauft?**
Ich bin getauft. – Katholisch.
**Und Sie sind noch Mitglied der Kirche?**

Ich bin noch Mitglied der Kirche. Ich zahle auch Kirchensteuer. Das tue ich ganz bewusst.

**Ist das nicht verschwendetes Geld?**
Nein. – Ich gehe immer noch gern in Kirchen. Als Tourist. Und dann spüre ich schon die Atmosphäre; die beeindruckt mich dann doch.

**Deswegen zahlen Sie Kirchensteuern?**
Nein. Kirchensteuern zahle ich ganz bewusst wegen der sozialen Dienste, die die Kirche leistet. Ich glaube, die machen das ganz gut, und ich sehe das als Angebot gegenüber dem Wettbewerb, den ich eigentlich sonst vertrete, und auch als Institution, die ich sehr sinnvoll finde. Und letztlich habe ich doch eine gewisse emotionale Bindung zur Kirche in dem Sinn, dass ich da gern hingehe, dass ich die Idee von Gleichheit und von Menschenliebe positiv finde. Die machen das alles ganz gut, und das unterstütze ich mit der Kirchensteuer. – Aber ich glaube letztlich nicht.

27. April 2007

# Marie Sagenschneider

**Marie Sagenschneider**, Jahrgang 1962. Mit dem Berufsziel Bundeskanzlerin: Studium der Politologie in West-Berlin. Verschiedene journalistische Tätigkeiten in Bonn und Berlin. Seit 15 Jahren freie Mitarbeit beim Deutschlandradio Kultur: praktisch alles rund um Politik.

# Über die Kunst ein Interview zu führen

**Verraten Sie uns etwas über die Kunst ein Interview zu führen.**
Das ist aber eine offene Frage! – Also, ich glaube, dass die eigentliche Kunst in der Vorbereitung liegt. Man muss sich einfach sorgfältig vorbereiten: viel lesen und sich mit dem Thema beschäftigen. Der Rest ist Handwerk. Handwerk und Routine.

**Muss die Moderatorin von »Ortszeit«, »Wortwechsel« oder »Tacheles« Politik studiert haben?**
(überlegt) Nein, muss sie nicht. Weil man das meiste im Beruf selber lernt. Aber es schadet auf keinen Fall.

**Wenn heute morgen z.B. der Moderator sagt, dass Gordon Brown ein Konservativer ist und Nicolas Sarkozy ein Luxusurlauber, ist das politisch korrekt in Ihren Augen?**
Das ist politisch falsch.

**Sollte dieser Moderator noch mal Politik studieren?**
Ich glaube, dass auch jemand, der nicht Politik studiert hat, auf die Idee kommt, dass das nicht korrekt ist.

**Haben Sie das gehört heute morgen?**
Ja.

**Als Hörer wundert man sich darüber.**
Das hören Sie ja in vielen Sendungen. Das ist tatsächlich eine Frage – manchmal der Allgemeinbildung, manchmal der Erfahrung.

**Also, mit dieser mangelnden Allgemeinbildung kann man bei Ihnen Moderator werden?**
Das Problem bei so einer Sendung ist: Als Moderator einer 4-Stunden-Sendung, in der es 20 verschiedene Positionen und, wenn man Pech hat, auch 20 verschiedene Themen gibt, von Kultur bis Politik und manchmal schon sehr ausgefallen, muss man die berühmte eierlegende Wollmilchsau sein. Das gelingt aber nur bedingt. Man kann sich nicht in allen Themen auskennen. Und das heißt: Es gibt immer Punkte, an denen man versagen wird.

**Aber heute morgen hatte man den Eindruck, dass er – sozusagen – aus Überzeugung versagt hat.**

Nein, aus Überzeugung versagt niemand. Ich glaube einfach, dass jeder irgendwo bestimmte schwarze Löcher hat.

**Also, er hat sicher nicht geglaubt, dass Gordon Brown in der Konservativen Partei ist ...**
... sondern dass er in der Labour-Partei selber ein Konservativer ist, was definitiv falsch ist, weil er zum linken Flügel zählt. Das ist schlecht für einen Moderator, wenn er das nicht weiß. – Das Grundlegende ist, und das zieht alles andere nach sich: Man muss sich für das, was man tut, interessieren; man muss mit dem Herzen dabei sein, und dann sagt man eben auch: Okay, ich habe heute morgen ein Interview zu »Was kommt nach Tony Blair?« und dann beschäftige ich mich mit der Lage in Großbritannien, und was ich nicht weiß, lese ich nach.

**Ist es leichter oder schwieriger, einen Politiker zu interviewen, der einem politisch nahe steht?**
Ich kann das nur für mich beantworten. Ich glaube, es gibt Kollegen, die tun sich da leichter. Mir persönlich ist es vollkommen egal. Vielleicht habe ich einen natürlichen Beißreflex. Ich suche immer nach den Gegenpunkten. Und diese Fragen stelle ich dann auch.

**Sie halten es für notwendig, immer die Gegenposition einzunehmen?**
Nicht immer. Manchmal sind es reine Wissensinterviews, dass man sagt: Was ist passiert und erzählen Sie mal; Sie haben in diesem Untersuchungsausschuss gesessen, in dem die Öffentlichkeit nicht zugelassen war; was können wir darüber erfahren? Das sind reine Wissensfragen. – Aber welches Parteibuch jemand hat, darin habe ich keine Aktien. Das ist mir persönlich wirklich vollkommen schnurz.

**Das gilt jetzt für Sie selbst und nicht für jeden im Sender ...**
Ich glaube, dass manche Moderatoren andere Interviews führen, wenn Sie einer Partei nahe stehen. Das hört man auch.

**Führen Sie mit Ihren Interviewees kurze Vorgespräche, bevor Sie auf Sendung gehen?**
Wenn es sich ermöglichen lässt, ja. Nicht am Tag vorher; das ist mit Politikern ja überhaupt nicht zu machen; aber ich sehe zu, dass wir morgens vorher kurz sprechen können.

**Der genaue Plan steht immer schon fest?**
In der Regel ja. Außer, es passiert nachts noch etwas. Dann wird er natürlich umgeworfen.

**Wer macht denn den Plan?**
Die Redakteure. Es gibt bestimmte Positionen, und wir haben zwei Politiker-Interviews morgens.

**Und wer sucht die aus?**
Der zuständige Redakteur bzw. die Redakteurin. Und das sind zwei, die für die Frühsendung zuständig sind. Immer zwei. Der eine kommt früher und der andere bleibt länger.

**Sind Sie mit der Auswahl immer zufrieden?**
Nein, natürlich nicht.

**Und sagen Sie das auch schon mal?**
Ja, natürlich.

**Was bekommen Sie dann als Antwort?**
Wenn ich Glück habe, kommt eine Absage. Wenn nicht, dann werde ich denjenigen interviewen. So einfach ist das. – Das ist einfach eine Arbeitsteilung. Das lässt sich auch ganz schwer anders regeln. Wenn man drei Tage in der Woche morgens um halb drei aufsteht, hat man einfach nicht die Muße und die Zeit, das auch noch zu machen. Es gibt allerdings Interviewpartner, die im Laufe des Vortages »eingekauft« werden; da ist eine Diskussion immer möglich, und die findet auch statt.

**Mit welchen Gründen haben Sie beispielsweise Probleme bei der Auswahl der Gesprächspartner?**
Das ist sehr unterschiedlich. Manchmal weil ich denke, das Thema ist zu alt, manchmal weil ich denke, er ist der falsche Gesprächspartner, weil er möglicherweise nicht zum Thema passt ...

**Wie Martin Schulz (Europa-Abgeordneter SPD) heute zum Thema »Was kommt nach Tony Blair?«**
Das konnte man machen, fand ich.

**Mit einem anderen Moderator vielleicht ...**
Ja, die Frage haben Sie aber nicht gestellt! Ich fand Martin Schulz gut zu dem Thema.

**Ja. – Die beiden haben dann so ein Stammtischgespräch geführt.**
Jaaa. (überlegt) Aber der Schulz hat es gerettet!

**Stellen Sie sich während des Gesprächs einen idealen Hörer vor?**
Ich stelle mir immer nur *einen* idealen Hörer vor, und das bin ich. Klingt irgendwie blöd, aber ich denke: Wenn man selber bei sich bleibt, dann sind das eigentlich bessere Interviews, als wenn man versucht eine Rolle zu spielen und sich vorzustellen, wer da zuhören könnte; denn diese homogene Masse hat man nicht.

**Was wissen Sie über ihre realen Hörer denn wirklich – sagen wir mal, im Unterschied zum Deutschlandfunk?**
Unser Hörer ist ein eher großstädtischer Hörer, der kulturinteressiert ist und Wort mag. Wort zu mögen, ist ein Grund uns einzuschalten. Wir sind die

klassischen Programme für Leute, die Wort mögen. Und im Unterschied zum Deutschlandfunk ist unser Hörer tendenziell ein wenig jünger.

**Was in Ihren beiden Sendern morgens gar nicht vorkommt, macht die BBC sehr gern. Man fordert die Hörer auf: Schickt uns mal zu diesem oder jenem Thema 'ne E-Mail!**
Und was macht man damit? Befragt man dann jemanden dazu?

**Nein, nein, die liest man nur einfach vor. Da hat der Hörer das Gefühl: Ah, ich habe gerade 'ne E-Mail geschickt und die taucht in der Sendung auf. Und ein anderer denkt: Ach, ich könnte auch mal eine schicken.**
Ist interessant. Ich glaube, bei uns hat noch niemand darüber nachgedacht, dass man das tun könnte. – Aber die BBC hat auch eine andere Struktur. Man müsste dann über ein anderes Konzept nachdenken.

**Formulieren Sie Ihre eigenen Texte vor?**
Ja. Immer. Man kriegt natürlich Vorschläge für bestimmte Positionen – wie das Kalenderblatt, die Reportage, selbst das Politische Feuilleton inzwischen; da kriegt man Moderationsvorschläge.

**Aber davon kann man abweichen?**
Ich würde sogar sagen: Man muss davon abweichen. Aber das handhabt jeder anders. Es gibt auch Kollegen, die lesen das eins zu eins runter. Mir persönlich widerstrebt das, weil mir oft der Text nicht gefällt.

**Und dann sagen Sie in der Anmoderation das Gegenteil?**
Das kommt vor. Oder ich sage was ganz anderes. Oder ich zwirbele es ganz anders auf, weil sich in manchen Anmoderationen eine Haltung ausdrückt, die nicht die meine ist. Also, ich sitze da und präsentiere die Sendung in dem Augenblick, und da muss für mich auch vertretbar sein, was ich sage.

**Es kommt vor, dass man als Hörer auf eine völlig falsche Fährte gelockt wird mit der Anmoderation.**
In dem Fall vermute ich, dass es eine zugelieferte Anmoderation ist, die vorgelesen wird, weil das relativ oft der Fall ist; deswegen muss ich sie eigentlich fast immer umschreiben.

**Und Ihre Fragen für die Interviews?**
Die – denke ich mir selber aus. Interviews macht man grundsätzlich selbst. Ich schreibe mir einen Einleitungstext, eine Moderation, weil ich glaube, man braucht so einen Fixpunkt. Und dann notiere ich mir Fragen; man muss sich ja überlegen, welches Konzept man hat; es ist hilfreich, das zu haben. Dann hat man immer die Möglichkeit, und das passiert auch relativ häufig, dass ich davon abweiche, weil der Gesprächspartner plötzlich irgendeinen Satz sagt, bei dem man denkt: Huch, daran hab' ich ja gar nicht gedacht, interessant,

wusste ich noch gar nicht. Und dann gehe ich auf einen anderen Pfad, kann aber jederzeit wieder abbiegen und zurückkommen zu dem, was ich wollte. Diese Spontaneität muss einfach drin sein.

**Sind Nachfragen das Salz in der Suppe eines Interviews?**
Unbedingt, ja.

**Dann bekommt man manchmal aber eine ziemliche fade Suppe vorgesetzt ...**
Bei der Interviewführung?

**Ja. Wenn nicht nachgefragt wird. Das kommt schon vor.**
Es kommt häufiger vor, als dass nachgefragt wird. Ja. Das ist eine Mischung aus: Man muss was wissen, man muss Erfahrung haben, man muss sich interessieren, und man muss gut vorbereitet sein. Wenn man das nicht ist, kann man nicht nachfragen.

**Und damit wollen Sie jetzt sagen: Ihre Kollegen, von denen wir wissen, dass Sie genug Erfahrung haben, weil sie das schon jahrelang machen, sind demnach nicht genug vorbereitet oder sie haben nicht genug Wissen oder beides?**
Manchmal ja.

**Aber es sind oft Dinge, die ein paar Tage vorher schon einmal im selben Sender um dieselbe Uhrzeit besprochen worden sind. Jeder Hörer, der sich daran noch erinnert, weiß dann besser Bescheid als der Moderator.**
Ja, zuweilen kommt das vor.

**Ist das nicht peinlich?**
Ja, das ist absolut peinlich.

**Und was sagt der Redakteur dazu?**
Redakteure sind sehr duldsame Wesen, und manche Redakteure sind nicht besser als die Moderatoren.

**Gibt es bezüglich der Aussprache von Namen jemanden, den Sie im Sender um Hilfe bitten können?**
Es gibt seit einigen Jahren eine ganz wunderbare Einrichtung; die nennt sich Aussprachedatenbank und wird vom Hessischen Rundfunk verwaltet; und das ist großartig, weil man früher immer wirklich gekämpft hat. Ich habe einfach jahrelang Milošević mit *sch* geschrieben, damit ich das immer präsent habe. – So macht man das im Radio ...

**Aber viele haben es jahrelang anders ausgesprochen.**
Es gibt viele Kollegen: Wenn es gerade en vogue ist, dann hat man's drauf; dann redet man ein halbes Jahr nicht darüber, schon ist es wieder in Vergessenheit geraten.

**Reden wir mal über eine Frau, die gerade en vogue ist – seit zwei Jahren Bundeskanzlerin. Die wird von einigen Ihrer Kollegen hartnäckig An*ge*la genannt.**
Da weiß ich gar nicht, was korrekt ist. Möglicherweise spricht sie sich im Original An*ge*la.

**Nein, das tut sie nicht.**
Das hätte ich jetzt nicht gewusst. Hätte ich vielleicht mal die Aussprachedatenbank bemühen müssen. Aber ich weiß es z.B. bei Müntefering. Ich habe ihn mal selbst gefragt, weil ein Kollege von mir immer von Münte*fe*ring sprach. Ich hatte ihn mal im Interview und er sagte: eigentlich Münte*fe*ring, nur kein Mensch sagt das, und deswegen sagt er jetzt auch *Mün*tefering. – Aber der Fall Kurnaz war ein gutes Beispiel, wo jeder dankbar war für die Aussprachedatenbank …

**Außer denen, die sie nicht in Anspruch genommen haben.**
Ja, bis heute nicht.

**Das sind eine ganze Menge.**
Ja. Gestern habe ich während der Nachrichten dem Moderator gesagt: Kurnatz heißt es *nicht*, sondern Kurnas. Der wusste es auch nicht.

**Es interessierte ihn aber auch nicht?**
Ja, das ist vielleicht so das kleine Quäntchen, das es braucht, dass man sagt: Ich gucke da mal nach. Es gibt auch Kollegen, die gar nicht wissen, dass es die Aussprachedatenbank gibt. – In der Aussprachedatenbank steht dann drin, deswegen merkt man es sich auch: Kurnaz – wie nass, feucht, nachgefragt beim Vater. Da denkt man: Ja, genauso muss es sein!

**Sollten Moderatoren eine Sprecherausbildung machen oder lieber nicht?**
Ist immer hilfreich. Ich hab' allerdings nie eine gemacht.

**Ist Ihnen das auch nie angetragen worden, dass Sie vielleicht mal eine machen sollten, um die unbetonten Silben besser zu betonen und die t's am Ende von *nicht* beispielsweise besser herauszuknallen?**
Nein. Es gibt auch einen Unterschied zwischen Sprechern und Moderatoren. – Was natürlich nicht geht, ist, dass ein Moderator nuschelt. Ich muss mich da auch immer sehr disziplinieren. Gerade wenn man ein bisschen müde ist morgens, neigt man schon mal dazu, Sachen ein bisschen zu verschlurfen. – Und ein Sprecher klingt eben immer wie ein Sprecher. Also, wenn ein Sprecher versucht, eine Sendung zu moderieren, dann hören Sie immer, dass es ein Sprecher ist. Der klingt gar nicht wie ein Moderator.

**Klingt fürchterlich, oder?**
Ja. Es hätte früher gepasst – in den 50er Jahren. Aber heute passt es nicht. – Was

sinnvoll ist, und das macht man auch in regelmäßigen Abständen, sind Moderatoren-Seminare. Da werden einem solche Sachen gesagt: Du sprichst zu schnell – oder: Hier mal ein bisschen mit der Stimme nach unten gehen. Da spielen solche Sachen auch eine Rolle.

**Und wie wäre es mit regelmäßigem Nachhilfe-Unterricht in deutscher Sprache?**
Ein sehr guter Vorschlag! Das liegt mir auch echt am Herzen. – Wir haben eine Diskussion gehabt über – was immer wieder einreißt – diese Füllsprache, alles mit Superlativen zu überhäufen: Man protestiert nicht mehr, es muss *heftig* protestiert werden; es ist immer das *Top*-Thema am Mittag. Da fängt die Boulevardisierung der Sprache an – und wirklich dieses hirnlose Operieren mit Sprache, ohne einen Pfifferling darüber nachzudenken. Das muss man ab und zu sagen, und bestimmte Sachen mildern sich, aber es reißt immer wieder ein. Es sei denn, jeder hätte jetzt wirklich ein Sprachbewusstsein. Das haben die meisten aber nicht. Da sind Journalisten auch nicht anders als der Durchschnitt der Bevölkerung.

**Eigentlich schade.**
Ja, es ist extrem schade. – Jetzt fange ich auch schon mit Superlativen an. (lacht) Ja, es ist schade, aber es ist so. Ich weiß auch keine Lösung dafür.

**Bessere Leute auswählen. – Gibt es die nicht?**
Ja. (überlegt)

**Oder wirklich Schulungen?**
Schulungen wären wahrscheinlich gut.

**Darüber ist noch nicht nachgedacht worden? Auch wegen der Aussprache von englischen Namen und Begriffen; da hapert es ja nun auch mächtig.**
Ja. Wahrscheinlich auch bei Russisch oder Spanisch.

**Die aber nicht so häufig vorkommen.**
Das ist wahr. – Aber alles, was ich dazu sage, wird komisch klingen, weil ich Freie Mitarbeiterin bin. Ich könnte es nur aus der Perspektive beantworten, wenn ich Chef wäre.

**Eine interessante Perspektive.**
Dann würde ich genau das tun: Ich würde Schulungen machen, und ich würde Listen zusammenstellen mit verbotenen Wörtern und verbotenen Begriffen und sagen: Das gibt dann immer 1 Euro ins Phrasenschwein. Also, wie sich in den letzten Jahren die »oberste Priorität« durchgesetzt hat – und kein Mensch denkt darüber nach, was heißt Priorität – oder Super-Gau oder was auch immer. Es ist ganz schwierig, sich dagegen zu wehren, aber da muss man immer sehr, sehr aufpassen, das ist eine Never-ending-Story.

**Welche Rolle spielt das Element Humor in Ihren Interviews?**
Eine große, weil ich ja von Beuys dieses Motto geklaut habe: Demokratie ist lustig.

**Hat er das gesagt?**
Es gibt ein ganz entzückendes Bild: Joseph Beuys auf einer Vernissage, wie man ihn so kennt, und er lacht ganz herzhaft – und darunter steht: Demokratie ist lustig. Ich wusste sofort, was er damit meint.

**Was meint er denn damit?**
Also, so wie ich es interpretiere jedenfalls: Wir neigen dazu, Politik immer als ernste Sache zu sehen. Das ist sie natürlich auch. Aber es macht eben auch Spaß sich damit zu beschäftigen, Strukturen zu erkennen, Wiederholungen zu entdecken und zu sagen: Kenne ich schon; ist noch mal 'ne andere Variante. Das verstehen zu wollen, macht einfach Spaß. Das muss man auch vermitteln wollen – als politisch orientierter Journalist.

**Aber die meisten Moderatoren versuchen das gar nicht, oder?**
Was ich meine, ist ja eine ernsthaft motivierte Art von Humor, und das finden Sie eigentlich so gut wie nirgends. Selbst bei dem normalen öffentlich-rechtlichen Programm, das sehr viel höheren Anteil an Musik hat und sich möglicherweise auch an Leute richtet, die nicht so viel Wort haben wollen: Wenn Sie da Interviews hören, das ist ja zum Wegsterben. Da passiert ja inhaltlich nichts. Da wird auch versucht mit Humor ranzugehen, aber auf eine Art, bei der ich sofort Lust habe abzuschalten, weil ich denke: Es ist so dumm und rotzig. Für mich deutet das eher auf ein komplettes Desinteresse des Moderators hin.

**Was tun Sie so alles, um Ihre Allgemeinbildung auszubauen?**
Ich nehme an, das, was jeder tut: Er liest Bücher, er liest Zeitungen. Ich sehe so gut wie kein Fernsehen. Ich finde Fernsehen einfach langweilig.

**Was lesen Sie zum Beispiel?**
Ich lese relativ viele Sachbücher – der geschichtlichen Art. Jetzt habe ich gerade, weil er vor kurzem gestorben ist, Ryszard Kapuściński am Wickel, ganz wunderbar. – Und Belletristik. Das ist relativ unterschiedlich. Ich lese weniger Neuerscheinungen; ich habe gerade eine Phase, in der ich Klassiker aufarbeite; ich denke, da muss noch die eine oder andere Lücke geschlossen werden. Das Bedauerliche ist: Man schafft es nicht. Die Lücken vergrößern sich.

**Sind Sie ein religiöser Mensch?**
Nein, ich bin kein religiöser Mensch.

**Sie glauben an gar nichts?**
Ich glaube an die Aufklärung, an eine gute Verfassung und an die Menschenrechte. Mir reicht das einfach als moralischer Rahmen. – Und das Christentum ist natürlich Teil meiner Erziehung und Teil meiner kulturellen Grundlage.

**Camus hat gesagt: Wer keinen Charakter hat, muss sich wohl oder übel eine Methode zulegen. Können Sie das bestätigen, wenn Sie sich in Ihrem Sender so umsehen?**
Ein interessanter Punkt. Da ist was dran. Es hat nur einen kleinen Haken, dass die meisten diese Methode nämlich nicht finden. Man hört es immer. Vielleicht ist es bei Zeitungen anders, aber im Radio ist der Klang und die Stimme und die Art … Das vermittelt so viel, dass die Methode früher oder später durchschaubar ist. Und dann ist die Glaubwürdigkeit eigentlich schon wieder dahin. Jedenfalls, wenn man ein gutes Ohr hat. Ich würde das von mir behaupten: Ich höre das. Ich sag' das auch immer: Ein guter Moderator braucht eine Haltung.

**Er braucht einen Charakter – mit Camus' Worten?**
Ja. Er braucht das. Das ist eine Grundlage, auf die man seine Bildung stellt. Und das, was man fragt, und das, was man vermitteln will. – Die meisten Moderatoren machen sich darüber keinen Kopf, möchte ich mal schlankweg behaupten. Sondern da geht es darum: Wir haben hier jetzt einen Job und der ist zu erfüllen. Es gibt ja auch Kollegen: Für soundso viel Euro am Tag mache ich alles. Das ist wirklich 'ne ganz widerwärtige Sache. – Und ich glaube, dass es Leute gibt, die strengen sich an, aber sie haben keine Haltung. Und deswegen werden Sie auch nicht überzeugen. Weil sie sich dadurch hin- und herwerfen lassen und jeder Gesprächspartner sie in null Komma nix aus dem Konzept bringen kann – und auch das Darüberhinausgehen über das eigentliche Thema, das man bespricht, kaum möglich ist.

**Hören Sie Ihren Kolleginnen und Kollegen zu, wenn Sie selbst nicht arbeiten?**
Ja.

**Können Sie denn allen zuhören, oder gibt es auch welche, bei denen Sie sagen: Ah, das bekommt meinem Bauch nicht?**
Ja, die gibt es auch. Klar.

**Und dann schalten Sie ab?**
Manchmal schalte ich ab, manchmal höre ich aus Ärger weiter.

**Aus Ärger?**
Ja, um zu hören, ob es noch schlimmer wird. Es gab doch diesen wunderhübschen Film über Howard Stern, diesen amerikanischen Moderator und Entertainer. Der war beim Radio. Und es gab eine Untersuchung: Der durchschnittliche Howard-Stern-Hörer hört vier Stunden am Tag. Und warum? Diejenigen, die ihn mögen, weil sie wissen wollen, was er als nächstes sagt. Diejenigen, die ihn *nicht* mögen, hören ihn, weil sie wissen wollen, was er als nächstes sagt. – Und so geht's mir auch. (lacht) Manchmal will ich einfach nur hören, ob es noch schlimmer werden kann.

11. Mai 2007

# Helmut Markwort

**Helmut Markwort**, geboren 1936 in Darmstadt. Der am längsten amtierende Chefredakteur in Deutschland: früher *Bild+Funk*, *Gong*, *Aktuelle*, *die 2* – seit 1993 Chefredakteur, Herausgeber und Geschäftsführer des Focus Magazin Verlags. Mitglied des Verwaltungsbeirats vom FC Bayern München.

# Im Focus der Hubert Burda Media Holding

**Sie sind ganz oben. Ganz oben, sagt ein tibetisches Sprichwort, ist es immer kalt. Ist es das?**
Nöö. Wo ich bin, ist's immer warm und herzlich. (lacht) Wär' ja furchtbar! Würde ich sofort wieder runterkommen, wenn's da kalt wäre.

**Sie sind journalistisches Vorstandsmitglied der Hubert Burda Media Holding, alleinvertretungsberechtigter Geschäftsführer der Burda Broadcast Media GmbH, Sie sind in Personalunion Chefredakteur, Herausgeber und Geschäftsführer des Focus Magazin Verlags, Aufsichtsratsvorsitzender der Playboy Deutschland Publishing GmbH.**
Alles richtig.

**Was haben wir zu erwähnen vergessen?**
Nun, das Radiogeschäft ist natürlich vielfältig. Ich weiß ja nicht, wen Sie hier interviewen: den Markwort oder den Burda-Angestellten?

**Gibt's da einen Unterschied?**
Ich war ja auch lange, bevor ich zu Burda kam, als Medienunternehmer tätig: Medienpool, Radio, Fernsehen.

**Wo Sie auch immer noch Aktien drin haben?**
Na ja, sicher.

**Sind Sie nicht auch Geschäftsführer beim *Focus TV*?**
Ja. Der *Focus* hat ja viele Kinder bekommen: *Focus Money*, *Focus TV*, *Focus Online*, *Focus Schule*. Und ich bin da immer mit drin. Das einzige, was Sie im Prinzip nicht hatten, ist die Unternehmertätigkeit; das muss aber auch nicht sein.

**Auf wie vielen Chefsesseln sitzen Sie?**
Nee, das ist immer derselbe. Ich springe nicht von Stuhl zu Stuhl. Ich bin immer Journalist – in jeder Position. Wenn ich im Vorstand bin, bin ich Journalist und als Geschäftsführer denke ich auch journalistisch. Ich habe früher immer erlebt, dass Geschäftsführer oder Kaufleute Journalisten reingeredet haben. Ich bin ein Journalist, der Kaufleuten reinredet!

**Und das funktioniert?**
Na ja, manchmal muss ich einen Konflikt in mir austragen. Aber ich streit' mich lieber mit mir als mit anderen.

**Das heißt mit anderen Worten: Es gibt niemanden außer Ihnen selbst, mit dem Sie sich überhaupt noch streiten müssen.**
Na, beim *Focus* schon. Aber ich bin so harmoniesüchtig ...

**Was müssten Sie noch schaffen, um Ehrenbürger von München zu werden?**
Ach – das ist nicht mein Ziel.

**Wie würden Sie Ihre Beziehung zu Hubert Burda beschreiben. Als Männerfreundschaft?**
Ich denke, wirkliche Freundschaft ist es, gut über jemanden zu sprechen, wenn er nicht dabei ist. Hubert Burda nennt das eine Freundschaft, und er hat mir jetzt wieder aus Rom eine sehr schöne Illustration geschickt – er ist ja Kunsthistoriker – von Castor und Pollux. Und in seiner Rede zu meinem siebzigsten Geburtstag hat er auch das Bild von Castor und Pollux gebraucht. Ich als Angestellter habe ein bisschen Hemmungen, mich als Freund meines Verlegers zu bezeichnen, aber wir sind seit 1966, also jetzt seit einundvierzig Jahren, sehr vertraut und wir kennen uns in- und auswendig. Wir behandeln uns gegenseitig wie rohe Eier und wir hatten wirklich noch nie einen Konflikt. Wir verstehen uns ...

**Wie Castor und Pollux?**
Wie Castor und Pollux, aber auch in Nuancen, dass er mir manchmal sagt: Uh, was haben Sie da für ein Gesicht gemacht im Vorstand. Das merke ich gar nicht. Ich möchte so gerne ein Pokerface haben, aber ich hab' keins – das ist 'ne Katastrophe.

**Verlieren Sie bitte ein paar Worte über Hubert Burdas *Super!*-Pleite, an der Sie nicht ganz unbeteiligt waren.**
Die Frage müssen Sie zurückziehen! Ich war mit null Komma null an *Super!* beteiligt.

**Aber Sie waren doch kurze Zeit Chefredakteur, nachdem Prinz weggegangen ist?**
Das ist absoluter Schmarrn! Das hat in der *Badischen Zeitung* gestanden und dann hab' ich gesagt: Da machen wir eine Gegendarstellung, mit Widerruf und allem drum und dran. Niemals! Ich kam in den Vorstand von Burda und hab' das vorgefunden und hatte die wahnsinnige Sorge, dass dieses Erstexperiment *Super*-Zeitung mein Experiment »Nachrichtenmagazin« gefährden könnte. Da gab's Leute, die haben gesagt: Ist der Burda verrückt geworden? Erst greift er die *Bild*-Zeitung an und scheitert und dann geht er auf'n *Spiegel* los. Da gab es von vielen Seiten Widerstände. Aber ich hatte niemals ... Die *Badische Zeitung* hat das in die Welt gesetzt, die haben mich mit Franz Josef Wagner verwechselt. Da stand sogar drin: Der Markwort war Chefredakteur und hat durch seine provozierenden Leitartikel die Verluste immer erhöht. – Wie schnell

das aber wohin kommt …

**Schlechte Nachrichten reisen schnell.**
Wie kriegt man das aus der Welt?

**Das können Sie in Wikipedia selbst ändern.**
Na, da war's ja nicht drin.

**Doch. Daher haben wir's ja.**
In Wikipedia ist's schon?!

**Und wie war das mit der *Zeitung* von Waldemar Schweitzer in den frühen 60er Jahren? Inwieweit waren Sie an diesem gescheiterten Versuch beteiligt, dem *Spiegel* Konkurrenz zu machen?**
Ja, da war ich. Da hab' ich tapfer gearbeitet, Tag und Nacht, oft auf dem Schreibtisch geschlafen. Das war wirklich verrückt. Da haben wir, glaube ich, mit acht Leuten 'ne Zeitschrift gemacht. Ganz verrücktes, avantgardistisches Magazin, und das reüssierte nicht so. Da sagte der Waldemar Schweitzer, der Verleger: Das ist ja auch ganz klar, das haben wir doch falsch gemacht mit dem vierzehntägig … Wir müssen wöchentlich erscheinen. (lacht) Und dann haben wir mit derselben Truppe – noch zwei, drei Leute dazu – die Wochenzeitschrift gemacht. Wahnsinn! – Nein, da war ich dabei. Mit Leib und Seele, wie verrückt!

**Es hat diverse Versuche gegeben, dem *Spiegel* Konkurrenz zu machen. Warum war das so schwer?**
Wenn ich der Dokumentation des *Spiegel* glaube, waren's mehr als fünfzig! – Hm, weil sie's falsch gemacht haben. (lacht) Der *Spiegel* hat hinterher nur in seinem »Rückspiegel« immer gemeldet, dass die weg waren. Möglicherweise hat der *Spiegel* bei uns einen Fehler gemacht: Er hat uns nicht totgeschwiegen. Die anderen hat er immer totgeschwiegen. Wir waren so laut und so selbstbewusst, dass die Leute vom Fernsehen und den Zeitungen hier saßen und sagten: Was wollen Sie da machen, sind Sie verrückt geworden? Und anschließend sind sie zum *Spiegel* nach Hamburg gefahren und haben gefragt: Was sagen Sie denn zu den Verrückten in München? Und dann ha'm die gesprochen. Haben sich geäußert und haben damit dieses Schauspiel »David – Goliath« überhaupt erst möglich gemacht. Der Goliath hat geredet.

**Der *Spiegel* ist in jüngster Zeit sogar von der Position des Leitmediums Nr. 1 für Journalisten verdrängt worden – allerdings nicht von Ihnen, sondern von der *SZ*. Sind Journalisten nicht unbedingt das Zielpublikum des *Focus*?**
Nee. Mein Spruch heißt ja: Fakten, Fakten, Fakten – und immer an die Leser denken. Ich schreibe nicht für Journalisten, wir arbeiten nicht für Journalisten, wir arbeiten für Leser. Das ist in unserem Beruf sowieso eine Krankheit,

dass viel zu sehr auf das Echo der Konkurrenz gehört wird und dass man in der eigenen Branche imponieren möchte. Das ist ein Problem. – Wir müssen Themen machen, die ganz vielen Leuten ... Mein Gott, wir haben dieses Thema gemacht, das hätte früher niemand je gemacht: die Zähne. Das hätte ja der *Spiegel* nie gemacht – und der *Stern*. Also, Leute haben Probleme mit Zähnen – und dann haben wir das Thema gemacht, super genau, wissenschaftlich, exakt analysiert, recherchiert. Das sind auch Nachrichten! Das sind Nachrichten aus der Welt der Medizin.

**So was macht der *Stern* aber durchaus auch.**
Na, das mit den Zähnen noch nicht. Aber der *Stern* macht sehr viel, was wir auch gemacht haben, ja. Hat er früher nicht gemacht.

**Er macht nicht so viel Service wie Sie.**
Ja, ich will ja gar nicht, dass der *Stern* und der *Spiegel* Themen machen wie wir. Ich nehme es missmutig zur Kenntnis. Ich wollte auch nicht, dass der *Spiegel* farbig wird, dass der *Spiegel* Infografiken bringt, dass die *Spiegel*-Autoren ihren Namen unter die Geschichten schreiben dürfen! Als *Focus* auf den Markt kam, hatten nur wenige sogenannte Edelfedern oder Starschreiber dort ihren Namen mal drunter ...

**Alleinstellungsmerkmale verliert man sehr schnell.**
Ja! Wenn was erfolgreich ist, wird's nachgemacht.

**Wie erreichen Sie mit deutlich weniger verkauften *Focus*-Exemplaren eine etwas größere Reichweite als der *Spiegel*?**
Da gibt es ein Bündel von Erklärungen. Das erste ist, dass die Reichweite von der Media-Analyse nur in Deutschland erhoben wird. Der *Spiegel* hat 80 oder 90.000 Auslandsauflage und wir haben 8.000. Die fallen schon mal weg. Und dann wird die Vielfachnutzung gemessen.

**Aber da müssen Sie ja den *Spiegel* deutlich schlagen. Wie machen Sie das?**
Wir schlagen ihn deutlich, weil so ein *Focus* in der Familie gelesen wird. Da gucken die Kinder rein, die Mutter, Oma, Tante und so. Wir haben mehr Leser pro Exemplar. Dann habe ich noch 'ne Erklärung, das hören die beim *Spiegel* nicht gern, geht aber aus dieser Media-Analyse hervor: In sehr vielen Gruppen – Selbständige, Angestellte usw. – sind wir vor dem *Spiegel*. In einer einzigen Gruppe ist uns der *Spiegel* sensationell überlegen: Klaffender Unterschied in der Säulengraphik bei Beamten! Und das ist mein Verdacht: Wo kommen diese vielen Beamten her? Die hocken in den Regierungspräsidien, die haben Dienstexemplare, die haben den schon immer ... Also nur ein Leser pro Exemplar. Der *Spiegel* ist nach wie vor in den Behörden deutlich dicker drin. Vielleicht wird vom Etat her ein zweites Nachrichtenmagazin nicht genehmigt; die müssen ja alle sparen.

**Gut, nehmen wir das mal als Erklärung.**
Das sind Fakten!

**Wer hat sich eigentlich den Namen *Focus* und den Werbespruch »Fakten, Fakten, Fakten« einfallen lassen?**
Das wissen wir heute nicht mehr. Wir hatten hunderte von Namen. Und die eine Seite im *Focus*, die immer drin ist, die heißt »Brennpunkt«, aber in unseren ersten Dummys hieß die »Focus«. Da stand »Focus«, weil das fokussiert ist. Ein Thema.

**Aber schon immer mit C?**
Mit C – natürlich.

**Warum?**
Lateinisch. Bin ja Lateiner. Das ist das lateinische Wort – war immer mit C. Focus: Herd, Brennpunkt. – Und da hat einer gesagt: Das ist doch auch schön. Dann schrie der Kollege Ebel: Nein, so ein schönes Wort, so soll doch die Seite heißen! Dann haben wir unter uns in einer stundenlangen Sitzung ein Ausscheidungsverfahren gemacht. So blieben zum Schluss zehn, zwölf Worte übrig, und die haben wir testen lassen. Dabei kam »Focus« an dritter Stelle raus – und dann haben wir's genommen.

**Was waren die beiden ersten?**
Eines war schon besetzt und das andere gefiel uns nicht.

**Und den Werbespruch?**
Den haben wir gemeinsam mit der Agentur entwickelt.

**Also, alles machen Sie doch nicht allein!**
Nee, um Himmels Willen. Ich hab's nur ausgesprochen.

**Nun geizt der *Spiegel* auch nicht gerade mit Fakten. Wollen Sie mit Ihrem Werbespruch also aussagen: Bei uns kriegen Sie *nur* Fakten – und sonst gar nichts?**
Joo, ich glaube, ach, wissen Sie, ich hab's mich nicht getraut zu schreiben, aber wir sind ein Faktenmagazin. Der *Spiegel* ist in Wahrheit ein Meinungsmagazin. Obwohl er keine Meinung äußert. Seit Augstein gestorben ist, gibt es im *Spiegel* keine Meinung mehr, keine prononcierte, keine formulierte Meinung. Da gibt es keinen Leitartikel, keine Glosse, keine Kolumne, niemand schreibt da seine Meinung – so wie ich im »Tagebuch« oder Harald Schmidt. – Augstein hat jede Woche geschrieben – fand ich groß – und dann mit dem Tod war Schluss, aus irgendeinem Grund. Aber die Storys sind sehr meinungsträchtig, oft auch agitatorisch und tendenziös.

**Die Linksintellektuellen, die den *Focus* als bildlastigen Häppchen-Journalismus abtun, werden von Ihnen als Linkskonformisten abgetan. Aber Konformität mit den Herrschenden im Lande ist diesen Intellektuellen wohl weniger vorzuwerfen als dem *Focus* …**

Das war jetzt 'ne tolle Frage, können Sie das noch mal ... Also, ich sag' ja nicht Linkskonformisten ...

**Doch, haben Sie gesagt.**
Auch, aber ich sage auch gerne Links-Spießer. Mein Lieblingswort. Links-Spießer, die sofort den politisch korrekten Reflex auf irgendeinen Vorgang zeigen – mit der einwandfreien linken Haltung. Das ist weit verbreitet.

**Das löst bei Ihnen den Reflex aus, sie Links-Spießer zu nennen?**
Ja, sie sind Links-Spießer. So, und jetzt noch mal die komplizierte Frage, ich konnte nicht so schnell folgen.

**Konformität mit den Herrschenden im Lande ist diesen Intellektuellen wohl weniger vorzuwerfen als beispielsweise dem *Focus* ...**
Konformität mit den Herrschenden. Mit wem denn? Das weise ich entschieden zurück. Ich bin doch mit dieser großen Koalition nicht einverstanden!

**Sind das denn die Herrschenden im Lande? Wir dachten eher an Burda ...**
Ach, wir haben so viele Herrschende im Lande. Ich bin doch mit Herrn Cromme nicht einverstanden! Er hat mich angerufen und sich wahnsinnig aufgeregt wegen einer Geschichte bei uns. Nee, also ich bin da völlig unabhängig und frei. Wir orientieren uns an den Fakten.

**Viele Journalisten haben Ihnen damals in den 90er Jahren Misserfolg gewünscht. Das war sicher weniger journalistisch und mehr politisch gedacht ...**
Ja, das ist 'ne Sache, die habe ich nie verstanden. Eigentlich müssten sich Journalisten doch freuen, wenn es mehr Publikationsmöglichkeiten gibt. Erst einmal ganz egoistisch, weil es Arbeitsplätze gibt, Chancen zu arbeiten, aber dann auch Möglichkeiten, die Meinungs- und Informationsvielfalt zu erweitern. Aber es gibt Leute, die wollen Konformismus. Ja, und was ist das Ziel, was ist deren Ziel? Dass alle die gleiche Meinung haben oder was? – Da gab es viel Missgunst. Verstehe ich nicht.

**Der einzelne Journalist gibt oft nicht gern zu, dass er politisch denkt und handelt. Geben Sie es zu?**
Ja, weiß ich nicht. Der einzelne, wenn er Sportredakteur ist, vielleicht nicht. Also, unsere in der politischen Redaktion arbeitenden Kollegen sind doch alle sehr politisch. Das sind politisch hochinteressierte Menschen. Das wäre ja fürchterlich.

**Aber *handeln* sie auch politisch?**
Ja, wenn sie zum Thema Pflegeversicherung oder Krippenbereitstellung oder Einsatz deutscher Soldaten in Afghanistan schreiben, greifen sie doch immer in die politische Debatte ein! Ich verstehe die Frage nicht richtig.

**Die Frage entsteht daraus, dass uns viele Journalisten sagen: Wir sind nur Medium, durch uns läuft die Politik nur durch – zum Abnehmer.**
Ja, also diese perfekte Objektivität, die bestreite ich. Jeder Mensch ist subjektiv. Jeder Mensch ist subjektiv! Jetzt machen wir den Test, ja, wir schicken 50 von diesen hehren, unabhängigen Durchlauferhitzern in den Bundestag, und da wird geredet über die Erbschaftssteuer, also über die »Todessteuer«. Dann schreiben alle 80 Zeilen und Sie werden sehen: Da schreibt doch jeder etwas anderes. Das ist die Selektionsmacht, die wir haben. Welche Argumente aus der Debatte einer zitiert, welche Redner, welche Pros und Cons er zu Wort kommen lässt, das alles ist doch seine subjektive Entscheidung.

**Jetzt aber die Nachfrage: Wie passt das zu Ihrem Motto: Fakten, Fakten, Fakten?**
Wir bemühen uns natürlich. Natürlich bemüht man sich, dem Leser ein objektives Bild zu vermitteln. Aber es gibt keine hundertprozentige Objektivität.

**Sie bemühen sich also darum objektiv zu sein, sind aber in Wirklichkeit leider auch politisch?**
Ja. Unvermeidlich ist jeder auch von seinen Überzeugungen beeinflusst, von seiner Lebenserfahrung, seinem Milieu. Ja.

**Sie sind 1968 in die damals einzige parlamentarische Oppositionspartei eingetreten. Das wäre eine gute Zeit gewesen, schnelle Karriere in der FDP zu machen …**
Ja.

**Und?**
Ich wollte es nicht.

**Sie haben es aber eine Zeitlang versucht. Sie waren aktiv!**
Natürlich, ich war sehr aktiv. Ich war vollkommen engagiert.

**Und warum nicht mit Erfolg? Sie sind doch ein ausgesprochener Erfolgsmensch.**
Ja, aber der Erfolg als Chefredakteur war mir wichtiger. Ich bin in den Münchner Stadtrat gewählt worden, habe aber das Mandat nicht angenommen. Da war ich praxisnäher als der Kollege Rudolf Augstein. Der Augstein ist ja mal in den Bundestag reingegangen.

**Für die FDP auch.**
Ja. Drei Monate oder so, und dann hat er gemerkt, er ist ja von jeder Entscheidung weg. Die *Spiegel*-Redakteure in Bonn wussten mehr und schneller als er, was die Regierung beschlossen hat. Deswegen hat er das Mandat niedergelegt.

**Mit anderen Worten: Für Machtmenschen ist die Politik eigentlich nichts?**

Pfhh. Ich kann natürlich als Chefredakteur viel schneller und viel mehr gestalten als einer von derzeit 613 – oder wie viel – Abgeordneten. Das ist doch völlig klar. Und als Chefredakteure sind wir auch verdorben für die permanente Suche nach Kompromissen. Das geht dann nicht mehr.

**Am 12. 6. 2005 haben Sie bei »Christiansen« Ottmar Schreiners (SPD) Wirtschaftspolitik als »nationalen Sozialismus« bezeichnet. Möchten Sie davon etwas zurücknehmen?**
Das finde ich heute noch zutreffend. Das ist natürlich ein provokantes Wortspiel, aber es ist vollkommen richtig. Auch Lafontaine predigt heute nationalen Sozialismus.

**Können Sie das ein bisschen erläutern?**
Ja, er ist sozialistisch, darüber brauchen wir nicht zu streiten. Und er lehnt die Globalisierung ab und sagt, die Deutschen sollen das alleine entscheiden. Nationale Zusammenarbeit, feindliche Haltung nach außen: Das ist ein nationaler Sozialismus. – Gerade habe ich wieder was gefunden – wie das Wort Heuschrecke: »Börsenungeziefer« habe ich auf einem Verdi-Plakat gefunden. Da drüben auf dem Tisch liegt die Stelle. Diese Diffamierung und Kriminalisierung von Unternehmern und Geldhändlern ist teilweise ganz nah an Goebbels und Hitler. »Börsenungeziefer« ist sicher auch im Nationalsozialismus gesagt worden. – Natürlich war es 'ne Provokation. Der Schreiner hat mich beinahe geschlagen. Da saß er so neben mir ... (lacht)

**Gerhard Schröder hat, wie wir wissen, schwer darunter gelitten, dass er von Teilen der Medien vor der letzten Bundestagswahl im wörtlichen Sinne »abgeschrieben« worden ist. Hat er ein Recht darauf, beleidigt zu sein?**
Nee. Er wurde auch, wenn ich in seiner Terminologie bleibe, so hochgeschrieben. Der war *so* ein Liebling der Medien! Was glauben Sie, wie oft der hier am Tisch saß! Der hatte glänzende Beziehungen zu Journalisten, hat fast die gesamte führende Kollegenschaft geduzt. Ich bin der Gerd, hat er gesagt. Ich habe das auf seiner Hochzeit beobachtet. Er hatte sehr viele Freunde von sich eingeladen: Stefan Aust und Bissinger und Kollegen vom *Stern*. Und ich war von Doris Köpf eingeladen, denn sie war ja vom ersten Tag an bei *Focus* dabei. Sie hatte also ihren Chef eingeladen und er seine Kumpel! Da hab' ich das mitgekriegt: Die haben den alle geduzt: Hey Gerd!

**Nur Sie nicht ...**
Nee. Ich hab' das sowieso nicht mit dem Duzen. Ich duze auch keinen einzigen aus der FDP. Hier im ganzen Unternehmen duze ich nur Frau Riekel. Sonst niemanden.

**Sie haben Henryk M. Broder, den »geborenen Polemiker« zum diesjährigen Preisträger des renommierten Ludwig-Börne-Preises er-**

wählt. **Aber einen Job in Ihrem Medien-Imperium haben Sie ihm nicht angeboten. Warum nicht?**
Da sehen Sie mal meine Unabhängigkeit, dass ich einen vom *Spiegel* auszeichne und öffentlich hervorhebe! Na, der ist doch beim *Spiegel* fest angestellt. Ich habe ihn gefragt, aber er darf nicht für *Focus* schreiben.

**Aber wenn Sie ihn so gut finden, dann müssten Sie ihn doch eigentlich auch haben wollen.**
Natürlich! Aber das habe ich jetzt nicht damit kombiniert, das wäre ja unanständig.

**Lesen Sie ihn regelmäßig?**
Ich habe ihn gebookmarkt bei mir, aber ich lese nicht alles. Der ist ja so fleißig, der würde mich von der Arbeit abhalten.

**Was tun Sie so alles, um Ihre Allgemeinbildung auszubauen?**
Ja, lesen!

**Was?**
Ich lese immer fünfzehn, zwanzig Bücher gleichzeitig. Ich habe in zwei Badezimmern je zwanzig Bücher liegen, am Bett habe ich zwanzig Bücher liegen. Ich lese gerade das Adressbuch von Heinrich Mann – das ist ein ganz originelles Buch. Über alle Leute, die man in seinem Telefon- oder Adressbuch gefunden hat. Mit wem er alles Kontakt hatte. Ich lese gerade noch Joseph Roth. Von ihm sind drei Bände erschienen mit journalistischer Arbeit – und die sind große Klasse. Zwischendurch lese ich aber auch Pflichtbücher für meine Sendung »bookmark«. Sachbücher. Was ich kaum mehr lese, ist Belletristik. Das ist ein Jammer, ja, ich lese fast nur noch Sachbücher.

**Sind Sie ein religiöser Mensch?**
Leider nein.

**Das ist aber eine komische Antwort: Leider nein? Das kann man doch ändern.**
Nee. Wenn Sie den Zweifel haben, wenn Sie zu früh angefangen haben Nietzsche zu lesen, geht's nicht mehr. Ich beobachte ja Leute, die ruhen im Glauben und die sind zufrieden: Diesseits muss nicht so toll sein, jenseits wird's besser. Das bringe ich überhaupt nicht. Ich bin ein richtiger Abgefallener! Vom Glauben Abgefallener.

**Sie glauben nicht, dass im Himmel ein Chefsessel für Sie bereitstehen wird?**
Die *Wolkenpost*? Nein. – Zuhause waren wir stark religiös. Mein Patenonkel war ein Pfarrer und: Der Bub wird einmal Pfarrer! Das war beschlossen. Ich bin auch deswegen aufs humanistische Gymnasium geschickt worden, wofür ich heute tausendfach dankbar bin! Dass ich frühzeitig Latein, Griechisch und auch ein

bisschen Hebräisch gelernt habe. Ich habe schon mit zehn, elf Jahren Kindergottesdienste gehalten und war begeistert – und evangelische Jugend und Zeltlager und was nicht alles! Aber dann kamen diese fürchterlichen Zweifel ...

**Wo kamen die denn her?**
Von Nietzsche. »Gott ist tot« und dann diese »Sklavenreligion«. Habe ich aufbegehrt dagegen. Dass man die eine Wange hinhält, nachdem man auf die andere eine draufgekriegt hat, und diese Demut, das war mir zuwider. Die Unterwürfigkeit des Christentums, die hat mich total davon abgebracht.

**Da wir schon bei Glaubensangelegenheiten sind: Glauben Sie noch an den FC Bayern München?**
Ja, aber das ist doch keine Glaubens-, das ist eine Faktenfrage! Das ist der beste deutsche Verein!

**Davon sind nicht mehr alle überzeugt.**
Ja, verstehen Sie doch mal: Der FC Bayern war in den letzten zwanzig Jahren eine Kontinuität, die es überhaupt nicht noch mal gegeben hat. Immer auf Platz eins oder zwei ...

**Und wo ist er jetzt?**
Jetzt ist er einmal Vierter. Sehen Sie ... (holt einen Briefbogen) dieses Jahr muss der Briefkopf nicht geändert werden. Weil sie keinen neuen deutschen Meister draufschreiben müssen. Gucken Sie sich das mal an: 06, 05, drei, eins, null, 99, 97, 94 ... Deutscher Meister! Und einmal werden die nur Vierter, ja. Andere Vereine werden ihr Leben lang nicht Vierter!

**Aber die nehmen jetzt weniger Geld ein, wenn sie nicht in der Champions League spielen.**
19,3 Millionen fehlen. Ist natürlich ärgerlich und gleich 'ne Krise. Da wird auch stundenlang gestritten, warum das so ist.

**Es scheint eine allgemeine Krise im deutschen Vereinsfußball zu geben. Die gehen scheinbar alle rückwärts im Moment. Keiner will Meister werden; alle verlieren im letzten Moment noch ...**
Ich war ja gestern in Bremen, um fürs ZDF die Landtagswahl zu kommentieren. Da war Trauer in der Stadt. Das darf ja auch nicht wahr sein, dass die das gegen Eintracht Frankfurt zu Hause vergeigen.

**Was läuft denn falsch im deutschen Vereinsfußball?**
Die können sich so teure Spieler nicht leisten. Zum Bespiel wegen dem Fernsehgeld. In England ist Selbstvermarktung. Da sagen die Leute: Ich will nicht Bolton Wanderers gegen Watford sehen. Die wollen Chelsea gegen Manchester sehen oder gegen Liverpool und da gibt's irrsinnig Kohle – von Murdoch, von Sky Sports! Und die Bayern haben immer wieder Versuche unternommen, unterstützt von wenigen, sich selber zu vermarkten: Uns hassen die Leute so,

dass wir jedes Stadion voll machen, also wollen wir auch was davon haben. Kriegen wir nicht! Das ist sicher ein Grund dafür, dass die Bayern sich nicht die teuersten Spieler kaufen können. Und es liegt auch am Wetter!

**Wetter gibt es überall.**
Es gibt sehr viele Spieler, die sagen, ich gehe lieber nach Spanien oder Italien. Spielt schon 'ne Rolle. Sie kriegen doch keine guten Spieler nach Wolfsburg.

**Aber nach Liverpool kriegt man sie.**
Ja, na gut. Sie sehen ja, wenn Arsenal aufläuft, ist kein einziger englischer Spieler dabei. – Nächstes Jahr, da bin ich völlig der Meinung von Oliver Kahn und Uli Hoeneß, nächstes Jahr wird Bayern wieder deutscher Meister!

**Mit welchem Trainer?**
Mit Hitzfeld. Das ist ein moderner Trainer. – Der Trainer von Manchester United ist auch 65! Das ist keine Altersfrage.

**Letzte und intimste Frage. Wenn Sie morgen in Ihren Badezimmerspiegel schauen und sich fragen: Spieglein, Spieglein an der Wand – Wer ist der größte Journalist im Land? Was bekommen Sie dann als Antwort?**
Die Frage stelle ich nicht. Da kann ich ihrer Inszenierung nicht folgen. Ich ärgere mich jeden Tag darüber, dass ich mich rasieren muss; ich mag aber auch nicht rumlaufen wie Kurt Beck. Die Frage stelle ich mir nicht, abgesehen davon, dass ich in meinem Leben ein paar erstklassige große Journalisten kennengelernt habe. Ich lerne von jedem was.

**Wer ist denn unter den jetzt lebenden, aktiven Journalisten die Nummer eins in Deutschland? Diekmann, di Lorenzo, Schirrmacher, Aust, wer soll's denn sein, wenn nicht Sie?**
(überlegt) Also viele haben ja was. Ein sehr guter Anreger ist der Schirrmacher, das ist keine Frage. Er hat viele Debatten angefangen.

**Ist er Deutschlands Journalist Nummer eins?**
Nee. Ich setze auch keinen anderen dahin. Aust kann ich gar nicht beurteilen, denn ich lese nix von ihm. – Nein, ich lasse mich nicht auf ein Ranking festlegen.

14. Mai 2007

# Christine Ellinghaus

**Christine Ellinghaus**, geboren im evangelischen Siegerland. Redakteurin bei *Marie Claire*, 1995-2001 bei *Allegra*, danach Chefredakteurin von *Maxi* und ab 2004 Chefredakteurin der *Woman*, die im Mai 2007 von Gruner+Jahr eingestellt worden ist.

Zwischen unserer Verabredung mit Christine Ellinghaus und dem Gespräch selbst lagen zufällig genau die Wochen, in denen die Entscheidung zur Einstellung der *Woman* fiel. Dennoch sagte Christine Ellinghaus das Gespräch nicht ab und wir interviewten sie im Gruner+Jahr-Gebäude in Hamburg, wo sie mit der Abwicklung ihrer Redaktion beschäftigt war. Erst sehr viel später wuchs in ihr der Wunsch, dass ihre Wortbeiträge zu dem Gespräch nicht veröffentlicht werden sollten. Diesem Wunsch haben wir aufgrund der besonderen Situation entsprochen.

F.S./C.G.

## Kann ein Minirock ein Freund sein?

Als wir mit Ihnen diesen Gesprächstermin vereinbart haben, waren Sie noch Chefredakteurin der *Woman*, und nun müssen Sie auf einmal *emotionelle* statt redaktioneller Arbeit leisten.

Sind die noch alle da?

Was wollen sie denn noch hier?

Mit Ihnen?

Ein kuscheliges Team?

Und wie sieht es mit den Leserinnen aus? Im letzten Heft haben Sie die Einstellung ja verschwiegen. Hatte das einen bestimmten Grund?

Und wie reagieren die Leserinnen nun?

Wie und wann haben Sie von der Entscheidung zur Einstellung erfahren?

Formulieren wir die Frage so: Wann haben Sie davon offiziell erfahren? War das am 19. April?

Und wie lauten die offiziellen Gründe für die Einstellung?

War es definitiv nicht wirtschaftlich tragbar? Würden Sie das so akzeptieren?

Tatsächlich?

Hat das finanziell denn geholfen?

War das Ihre Entscheidung im vergangenen Herbst?

Also, Ihnen wurde der Etat im Herbst gekürzt?

Mit welcher Begründung macht der das zum Beispiel?

Also, Sie haben Kunden verloren, die beispielsweise mit dem *Stern* nicht mehr zufrieden waren?

Aber gleichzeitig könnten Sie ja auch spezielle Kunden anlocken?

Aber da haben Sie nicht genug angelockt?

Warum nicht?

Wie suchen Sie denn die Anzeigenleiter aus?

Damit haben Sie gar nichts zu tun?

Der Verkaufspreis der *Woman* ist ein paarmal erhöht worden. Waren Sie dafür zuständig?

Und das gehörte auch zu Ihrem Konzept?

Das war also nicht Ihre Idee, sondern der Verlag hat gesagt: So würden wir uns das wünschen?

Man war offenbar mit Ihrer Arbeit beim Konkurrenzblatt *Maxi* zufrieden.

Und die Anzeigen nicht zu kriegen ...

Wenn wir mal in die Zeit vor Ihrem Erscheinen bei *Woman* zurückgehen: Hatte Ihr Vorgänger die gleichen Probleme?

Hatte er das falsche Konzept?

Die österreichische *Woman* ist aber doch eigentlich sehr erfolgreich.

Dann war es vielleicht ursprünglich eine falsche Idee, in Deutschland eine Gegen-*Brigitte* zu machen?

Die *Brigitte* hat ja noch diesen Ableger für das ältere Publikum, der fast gleichzeitig kreiert wurde ...

Da gab es gleich drei *Womans*: die österreichische *Woman*, *Brigitte Woman* und diese *Woman*.

Wer war nicht zufrieden?

Nun ist *Woman* ja vierzehntäglich rausgekommen. War das auch falsch?

Aber der vierzehntägliche Markt ist doch noch enger.

Warum nicht?

Ursprünglich wurde die *Woman* ja wohl auch in Reaktion auf die *Glamour* gegründet.

Aber Sie (die *Woman*) sind gar nicht so jung gewesen ...

Ist der Frauenzeitschriften-Markt nicht mittlerweile etwas überfüllt?

Gruner+Jahr will ja jetzt von dieser Philosophie wieder weggehen.

Also, statt Ellinghaus zu holen, hätte man zumachen sollen?

Nur Gruner+Jahr hätte etwas weniger Geld verloren.

Zum Beispiel? Auf dem Frauenmarkt?

Aber die *Maxi* hat sich als einzige von den Zeitschriften, bei denen Sie gearbeitet haben, jetzt noch gehalten.

Warum schafft die das?

Wollen Sie da wieder hin?

Wenn Sie sich jetzt selber empfehlen ...

Na ja, Ihre Arbeit hier ist ja mehr oder weniger ...

Also, Sie erwarten den Anruf?

In welche Richtung?

Es gibt keine Blatt-Bindung mehr?

Was heißt das?

Oder die spannende Frage zu stellen: Kann ein Minirock ein Freund sein?

Und wie ist die Antwort?

Und haben Sie sich mit ihm gut verstanden?

Über Ihre Zukunft können Sie noch nicht so richtig ...

Mal wieder was für die Allgemeinbildung tun?

Was tun Sie so alles, um Ihre Allgemeinbildung auszubauen?

Für welche zum Beispiel?

Sind Sie ein religiöser Mensch?

Können Sie das ein bisschen näher beschreiben?

Und abgesehen von Religion – glauben Sie an Schuhe und Schokolade ...

Aber Schuhe sind schon eine Religion?

22. Mai 2007

# Claus Strunz

**Claus Strunz**, 1966 in Oberfranken geboren. Mit 32 Jahren stellvertretender Chefredakteur bei der *Welt*, mit 34 Chefredakteur von *Bild am Sonntag*, Europas größter Sonntagszeitung. Seit 2004 auch Gastgeber der N24-Talkshow »Was erlauben Strunz«.

## ... nicht immer ganz bis zum Anschlag ...

**Was würden Sie sagen: Leben wir noch in einer Demokratie oder schon in einer Ochlokratie?**
Also, es gibt gar keine Frage, dass wir in einer Demokratie leben, und ich wüsste gar nicht, was Sie zu dem zweiten Teil Ihrer Frage bringt; da müssten Sie mir ein bisschen Nachhilfe geben.

**Platon hat in seinem »Staat« geschrieben, dass die Demokratie mehr oder weniger zwangsläufig zur Ochlokratie verkommt.**
Vielleicht war er einfach zu pessimistisch. – Aristoteles hat geschrieben, dass das Gute immer in der Mitte liegt, eine ganz große Theorie dazu verfasst; das lässt sich auch auf die Entwicklung von Medien – insbesondere Massenmedien – wunderbar anwenden. Wir leben ja zurzeit mit der Frage: Wohin verändert sich der Massenmarkt? Und es gibt, wenn ich nichts übersehen habe, zwei wesentliche Schulen. Die eine Schule ist davon überzeugt, dass das mittlere Segment verschwindet und es sich sozusagen in zwei Welten teilt. Also den Arte-Zuschauer, der die *FAS* oder die *Welt am Sonntag* liest und den Unterschichten-Zuschauer, der dann am Sonntag, wenn alles bei den bestehenden Dingen bleibt, gar kein Angebot hat. Ich bestreite diese These. Ich glaube, und da bin ich sozusagen bei der etwas frivolen Anlehnung an diese Aristoteles-Theorie, ich glaube, dass auch für Massenblätter die Zukunft in der Mitte liegt.

**Was tun Sie so alles, um Ihre Allgemeinbildung auszubauen?**
*Meine* Allgemeinbildung?

**Ja, Sie haben die ja gerade aufblitzen lassen; das klang doch schon ganz interessant.**
Sagen *Sie*. Vielleicht war das ja das Einzige, was ich mir noch gemerkt habe aus'm Studium; und es ist mir vergönnt gewesen, es am Anfang gleich zu sagen.

**Aber die Frage wäre jetzt: Was tun Sie so alles, um Ihre Allgemeinbildung auszubauen?**
Ich habe mir einen Kanon zurechtgelegt, den ich täglich versuche abzuarbeiten; und da ist ja die zentrale Frage: Wie viel Zeit steht mir eigentlich an einem normalen Arbeitstag wirklich morgens für Lektüre zur Verfügung? Wenn ich mich nicht selber belüge, ist es unwesentlich mehr als eine Stunde. Dann ist

die Frage: Was muss in diese Stunde rein? Und da hab ich ein paar Vorteile, weil ich die *Bild*-Zeitung oder die am Samstag produzierte *Bild am Sonntag* schon vorher kenne, d.h. die Boulevardfragestellungen kenne ich schon aus dem Vortag heraus. Und so gucke ich mir in den anderen relevanten Zeitungen – also *Süddeutsche, FAZ, Welt* – in aller Regel nur noch an: Haben die einen anderen nachrichtlichen Zugang, also wissen die noch was wirklich Neues? Und dann – für mich wichtiger: Wie ordnen sie es ein, also die Kommentierung. Das wäre auch die Hauptantwort auf Ihre Frage, wie bilde ich mich weiter. Ich bin mittlerweile zu meinem Leidwesen kein sehr guter Roman- und Darüber-hinaus-Leser mehr. – Aber ich habe jetzt etwas, das können Sie schon eher als den Unterhaltungsteil sehen: eine traumhafte Beschreibung der Jahrhundertparty von Truman Capote, die der veranstaltet hat aus Anlass seines Erfolges von »Cold Blood«. Eine wunderbare Beschreibung, im Grunde 'ne Truman-Capote-Biografie, die aber an dieser Party entlang erzählt wird. Geschrieben von einer amerikanischen Kollegin. Ein traumhaftes Stück! Das können nur Amerikaner.

**Sind Sie ein religiöser Mensch?**
Oh, oh – da berühren Sie ja philosophisch interessante Fragestellungen. Wenn Sie religiös mit kirchengläubig gleichsetzen würden, dann würden Sie es nicht treffen. Aber ich habe schon eine tiefe Empfindung dafür, dass es eine – Instanz klingt mir zu martialisch, aber einen Bezugspunkt für unser Handeln gibt, der nicht in Gesetzbüchern oder Handlungsanweisungen für Führungskräfte oder anderen Schriften niedergelegt ist. So würde ich das beschreiben. Weich – aber ehrlich.

**Lassen Sie uns über das Böse sprechen. Die Frage ist: Gibt es Menschen, die sich – mehr oder weniger bewusst – für das Böse entschieden haben, oder gibt es lediglich böse Taten, die von Menschen in üblen Situationen begangen werden?**
Also, ich glaube, dass es natürlich den Sachverhalt gibt, dass sich Menschen bewusst für das Böse entscheiden. Das glaube ich. Das kann man, denke ich, an vielen Aktualitäten in der Kriminalberichterstattung sehen, wenn man sie intensiv verfolgt. Man muss aber vorsichtig sein bei der Beurteilung, was gut und böse ist. Ich glaube, dass man das immer nur aus dem jeweiligen subjektiven Kontext eines Menschen beantworten kann. Darüber hinaus – und das ist die Verbindung mit der vorigen Frage – gibt es aus meiner Sicht leider ein rückläufiges Empfinden dafür, was gut und böse ist. Da entdecke ich mit zunehmendem Alter an mir eine gewisse Hinwendung – oder eine gewisse Sehnsucht – nach Regeln. Journalisten sind ja immer so sozialisiert, dass sie eine Äquidistanz zu allem glauben aufbauen zu wollen.

**Zu *müssen* ja auch.**

Ja, Sie haben Recht. Und diese Äquidistanz kann dazu führen, dass man selber sein Koordinatensystem verliert – für richtig und falsch. Wenn man sozusagen für alles Verständnis hat und alles irgendwie rechtfertigt, dann bleibt – im schlechtesten Fall – am Ende keine klare Überzeugung mehr, für die man eigentlich steht. Und da bin ich in zunehmendem Maße dankbar, dass die katholische Kirche, deren Mitglied ich bin, klare – und aus meiner Sicht auch oftmals streitbare, um nicht zu sagen: falsche – Thesen vertritt, aber ich bin dankbar, dass sie jemand vertritt. Also, ich bin dankbar, dass jemand sagt: Wir sind gegen Abtreibung. Ich bin nicht gegen Abtreibung, aber ich finde, dass es zur Besinnung des eigenen Tuns und des Zusammenlebens wichtig ist, dass eine Institution das Extrem formuliert.

**Die reine Lehre sozusagen.**
Die reine Lehre! An der sich zu reiben, bringt einen erst in ein neues Erkenntnis-Stadium oder – am Ende aller Diskussionen – womöglich dazu, dass ein Gedanke so falsch nicht ist. Wäre alles ein einziges »Wir stehen für gar nichts«, dann würde sich eine Gesellschaft, glaube ich, auflösen. Wir haben ja eine solche Tendenz in der Auseinandersetzung mit dem Islam. Wenn man sich selbst gar nicht mehr richtig darüber klar ist, für was man selber eintritt und womöglich sogar kämpfen würde, dann ist man ein relativ schwacher Gegner für jemanden, der sich darüber sehr klar ist – und der auch für falsche Dinge eintritt. Da muss man auch mal klar sagen: Das ist falsch. Und da tun wir uns in Deutschland sehr schwer. Das bewegt mich zur Zeit intensiv, weil wir als Multiplikator ja dazu beitragen, wie sich eine Meinung bildet und *ob* sich eine Meinung bildet und wie man das stimulieren kann ohne es autoritär vorschreiben zu wollen. Das ist eine der interessanten Fragestellungen einer Massenzeitung.

**Viele Menschen, die sich aufrichtig Sorgen um unsere Gesellschaft machen, halten die *Bild* für das Übel schlechthin – so gerade gestern wieder Hans Leyendecker in der *Süddeutschen*. Wie gehen Sie damit um?**
Gut. Also, den speziellen Fall, der da diskutiert wird, den müssen wir mal außen vor lassen. Der ist ein spezieller Fall.

**Es gibt ja immer wieder solche speziellen Fälle.**
Es gibt immer wieder spezielle Fälle. Die haben auch nicht selten was mit der *Bild*-Zeitung zu tun – und müssen diskutiert werden, da gibt's gar keine Frage. Ich glaube nur, daraus die Schlussfolgerung zu ziehen, das Medium wäre das Problem, ist zu eindimensional. Das hieße ja, dass der Überbringer – oder Verstärker – einer Information das Kernproblem sei. Das, glaube ich, ist erkennbarer Unsinn. Mit der Arbeit der *Bild*-Zeitung setzt sich die Gesellschaft seit 55 Jahren kritisch auseinander. Das hat die *Bild* unter anderem extrem erfolgreich gemacht. Sie ist zu *dem* Leitmedium ausgerufen worden von Uwe-Karsten Heye, der das zwar betrauert, aber eben doch formuliert hat, dass nicht

mehr der *Spiegel* oder andere das Leitmedium seien, sondern die Marke *Bild*. Und dass sich am Branchenführer alle abarbeiten, kann man bei Operndiven, bei Fußballvereinen, praktisch in jeder Lebenssphäre sehen – also auch in den Medien.

**Es hat ja einen gegeben, der hat sich auch mal heftig abgearbeitet: Haben Sie die diversen Bücher des früheren *Bild*-Mitarbeiters Hans Esser gelesen?**
Ja, ich habe die Bücher gelesen; das ist eine Weile her. Aber interessant ist, dass ich Günter Wallraff in einer meiner Fernsehsendungen zu Gast hatte – damals noch im »Grünen Salon«.

**Und hat er Ihnen die Hand gegeben?**
Ja, selbstverständlich. Er hat – das ist einer der Momente, über die ich mir heute noch gelegentlich Gedanken mache – Wallraff sagte in der Sendung, wirklich *in* der Sendung, nicht davor oder danach: Sie passen ja gar nicht zu *Bild*, Sie könnten ja Pianist sein. Da denke ich lange drüber nach.

**Das hat er als Kompliment gemeint, oder?**
Das ist genau der Punkt, worüber man nachdenken muss. Aber wofür ich eintrete und wofür wir hier arbeiten, hat mit dem, was der Mann, der bei *Bild* Hans Esser war, nichts zu tun. Ich will nicht leugnen, dass manche Methoden, die dort aufgezeigt wurden, in Ansätzen gelegentlich in diesem großen System noch angelegt sind. Aber in dem Bereich, für den ich sprechen kann, glaube ich nicht, dass eine solche Methode noch zu einem journalistischen Output in der Zeitung führen würde.

**Akzeptieren Sie für sich persönlich einen Bildungsauftrag und eine soziale Verantwortung gegenüber Ihren Leserinnen und Lesern?**
Na, ich glaube, dass es nicht darauf ankommt, ob ich es akzeptiere oder nicht – ich glaube, es *ist* so. Eine Zeitung, die 10,6 Millionen Menschen erreicht, sendet ja nicht ins Nichts. Wenn man das unterstellt, dann ist mit dieser Zeitung und den Inhalten, die in dieser Zeitung rübergebracht werden, auch eine Bildungsfunktion angelegt. Ich würd's vielleicht aber lieber eine Orientierungsfunktion nennen. Bildung ist mir zu pädagogisch. Ich habe keine Mission oder so was. Die ich jetzt dem Leser rüberbringen will. Dass ich hier reingehe und sage: Ihr müsst jetzt finden, dass Hartz IV gut oder schlecht ist …

**Oder die Welt nur noch 13 Jahre hat. Was sagen Sie den Kindern, die nach Schlagzeilen wie »Unser Planet hat noch 13 Jahre« nicht mehr Klavierspielen lernen wollen? Sie als Pianist …**
(lacht) Also, erstens kann ich gar nicht Klavier spielen, und zweitens wundere ich mich, dass Sie dieses herausgreifen, weil das war an dem Tag, an dem die Schlagzeile – übrigens bei *Bild* – erschienen ist, die breaking News *aller* Nachrichtensendungen und *aller* namhaften Zeitungen, dass dieser Klimabericht

uns noch dreizehn Jahre zum Handeln gibt. Und um Ihre Frage konkret zu beantworten, müsste man jetzt einem Kind – etwa der eigenen Tochter – sagen, wir müssen uns wirklich an dieser Stelle zusammenreißen, um unseren Planeten zukunftsfit zu machen. Es ist Zeit zum Handeln!

**Wenn wir Platon glauben, strebt der Mensch nach dem Besseren. Die entscheidende Frage bliebe demnach: Wird dieses Streben durch *Bild* befördert oder behindert?**
Also: Erstens weiß ich nicht so genau, ob die Platonsche Hypothese zutrifft. Da müsste man ja genauer in die Frage einsteigen – in welchen Bereichen nach dem Besseren?

**Da wo er's gerade kann.**
Das hat aber, sagen wir mal, eine egozentrische Grundnote. Denn das Streben nach dem Besseren ist für ein Individuum nicht selten mit Beschädigungen anderer Individuen verbunden. Und hier beginnt der interessante Auftrag einer freien Presse und einer großen Massenzeitung. Hier mit dem Scheinwerfer hinzuleuchten und die Frage aufzuwerfen, ob das Streben nach dem Besseren des Einzelnen oder einer Gruppe nicht unangemessene – wie ist das moderne Wort – Kollateralschäden für andere gesellschaftliche Gruppen beinhaltet. Und dann steht eine Zeitung in aller Regel bei den Benachteiligten. Nicht immer, aber in aller Regel. Und so entsteht ein dynamisches System zwischen gesellschaftlichen Gruppen und deren Widerspieglern in Medien. Ich denke, dass es eine ganz wichtige Rolle einer Zeitung ist, das Streben nach dem Besseren zu unterstützen.

**Was, denken Sie, bewirkt eine Schlagzeile wie »Großmutter aus Versehen gegrillt« bei der Leserschaft?**
Der Leser wird es interessant finden – oder er ist nicht von dieser Welt. Großmutter versehentlich gegrillt – da schaut man schon mal hin. Im Kampf um die Aufmerksamkeit ist das sicherlich ein Treffer. Da schaut man hin.

**Und was macht das dann bei dem Leser?**
Na, der Leser vergleicht das, was er da liest, mit seiner eigenen Lebenserfahrung. Und wenn der Artikel hier Haken und Ösen hat, wenn er es nicht glaubt, weil – sagen wir mal: dort von einer Art Grill die Rede ist, die es gar nicht gibt oder sonst irgendwelche Unglaublichkeiten da drin stehen, dann wird das negativ abstrahlen auf die Wahrnehmung der Zeitung, die ihm das mitgeteilt hat.

**Aber diese saloppe Art über so etwas eigentlich doch Schreckliches zu berichten ...**
Also: Ich kenne den Fall nicht, ich weiß nicht, ob die Frau zu Tode kam, ob sie sich nur gebrannt hat ...

**Nein, sie kam zu Tode.**

Ja? Ja, insofern können wir das einklammern, weil ich mich schwer tue über etwas zu sprechen, was ich nicht kenne und was ich auch nicht zu verantworten habe. Fragen Sie mich etwas zu *Bild am Sonntag*, da kann ich Ihnen die Dinge herleiten.

**Reden wir mal über diese Kampagne gegen Fischer und Trittin – vor sechs Jahren. Da waren die *Bild* und die *Bild am Sonntag* ja beteiligt.**
Aber wo entdecken Sie denn an der Berichterstattung von *Bild am Sonntag* eine Kampagne?

**Also, Sie haben sich damals dieser Kampagne der *Bild* entzogen?**
Das würde ich so auch nicht sagen. Ich sage, dass wir in der *BamS* berichtet haben, was geschehen ist, und dass ich über den redaktionellen Inhalt von *Bild* nicht spreche.

**Auch nicht über historisch bedeutende Sachen – wie zum Beispiel Rudi Dutschke? Das ist jetzt lange vor Ihrer Zeit gewesen.**
Was soll ich dazu sagen? Kenne ich als einen Eintrag aus dem Geschichtsbuch. Wir können über jede Facette der Geschichte sprechen, nur – was soll der Erkenntnisgewinn daran sein?

**Na ja, dass aufgrund dieser und ähnlicher Kampagnen von vielen Leuten die Existenzberechtigung von *Bild* bestritten wird. Und vielleicht könnten Sie uns etwas dazu sagen.**
Aber wer die Existenzberechtigung von *Bild* bestreitet, soll sie doch einfach nicht lesen und nicht kaufen. Was für ein intellektueller und – ja, fast arroganter Blick auf die Gesellschaft ist es, fast zensorisch zu sagen, ein Teil der Medien ist nicht geeignet, in einer Demokratie zu erscheinen. Es ist müßig darüber zu diskutieren. Es ist ungefähr so, wie wenn Sie einen Spieler von Bayern München fragen, ob er es richtig findet, dass man Menschen 40 Euro aus der Tasche zieht, um ins Stadion zu gehen. Da wird er sagen: Die geben's gern aus, die haben Spaß da, die haben Unterhaltung da! Und wenn's dir zu teuer ist, bleib zu Haus! Und schau's dann aber bitte auch nicht im Fernsehen an, denn über die Fernsehgelder finanzieren wir unsere Mannschaft!

**Dürfen wir daraus, dass Sie sich jetzt auf *Bild am Sonntag* zurückziehen, schließen, dass Sie sich von der *Bild* so ein kleines bisschen distanzieren?**
Das dürfen Sie nicht schließen! Die *Bild*-Zeitung ist eine Zeitung, die ich gern lese, die ich aber nicht exekutiv mache. Ich kann mich als Leser damit beschäftigen – und ich gucke mit meiner Lebenserfahrung, ob ich die Geschichten glaube oder nicht, und die allermeisten Geschichten in der *Bild*-Zeitung glaube ich. Weil sie nämlich am nächsten Tag auf interessante Art und Weise wahr werden: Wenn in der *Bild*-Zeitung steht, dass Horst Seehofers Geliebte

schwanger ist, dann ist sie halt schwanger. Es ist eben nicht erfunden und es ist natürlich von politischer Bedeutung. Und wenn bei uns steht, dass Cem Özdemir auf seinen Dienstreisen als Politiker Bonusmeilen sammelt und sie dann privat nutzt, dann tritt der Mann zurück!

**Damals wurde Ihnen vorgehalten ...**
... wir hätten keine gelben und schwarzen Politiker im Visier!

**Genau – und da wurde sogar von Müntefering ein Prozess angestrengt.**
Den er übrigens verloren hat! Und die Vorhaltung – da habe ich mich mit Jürgen Trittin, der ja auch vorkam in unserer Bonusmeilen-Berichterstattung, bei »Christiansen« schon mal trefflich darüber ausgetauscht, um nicht zu sagen: gestritten – die Vorhaltung, das waren jetzt nur rote und grüne Leute, die das gemacht haben, und das würde doch auffallen, die führt nicht ins Ziel. Ich habe damals schon geantwortet, dass es mir so vorkommt, als wenn ich jetzt hier aus dem Studio bei Christiansen rauskomme und sehe, wie ein Kerl 'ner älteren Dame die Handtasche entreißt – und ich schnappe mir den und bringe ihn zur Polizei, dass ich mir dann von Ihnen anhören muss, mein großes Versagen sei, nicht alle Handtaschendiebe Berlins erwischt zu haben. – Das habe ich nie verstanden, diese Vorhaltung, die im Gegenteil eher einen parteipolitischen Blick auf Journalismus zum Ausdruck bringt, den ich verstehen kann, der mir aber fremd ist.

**Sie würden auch nicht Wahlkampfmanager für Stoiber oder so jemanden werden – wie Ihr Vorgänger?**
Gut, das muss man sich genau überlegen, weil man dann eben parteiisch ist. Aber ich empfinde mich nicht als parteiisch und schon gar nicht als parteipolitisch parteiisch. Das wäre auch nicht mein journalistischer Standpunkt.

**Warum wird Ihnen – jetzt mal wieder Ihnen im Plural – das immer unterstellt?**
Wahrscheinlich weil die Leute, die uns das vorwerfen, Beispiele in der Zeitung finden, die sie dann zu schnell zu einer These – oder sagen wir mal einer Hypothese formulieren: Die *Bild*-Zeitung war für den Irak-Krieg. Könnte ja z.B. auch eine Hypothese sein – die ignoriert, dass *Bild am Sonntag* vital dagegen war! Ich selbst hab' mir die Finger wund geschrieben in Kommentaren, dass es nicht die beste Idee ist zu glauben, man könne einem Staat wie Irak plötzlich die Demokratie so mir nichts dir nichts – und dann übrigens noch mit Soldaten – mal eben vorbeibringen. – Eine weitere Vorhaltung: Die *Bild*-Zeitung ist das Blatt von Dieter Bohlen! – Sie behandelt Dieter Bohlen immer positiv ...

**Da kann man übrigens gleich dazu sagen: Die Ehefrau von Kai Diekmann schreibt Bohlens Biografie – die vermarkten sich gegenseitig, nicht?**

Ja, wenn man aber sagt, die *Bild*-Zeitung tut dies – und die *BamS* da mit eingemeindet, dann hat man *BamS* nicht gelesen. *Bild am Sonntag* ist echt das Gegenteil eines Bohlen-Fanclubs! – Schnitt. – Die *Frankfurter Allgemeine Sonntagszeitung* veröffentlicht einen Lageplan von Potsdam rund um den Heiligen See und zeichnet ein, wo die Prominenten wohnen mit Namen und Adresse. Also, da fehlt nur noch drunter: Lieber Attentäter, wenn du Jauchs Kinder mal entführen willst, komm am besten nachmittags, da ist nur das Kindermädchen da. Auf dem Boulevard ein totales Tabu! Wir veröffentlichen keine Privatadressen von Leuten. Wir zeigen auch die Häuser nicht. Wenn wir es täten, gäbe es einen Aufschrei in ganz Deutschland, was wir für Schweinejournalismus machen! Die *FAS* tut es. – Und nichts passiert! Das heißt, die Fokussierung auf uns kommt ganz allein daraus …

**… dass Sie eine hohe Auflage haben?**
Nein – dass wir große Buchstaben und große Bilder machen. Und wenn in großen Buchstaben mal ein Fehler ist, dann brennt sozusagen der Blätterwald gegen uns. Wenn bei den ganzen sogenannten seriösen Zeitungen der gleiche Fehler geschieht, interessiert das keinen Menschen.

**Sie sind also in jeder Hinsicht lauter und auffälliger …**
Ja, genau, wir sind lauter. – Und wo Leute arbeiten, passieren Fehler. Der Anteil der Fehler, die bei uns passieren, ist vermutlich – das habe ich jetzt nicht nachgezählt – nicht höher als bei der *Süddeutschen Zeitung* oder beim *Spiegel*. Er fällt aufgrund des Genres und der Polarisierung gegen uns besonders auf. Es gibt eben keinen *Spiegel*-Blog.

**Was ist mit Presserats-Rügen?**
Presserats-Rügen können Sie auch als eine Kritikform an unserer Arbeit sehen, aber neuerdings rügt der Presserat, wenn die *Bild*-Zeitung darüber berichtet, dass Aldi jetzt auch Reisen anbietet. Das rügt der Presserat als Werbung! Da würde ich mal sagen: Das ist 'ne Nachricht. – Anschließend heißt es dann: *Bild* wieder mal gerügt.

**Ein wesentlicher Teil Ihrer Zeitungen und ein Grund sie zu kaufen, ist der Sport: Aber gerade dort hat Ihr Einfluss in den letzten Jahren mächtig abgenommen. Erst mussten Sie Klinsmann als Bundestrainer schlucken und später mussten Sie ihn auch noch loben, weil er so erfolgreich war.**
*Bild am Sonntag* hat eine ganz klare Linie *für* Jürgen Klinsmann gehabt. Die *Bild*-Zeitung war gegen ihn.

**Können Sie uns mal erzählen, warum Sie eine andere Linie als die *Bild* fahren? Enttäuschen Sie nicht die Leser ein bisschen?**
Wir haben ja nur 35 % Doppelleser. 65% der Leser von *Bild am Sonntag* lesen nicht *Bild*, sondern eine regionale Abonnements-Zeitung. Und jetzt nehmen

Sie noch den Wochentag dazu, nämlich den etwas ruhigeren, wo man beim Kampf um die Aufmerksamkeit den Lautsprecher nicht immer ganz bis zum Anschlag aufdrehen muss, dann haben Sie ein Gefühl für das Konzept von *Bild am Sonntag*. – Also, dass Jürgen Klinsmann ein guter Trainer oder der richtige Trainer für die Nationalmannschaft sein könnte, war für uns immer klar. Und wenn Sie mit dem nächsten Sportthema zur WM kommen: Wir fanden auch, Jens Lehmann ist ein guter Torwart – und waren nicht in der Kahn-Manie.

**Bei wem war denn Beckenbauer angestellt?**
Bei *Bild*. Ist er. Schreibt bei uns nichts. Gibt gelegentlich Interviews, aber ist der Kolumnist von *Bild*. Und vielleicht können Sie's daran schmecken, wenn Sie sich mit Fußball ein bisschen beschäftigen: Franz Beckenbauer ist der Kolumnist von *Bild* und Paul Breitner ist bzw. war der Kolumnist von *Bild am Sonntag*.

**Demnach wäre *Bild am Sonntag* also das Blatt für die, die Abitur gemacht haben?**
Zumindest sollten sich die, die Abitur gemacht haben, bei der Lektüre von *Bild am Sonntag* nicht irgendwie verarscht oder beleidigt vorkommen.

**Wie das bei der *Bild*-Zeitung schon passieren kann?**
Das weiß ich nicht, ich kenne auch viele Abiturienten, die die *Bild*-Zeitung häufig zur Kenntnis nehmen und für sich die Entscheidung getroffen haben, dass das eigentlich ein idealer Lektürekanon, wenn man wenig Zeit hat, ist: *Bild* und die *Süddeutsche*.

**Was liest denn Ihre Frau?**
Meine Frau ist ja auch Journalistin. Wir haben zu Hause das *Abendblatt*, die *Süddeutsche* und die *FAZ* und sonntags liegt bei uns die *Welt am Sonntag* neben der *Frankfurter Allgemeinen Sonntagszeitung* und – natürlich *Bild am Sonntag*. (schmunzelt)

**Verraten Sie uns zum Abschluss bitte noch die Wahrheit über Ihren geplanten Umzug nach Berlin. Niemand glaubt Ihnen, dass die Redakteure diesen Wunsch geäußert haben!**
Also, das ist mittlerweile zurechtgerückt: Kai Diekmann hat es am Montag vor Kollegen als Wunsch der Chefredaktion bezeichnet.

**Ihr Wunsch war es auch?**
Ich hab' zumindest nichts dagegen. Ich finde den Gedanken, die Hauptzeitungen aus der Hauptstadt zu machen, nachvollziehbar, fast zwingend. Es ist für Journalisten eine interessante, magische Vorstellung in der Hauptstadt arbeiten zu können. Es wird aber auch Journalisten geben, die sagen, das ist für mich gar nicht magisch. Dann ist es nicht ihr Platz. Aber wenn man tief in sich reinhorcht, wenn man bei 'ner Zeitung arbeitet, die politisch, kulturell – Wirtschaft ist ja in Berlin nicht so – interessiert ist, dann hat's schon was, dort zu sein,

wo der Puls schlägt. Man darf damit aber nicht verbinden, es würde nur von dort aus gehen.

**Wie ist denn der Stand der Dinge?**
Es gibt den Beschluss; offen ist noch der genaue Zeitplan. Wenn Sie mich fragen würden, würde ich sagen, heute in einem Jahr finden Sie die *Bild-am-Sonntag*-Redaktion dann in modernen, tollen Räumen in den Springer-Gebäuden.

**Das Schwierigste ist ja, es gibt keine Franzbrötchen in Berlin.**
Gibt's in Berlin nicht alles?!

**Ja. Außer Franzbrötchen.**
Na, dann muss man an der Stelle seine Essensgewohnheiten doch ein bisschen umstellen.

**Das dürfen Sie den Redakteuren aber vorher nicht sagen.**

22. Mai 2007

# Günter Schabowski

**Günter Schabowski**, Jahrgang 1929. Mit 18 Jahren Hilfs- und mit 24 stellvertretender Chefredakteur der Gewerkschaftszeitung *Tribüne*. 1968 Stellvertreter und 1978 Chefredakteur *Neues Deutschland*. 1984 Politbüro SED. Am 9. 11. 1989 zentrale Rolle bei der Maueröffnung. 1992-99 einer von drei Mitarbeitern der *Heimat-Nachrichten* Rotenburg an der Fulda.

# Über die plötzliche Entdeckung der Realität

**Sie sind nach all Ihren journalistischen Erfahrungen vermutlich der kritischste Medienbeobachter, den sich die deutschen Medien heute wünschen könnten. Wie würden Sie den gestrigen Abschied von Sabine Christiansen kommentieren?**
Na ja, ich beurteile Frau Christiansen nicht so negativ, wie das bei vielen anfangs der Fall war. Da war zu viel Häme und zu viel Borniertheit im Spiel. Allerdings ließ sie am Anfang auch nicht immer die gebotene journalistische Cleverness erkennen. Im Laufe der Zeit hat sie sich natürlich trainiert. Sie hat sich bemüht. Und sie steht eigentlich für eine saubere und faire Atmosphäre – ohne die penetrante Eitelkeit, die mich bei manchem Moderator etwas gereizt, wenn nicht gar abgestoßen hat.

**An wen denken Sie dabei?**
Ach, ich will dem jetzt nichts hinterherwerfen. Aber er ist schon wieder neu etabliert – und hat sich neu onduliert.

**Und die Nachfolgerin von Christiansen, die sich ja gestern von den Tagesthemen verabschiedet hat?**
Da scheue ich zurück vor den immensen Vorschusslorbeeren, die sie bekommen hat. Die halte ich für übertrieben.

**Wie denken Sie über Maybrit Illner? Sie hat noch an der Karl-Marx-Universität in Leipzig Journalistik studiert.**
Ja, sie ist etwas knalliger als Christiansen. Deftiger im Moderationsstil. Sie hat für mich so was Berlinisches, Pfiffiges an sich, während Christiansen mehr damenhaft ist und in den durchschimmernden Urteilen etwas dezenter.

**Halten Sie das Fernsehen und speziell die politischen Talksendungen für überbewertet?**
Ja, aber da müsste ich mich relativieren. Von wem überbewertet? Eigentlich gibt es viele abschätzige Meinungen, die natürlich wieder von Journalisten geäußert werden. Aber dann entwerten sich Talkshows selber durch die Masse von Talkshows. Wenn Sie zu bestimmten Zeiten den Fernseher einschalten, dann schwätzen da welche – und schwätzen da welche – und schwätzen da welche – und man staunt nur, wie die Moderatoren sich überhaupt noch behaupten und meinen können, unterschiedliche Profile in ihrer Sendung zu entwickeln. Man ist überflutet davon.

**Wie ist Ihre Haltung gegenüber den anderen Medien: Radio, Zeitungen ...**
Ohne Zeitungen könnte ich nicht leben. – Radio höre ich nur früh, wenn ich aufstehe. Da lausche ich immer dem Deutschlandfunk. Der ist mir schon zu DDR-Zeiten ein ganz wichtiger Informant gewesen: Die Stimme der Bundesrepublik und die Kommentierung der DDR-Medien, die teilweise durch den Kakao gezogen – und bestimmter Versäumnisse geziehen wurden. Manchmal hat man uns auch Pannen nachgewiesen. Damit war ich dann informiert über das, was ich zu erwarten hatte, wenn ich in mein Büro ging und schon einen Anruf aus dem Büro Honecker gekriegt hatte: Sag mal, was habt ihr denn da für'n Käse gemacht?

**Wie beurteilen Sie den Prozess der deutschen Wiedervereinigung im journalistischen Bereich? Die 15 alten Bezirkszeitungen der SED haben sich doch ziemlich gut halten können.**
Das waren alles Blätter, die eine nuancierte Parteilinie darstellen sollten – etwas offener und lockerer als das *Neue Deutschland* – und die nur durch die Parteizentrale, durch die Agitationskommission, durch die Agitationsabteilung des Zentralkomitees geleitet wurden. – Aber dann ist mir natürlich aufgefallen, dass trotz verändertem Besitzes nach 1989 diese Bezirkszeitungen bemüht waren, und zum Teil dringt's ja heute noch durch, an eine Art von geläuterten DDR-Vorstellungen anzuknüpfen. Indirekt, ganz indirekt wurden damit Ostalgie-Stimmungen befördert, die letztlich der überkommenen Partei gedient haben, also ihrer Restabilisierung.

**Ist denn aus dem *ND* ein gesamtdeutsches Blatt geworden?**
Das *ND* ist kein gesamtdeutsches Blatt geworden, selbst wenn Herr Gysi behauptet, dass die Deutsche Vereinigung im Grunde jetzt erst durch die Wiedergründung einer Sozialistischen Einheitspartei vollendet ist. Das ist eine Kabarettnummer für mich. Und insofern ist das *ND*, das ja nun fleißig diese Linie verficht, natürlich nicht ein Symptom der Vereinigung.

**Erfüllen *ND* und *Junge Welt* heute ihre originäre Medienaufgabe als Vierte Gewalt – oder agieren sie schon eher in einer Parallelgesellschaft?**
*ND* und *Junge Welt* sind im Grunde *gegen* diese Gesellschaft, sind also dagegen, dass die Medien, wenn man so will, eine Vierte Gewalt darstellen. Sie wollen ja eine *andere* Gesellschaft, in der sie – die Medien – die großen Belehrer sind und ein Organ der Macht, das die unbewussten Massen dazu bringen soll, sich selber zu begreifen im Sinne dessen, was die Macht von ihnen will – und was sie ihnen als Rolle zuteilt.

**Sie meinen, so verstehen sich *ND* und *Junge Welt*?**
So verstehen sich *ND* und *Junge Welt* natürlich prinzipiell. Da sind aber auch

junge Leute dabei, die sind nur links – ohne weltanschaulichen marxistischen oder marxistisch-leninistischen Hintergrund; die haben die Vorstellung, sie üben einfach Kritik in einer besonders rabiaten Weise an veränderungswürdigen Zuständen in dieser Gesellschaft. Aber die Drahtzieher sehen das anders, nämlich dass sie jetzt durch die Niederungen stapfen müssen, um die Niederlage des Sozialismus, die ja nur eine temporäre ist, zu überwinden und allmählich wieder nach oben zu kommen: Und dann reden wir anders über die Geschichten! Das ist deren Illusion. – Sie werden es nie mehr schaffen.

**Vor genau 60 Jahren, Herr Schabowski, haben Sie als Hilfsredakteur bei der *Tribüne* angefangen. Hilfsredakteur klingt nach Lernen von der Pike auf.**
So ist es, ja. Also, ich habe dort nicht als Hilfsredakteur, sondern als Volontär angefangen, und Hilfsredakteur war die erste – sozusagen – Beglaubigung als Journalist. Bis dahin war ich ein Lernender, und als Hilfsredakteur habe ich die unterste Stufe des Redakteurs erreicht.

**Nach dem Tod Stalins wurden Sie stellvertretender Chefredakteur der *Tribüne* – mit nur 24 Jahren. Wie kam das?**
Das war ein grotesker, für unmittelbar Betroffene auch tragischer Umstand, nämlich dass in der *Tribüne* ein schauerlicher Setzfehler passierte. Da wurden in allen DDR-Blättern die Nachrufe der Sowjetunion, der SED usw. abgedruckt. In einem der Nachrufe war die Rede davon, dass Stalin der große Vater des Krieges – statt Vater des Friedens – gewesen sei, und das war natürlich eine ungeheuerliche Blasphemie. Der Chef vom Dienst und der betreffende Setzer wurden schon am selben Morgen von der Stasi verhört und verhaftet.

**Und wie war Ihre Rolle bei dieser – Tragödie?**
In der Redaktion brach nach diesem Tag eine Art Massenpanik aus. Niemand wollte mehr das Risiko eines Schlussdienstes tragen. Und da haben andere in mir die Fähigkeit entdeckt, Hysterie zu moderieren. So wurde ich mit 24 Jahren zum stellvertretenden Chefredakteur befördert, während zwei andere Menschen nach einem Setzfehler zu fünfeinhalb Jahren Zuchthaus verurteilt wurden – wegen »Boykotthetze« und »Agententätigkeit«.

**Bevor Sie die höchsten journalistischen Weihen empfangen konnten, mussten Sie – sozusagen zum Konfirmationsunterricht – für ein Jahr an die Parteihochschule nach Moskau.**
Haben Sie nett gesagt: zum Konfirmationsunterricht. Ich bin dahin delegiert worden – als ein Mann von der Gewerkschaftszeitung. Klar war vorher nur: Das ist ein Kader, mit dem man in Zukunft rechnen kann. Wo wir den einsetzen, wie wir den einsetzen, das ist eine ganz andere Frage.

**Aber dass der nach oben ...**
Die Moskauer Parteihochschule war immer eine Basis dafür, weiter nach oben zu

kommen. Dort wurde man in marxistisch-leninistischer Theorie ausgebildet – in erster Linie. Revolutionstheorie, wenn Sie so wollen. Maximus-Leninus, wie ich heute sage. – Und gegen Ende dieses Studiums kam eine Delegation des ZK der SED nach Moskau – und jeden, der dort studiert hatte, den ging man dann durch mit den sowjetischen Genossen: Wie beurteilen Sie ihn? Da muss ich wohl eine sehr gute Beurteilung bekommen haben – und wurde gleich einer der stellvertretenden Chefredakteure im *Neuen Deutschland*.

**Haben Sie sich beim *ND* überhaupt noch als Journalist gefühlt oder schon mehr als Großmufti der DDR?**
Großmufti der DDR? Journalisten waren sicherlich gefragt und notwendig, aber sie waren keine Großmuftis. Journalisten galten als nicht 100 % zuverlässig; die sind ja auch viel zu wendig; denen sagt man, heute schreibst du *das*, und morgen müssen sie *das* schreiben, und die schreiben das dann auch! Das Übersetzen der sperrigen Theorie in eine Alltagssprache war Sache dieser etwas windigen Gestalten, die sich Journalisten nennen.

**War in dem Sinne auch der Chefredakteur des *ND* noch ein Journalist?**
Die Stellvertreter noch, aber der Chefredakteur des *ND* musste gar kein Journalist sein. Der musste vor allen Dingen die Parteilinie und die Parteitradition verkörpern und wachsam sein, dass sich keine Fehler einschlichen. In dem Sinne war das innerhalb des Journalismus und des Medienbetriebs schon eine journalistische Gipfelposition.

**1984 sind Sie im Allerheiligsten der DDR angekommen – im Politbüro.**
Ja, ich war schon vorher im Politbüro – als Kandidat. Ein Kandidat ist ein Mitglied, das nicht stimmberechtigt ist. Aber es kam ja nie zu Abstimmungen, weil sich alle immer einig waren – oder sein mussten.

**Waren Sie dort der für Medienarbeit bzw. Propaganda Zuständige?**
Nein, ich war nur für das *Neue Deutschland* zuständig. Für die Medienarbeit war ja ein Sekretär des Zentralkomitees da, nämlich Joachim Herrmann, mein Vorgänger beim *ND*. Das Sekretariat war – sozusagen – die Geschäftsführung der Partei.

**Am 9. 11. 1989 sind Sie urplötzlich ins Blickfeld der Weltöffentlichkeit gestolpert – oder mit welchem Wort würden Sie Ihren Auftritt beschreiben?**
Seien Sie vorsichtig. Wenn Sie so mit mir reden, dann balle ich hier unter dem Tisch die Faust. (lacht) Also, wir wollten eine weitgehende Reiseregelung treffen. Die Vorstellung war: Dieses Reisegesetz würde das System retten. Der Entwurf wurde am Montag, dem 6. November in allen Medien der DDR vorgestellt, hatte aber einen Grundfehler: Ein Gesetz hätte durch die Volkskammer gehen

müssen, die Volkskammer würde erst im Dezember tagen. Außerdem verstärkten einige Formulierungen den Protest der Bürger gegen das Regime. Also, jetzt sagten wir: Eine Regierungsverordnung, die kann man sofort beschließen. So kam dieser Zettel – diese anderthalb Seiten – in die Pressekonferenz am 9. November.

**War das – von 18 bis 19 Uhr – tatsächlich, wie man lesen kann, die erste vom DDR-Fernsehen live übertragene Pressekonferenz in der Geschichte der DDR?**
Es war die erste internationale Pressekonferenz über eine ZK-Tagung. Das gehörte mit dazu, dass die Medien nicht mehr kommandiert werden sollten. Ich hatte eine entsprechende Erklärung im ZK abgegeben, dass diese Praxis aufhören müsse.

**Sie sind am selben Abend noch heimlich – wie Erich Kästner zur eigenen Bücherverbrennung – sozusagen zur Verbrennung der DDR gegangen.**
Ja, ich war an der Bornholmer Straße und später am Grenzübergang Heinrich-Heine-Straße. Dort meldete mir dann ein Zivilist, der wahrscheinlich ein Stasi-Mann war: Genosse Schabowski, sie lassen sie jetzt durch. Keine besonderen Vorkommnisse!

**Ist schon interessant, wenn ein Stasi-Mann in dem Moment, als die DDR die Türen öffnet, keine besonderen ...**
Ja, wenn ich heute darüber rede, schmunzeln die Leute, weil es so grotesk ist. Aber dann setze ich immer gleich hinterher: Kinder, aber das war schon unheilsschwanger.

**Nach dem Fall der Mauer sind Sie schnell von Ihren politischen Ämtern zurückgetreten und dann sogar aus der Partei ausgeschlossen worden. Das haben Sie 1990 als »tiefe persönliche Enttäuschung« empfunden. Würden Sie das heute noch so formulieren?**
Ich habe das nicht nur – bis vor kurzem – als eine Enttäuschung empfunden, sondern ich hatte das zunächst gar nicht richtig begriffen. Diese Autosuggestion, die sich mit der Führungsrolle der Partei verbindet, der Tatsache, dass man sozusagen einem Orden beitritt, davon ist man immer noch in gewisser Weise geprägt gewesen. Ich erwähne immer, dass Honecker für seine eigene Absetzung gestimmt hat; dass ist ja grotesk, wenn man es sich überlegt. – Wir haben die Grenze nicht geöffnet, weil wir den Leuten entgegenkommen wollten, sondern wir mussten den Leuten entgegenkommen, um uns selber zu retten. Also, ich habe einen Versuch unternommen, der Partei einen enormen Rettungsdienst zu erweisen.

**Und die Partei hat tatsächlich überlebt.**
Jetzt können Sie sagen, Herr Schabowski, Sie haben mit der Grenzöffnung

bewirkt, dass die Partei heute die Bundesrepublik stört. Das würde ich dann als Dialektik bezeichnen. (lacht)

**Dürfen wir erfahren, welche Partei Sie bei den ersten freien Wahlen in der DDR am 18. März 1990 gewählt haben?**
Weiß ich jetzt nicht mehr. Auf keinen Fall die SED.

**Sind Sie zur Wahl gegangen? Das war ja ein historischer Vorgang.**
Ich weiß es nicht genau, ob ich zur Wahl gegangen bin. Ich weiß es wirklich nicht mehr. Für mich war der historische Vorgang, dass diese Partei auf die Fresse gefallen war, dass ich ausgeschlossen wurde, dass danach eine Phase der Selbstbefreiung einsetzte, wobei in der ersten Phase noch die Restgläubigkeit an diese Welterlösungspartei eine Rolle spielte. Meine neue Zeit beginnt mit der Selbstbefreiung von dieser Ideologie. Ich befand mich in einer permanenten Auseinandersetzung mit ihr, die Verunglimpfung durch die Partei fing an, das waren alles Fragen der Selbstbehauptung. Das andere vollzog sich gewissermaßen 50 Meter von meiner Pupille entfernt – hängt auch mit der Tatsache zusammen, dass mich Leute auf der Straße ansprachen: Was sollen wir machen? Die waren verzweifelt und wussten nicht, was sie machen sollten.

**Und Sie waren selber verzweifelt?**
Anfänglich ja.

**Statt den Frühruhestand haben Sie dann eine neue journalistische Herausforderung gesucht – und auch gefunden, nämlich in der hessischen Provinz. Da haben Sie wieder mal von der Pike auf gelernt.**
Ja, sicher. Das war das Bestreben. Nachdem das Alte erledigt war, musste ich mir ein Bild verschaffen von dem, was dieses andere System ausmacht. Und das war mit unzähligen Fragen verbunden.

**Waren Sie sich mit Ihrem Verleger immer einig in politischen Fragen?**
Ich komme ja fast in mehr Konflikte mit Alt-Bundesdeutschen, was meine radikale Kritik an Sozialismusvorstellungen anlangt. Die sind oft viel großzügiger oder illusionärer eingestellt als ich. Weil ich sage: Ich kenne das.

**Und dieser Gerald Wenk, Ihr Verleger?**
Nein, das ist ein junger Journalist gewesen. Der wollte seinen eigenen Laden aufmachen. Das war der erste dieser fantastischen Eindrücke, die ich gewann von der Bundesrepublik, weshalb ich sie ja auch in der Anfangsphase geradezu verherrlicht habe. So gehen Sie von einem Extrem zum nächsten Extrem. Für mich war das die Erschließung einer anderen Welt, zu erleben, wie ein junger Kerl auf die Idee kommt, er macht ein eigenes Blättchen, ohne groß Kapital zu haben. Ich fand das toll. Das ist das, was uns gefehlt hatte! Er sagte dann zu mir, ob ich nicht zu ihm komme und ihn berate. Ich habe aber ausdrücklich erklärt, dass ich keine Zeile schreibe.

**Sie haben nicht geschrieben?**
Ich habe gesagt, ich komme runter um vorzuschlagen, wie man 'ne Zeitung machen soll, wie man sie strukturieren soll, so wie ich mir das vorstellen könnte, und du hast jemanden, mit dem du dich beraten kannst. So waren die Konditionen. Dann bin ich ein halbes Jahr dort gewesen – wir waren ja bloß drei Mann, das ist eine kleine Wochenzeitung gewesen – da kam eine Situation, wo ich in der Tat auch schreiben musste. Ich habe aber nicht Kommentare, sondern Reportagen geschrieben – über Leute, die einen Theaterzirkel aufmachen, oder über die Initiative von Krötenschützern. Ich habe versucht, flotte Reportagen zu schreiben. Das hat Spaß gemacht. Dabei habe ich die Republik kennengelernt.

**Von ganz unten – sozusagen?**
Es war eine unglaubliche Schule. Nach der anfänglich uneingeschränkten Bewunderung, die ich für die Verhältnisse hatte, fing allmählich an, sich meine Meinung zu präzisieren. Ich merkte allmählich, überall existieren im Ansatz die Schwächen, die unser System charakterisiert hatten. Dann begriff ich: Woran liegt es?

**Und?**
Jetzt haben Sie meine Banalität in toto: An uns liegt es. Überall sind die Menschen ganz ähnlich. Sie sind Egoisten. Sie haben immer das Bestreben sich durchzusetzen. Ob ich jetzt ein Vereinsvorsitzender im Kleingartenverein bin – sofort fange ich an, meine Minidiktatur aufzubauen; alle müssen sich dem unterordnen. Ob ich ein Sozi bin und 20 Jahre schon in allen politischen Funktionen … Nach einem halben Jahr war ich so weit, dass ich mit SPD-Funktionären in Nordhessen diskutieren konnte: Kinder, ihr macht dieselbe Scheiße wie wir – nur mit einem Porto, dass es nämlich noch andere Parteien gibt, die euch in die Suppe spucken können, wenn ihr dies oder das durchzuziehen versucht. Passt auf, ihr seid über 20 Jahre an der Macht, wer weiß … Und dann kam es auch so, und ich fühlte mich total bestätigt. Deswegen ist Demokratie für mich der tollste Kompromiss, den die Menschen überhaupt in ihrer vieltausendjährigen Geschichte finden konnten. Weil die Interessengegensätze unaufhebbar sind und weil die Demokratie eine Möglichkeit bietet, unter menschenwürdigen Umständen zu notwendigen Kompromissen zu gelangen.

**1999 endete Ihre Tätigkeit als Mitarbeiter der *Heimat-Nachrichten*. Können Sie uns Näheres über die Umstände berichten?**
Da wurde ja ein Prozess eröffnet – gegen die Politbüro-Verantwortlichen für die Mauertötungen. Und während die anderen schon mehr oder weniger senil oder abgetreten waren, kamen nur noch die etwas Jüngeren dafür ran. Es war eine wahnsinnig anstrengende Zeit, muss ich sagen. Ich musste zweimal in der Woche wegen des Prozesses nach Berlin und zweimal wieder zurück, weil die Zeitung gemacht werden musste. Das ist gesundheitlich derart zermürbend gewesen,

weil auch dieser Prozess eine Belastung darstellte. Da ist es mir passiert, dass ich unterwegs eine Herzschwäche kriegte und kurz im Krankenhaus gelandet bin. Das war der Grund, weshalb ich letzten Endes ausgeschieden bin.

**Dann durften Sie sich im Knast ein bisschen erholen?**
Ja, durfte ich mich erholen.

**Gab es da eine Knast-Zeitung?**
Nee, gab es nicht. (lacht)

**Wäre das keine Herausforderung für Sie gewesen?**
Ach nein, ich bin schon so weit weg von Zeitungen. Ich bin ja seit 1981 kein wirklicher Zeitungsmensch mehr gewesen – bis auf die sieben Jahre in Hessen. Aber auch das war eigentlich eine Phase der Abkehr vom Journalismus. War eigentlich mehr bestimmt von der Entdeckung oder Erforschung einer demokratischen Gesellschaft; das hat mich viel mehr interessiert. Scheinbar war ich im Banalen, im Kleinen, Provinziellen gelandet, aber das Provinzielle war für mich die Entdeckung der Realität in besonders intensiver Weise. Noch heute spreche ich allen, die ich in Rotenburg und Umgebung kennengelernt habe, meine Dankbarkeit dafür aus, dass sie sich mit mir dort zunächst mal abfanden und dass sie mir für alles Mögliche zur Verfügung standen, für Rat, für Debatten, auch für wunderbare Freundschaften. Diese Menschen sind mir heute so nah wie meine Verwandten.

**Sie gelten als hochgebildeter Mann und haben auch bewiesen, dass Sie in der Lage sind etwas Neues zu lernen. Was tun Sie so alles, um Ihre Allgemeinbildung auszubauen?**
Was muss denn ein 78-Jähriger tun, um seine Allgemeinbildung auszubauen? Ich lese, ich habe ein breit gefächertes Interessenfeld – sowohl Belletristik wie auch Geschichte und Zeitgeschichte: gerade ein Buch über die Thälmann-Affäre, wie er dann von Stalin rausgeboxt wurde und damit die stalinistische Prägung der KPD mitbewirkt hat; auch ein Buch über den antifaschistischen Mythos der DDR, das interessiert mich natürlich in besonderer Weise; oder die Lebensgeschichte von Stephen Hawking; natürlich interessiert mich das alles. Ich muss, obwohl ich gesundheitlich nicht mehr auf der Höhe bin, zuweilen noch ein Gefühl von Dankbarkeit empfinden, dass ich überhaupt noch in der Lage bin, mich mit solchen Dingen zu befassen.

**Sind Sie ein religiöser Mensch?**
Ich bin kein religiöser Mensch. Aber meine Meinung über Religion hat sich natürlich grundlegend geändert – vom Atheismus mindestens zum Verständnis für religiöses Bedürfnis von Menschen – das, was wir früher verurteilt haben, weil sich die Menschen durch Religion »instrumentalisieren« ließen: Religion ist ja antisozialistisch. Würde heute zwar mancher evangelischer Geistlicher anders sehen; der hat aber keine richtigen Vorstellungen vom Sozialismus. Dieser

Begriff ist 'ne Phrase im Grunde, weil sich dahinter alles Mögliche verbirgt.

**Und Sie selbst haben ...**

Ich habe eine ganz allgemeine, für religiöse Menschen gewiss unbefriedigende Meinung von dem, was man gemeinhin als den lieben Gott bezeichnet. Auch das gehört zu den Grunderfahrungen, die ich inzwischen verinnerlicht habe, weil ich ja der Angehörige einer Sekte war, die auf ihre Selbsterkenntnis und Erkenntnisfähigkeit geschworen hatte. Und wenn Sie sozusagen den Gipfel von Erkenntnisfähigkeit meinen erreicht zu haben und fallen dann als Folge dieser Anmaßung derart auf die Fresse, ziehen Sie doch den Schluss daraus, dass ihre Erkenntnisfähigkeit unglaublich begrenzt ist. – Dann kommen Sie zu einem Ergebnis, das an Religiosität grenzt: Für mich ist der Begriff von Gott eigentlich das Unerklärbare und das für uns nicht Erkennbare und Unbegreifliche. Selbst wenn man sich auf die Naturwissenschaften beruft: Wir erkennen unentwegt immer mehr, aber es scheint so zu sein, dass sich der dunkle Raum des Unerkannten mit jedem Zentimeter, den wir uns hineinbegeben, hinten wieder vergrößert. Und dieses Unbekannte, für uns nicht Entschlüsselbare ist das, was Leute, die zu mehr Fasslichkeit und Bildern neigen, vom lieben Gott sprechen lässt. Es ist das, was uns verschlossen bleibt. – Und es ist letztlich das, was uns daran hindert, in den Abgründen menschlichen Größenwahns zu versinken.

25. Juni 2007

# Wolfram Weimer

**Wolfram Weimer**, Jahrgang 1964. Als Kind sieben Jahre in Portugal. Für die FAZ vier Jahre als Korrespondent in Spanien. 1998 stellvertretender und 2000 Chefredakteur der Welt sowie 2001-02 zusätzlich der Berliner Morgenpost. Seit 2004 Chefredakteur des neu gegründeten Cicero.

# Auf der Suche nach dem Heiligen Gral

**In der Barbarossastadt Gelnhausen geboren, auf den Namen Wolfram Wilhelm Robert getauft, sowohl Abitur – am Grimmelshausen-Gymnasium – als auch Universitäts-Examen glatt »Sehr gut«, eine mit drei Söhnen gesegnete Ehe: Klingt nach einer sehr deutschen Biografie aus dem 19. Jahrhundert ...**

Hätte ich nichts dagegen. Wenn Sie mit 19. Jahrhundert ein gewisses Maß bürgerlicher Kontinuität meinen. Ich finde ohnedies, dass das 19. Jahrhundert zu skeptisch betrachtet wird – vor allem, wenn man es mit dem katastrophalen 20. Jahrhundert vergleicht. Aber Ihr Bild von meinem Lebenslauf stimmt nur in Teilen so, denn wichtig war für mich auch, dass ich gar nicht in Deutschland aufgewachsen bin, sondern in Portugal.

**Einige Jahre.**

Sieben Jahre habe ich dort verbracht, weil mein Vater als Auslandslehrer an der deutschen Schule in Porto war; und das ist natürlich eine prägende Erfahrung, die auch bedeutet, dass ich zweisprachig aufgewachsen bin; zudem waren es just die Vor-Revolutionsjahre in Portugal. Die portugiesische Nelkenrevolution war mein erstes politisches Großerlebnis: Wenn ältere Schulkameraden verhaftet werden, weil sie demonstriert haben für Demokratie, wenn Jugendliche aus befreundeten Familien vor der Junta über die spanische Grenze fliehen, dann sind das Erfahrungen, die sie als Kind nur halb einordnen können, die sie aber schon sensibilisieren für die Frage, was Demokratie bedeutet. Spannend war in Portugal ja auch die Phase danach, wo aus dem Ostblock plötzlich massiv versucht wurde, Portugal zu einem kommunistischen Land zu drehen. Ich erinnere mich an den Sohn unserer Nachbarin, der auf einmal ein Moped bekam, finanziert aus Moskau, und gleichzeitig der Kommunistischen Partei Portugals beitrat. Dann wiederum die europäische Intervention und die amerikanische Einflussnahme, um das Land wieder zur Freiheit herüberzuholen. Was übrigens im Falle Portugals wie Spaniens grandios gelungen ist.

**Wie dürfen wir uns Ihren Vater vorstellen? War er ein Helmut-Schmidt- oder ein Helmut-Kohl-Wähler?**

Er konnte beiden Kanzlern gute Seiten abgewinnen. Gewählt hat er, glaube ich, zeitlebens die CDU. Mein Vater ist ein positiv gestimmter Pädagoge; er kommt aus einem ländlichen Milieu im Westerwald: strukturkonservativ, katholisch, herzlich. Ihm ist der soziale Aufstieg über Bildung gelungen, und das ist für ihn ein prägendes Moment, das er zeitlebens weitergetragen hat. So hat er Leute aus sozial schwachen Milieus gerne animiert, sich über Bildung zu emanzipieren. Und er hat Bildung natürlich als ein besonderes Gut empfunden auch in der Erziehung seiner eigenen Kinder. Deswegen kann man von einem klassischen bildungsbürgerlichen Haushalt wertkonservativer, aber weltoffener Prägung sprechen, und zu dieser Form von Weltoffenheit gehörte eben auch, mal länger ins Ausland zu gehen. Meine Eltern sind für mich – das klingt vielleicht wieder nach 19. Jahrhundert – in vielem ein Vorbild.

**2003 wollten Sie ein »anspruchsvolles Kulturmagazin von maximaler Relevanz« unter dem Titel *Parzival* herausbringen. Das hätte in der Tat sehr gut in die Biografie eines Wolfram von Gelnhausen gepasst.**
Ja, mein Vater ist Germanist und großer Fan von Wolfram von Eschenbach – das ist auch der Grund, warum ich Wolfram heiße – und das ist ja oft so mit Namen, dass sie eine vektorielle Funktion haben, dass sie buchstäblich etwas be-deuten im Leben: Parzival, die nach dem Gral suchende Figur, die hinterfragende Figur, ist natürlich, wenn man so will, auch eine journalistische Figur. Parzival ist nicht der handelnde König, Parzival ist der Suchende. Er hat eine Sehnsucht nach dem Gral.

**Aber Sie haben ihn nicht gefunden?**
Ja, vielleicht sollten wir Journalisten den Gral der Gewissheit besser nicht finden. Vielleicht ist die Suche in sich schon eine Sinnfunktion, die uns manchmal mehr erzählt als etwas anderes. Aber auch die Skepsis gegenüber denjenigen, die behaupten, sie hätten den Gral, gehört dazu. Also, Wolfram von Eschenbach hat für mich eine gewisse Bedeutung wie auch diese Form der Literatur – an der Nahtstelle von Philosophie, Theologie und literarischer Selbstfindung – und deswegen hatte das für mich einen gewissen Witz, als das Projekt noch geheim bleiben musste, das eben *Parzival* zu nennen.

**Es gab nicht die Absicht, das Heft wirklich *Parzival* zu nennen?**
Nein, nein, das war ein Projektname, eine kleine Tarnung. Schließlich war es ein sehr ungewöhnlicher Vorgang, überhaupt ein neues Politikmagazin zu gründen; da war die Neugier natürlich groß; und wir wollten möglichst wenig verraten und da haben wir es einfach *Parzival* genannt. Der Name *Cicero* stand aber schon fest.

**Mit *Cicero* beabsichtigten Sie ein politisches Reflektorium zu schaffen und den entgegengesetzten Weg zur Vertalkshowung des öffentlichen Diskurses zu gehen. Ist das so elitär gemeint, wie es klingt?**
Ja. Ich bekenne mich zum klassischen Qualitätsjournalismus, zur Kultur des Anspruchs, der intellektuellen Reflexion. Wenn das elitär ist, ist das Elitäre gut. Denn leider erleben wir weithin das Gegenteil davon: die systematische

Boulevardisierung als Antwort auf die Medienkrise. Ich wehre mich gegen diese schleichende RTLisierung des Journalismus. Dagegen habe ich mit *Cicero* einen ganz bewussten Konter wagen wollen. Wir machen etwas, das radikal unmodisch ist. Denkwert statt Nutzwert. Salon statt Boulevard. Hochpreis statt Gratisjournalismus. Und zwar, weil der Wert der journalistischen Arbeit einer ist, der auch ein ökonomisches Äquivalent haben muss. Wir machen keine Gratiszeitung, unser Heft kostet 7 Euro!

**Der *Spiegel* sieht im *Cicero* den »neuen Hort des Deutschaufsatzes«. Demnach wären Sie nicht der geistige Luxusartikel, den sich auch Ihr Verleger Michael Ringier vorgestellt hat.**
Das war nur ein Online-Kommentar. Und der war ganz untypisch, denn *Cicero* ist sehr oft rezensiert worden – und insgesamt sehr positiv.

**Aber nicht unbedingt vom *Spiegel*?**
Doch, vom *Spiegel* gab es Hilfe in einer für uns ganz existenziellen Situation. Als Otto Schily in unserer Redaktion eine Razzia wegen Beihilfe zum Geheimnisverrat anberaumte, da hat der große *Spiegel* den kleinen *Cicero* in einer Art und Weise solidarisch begleitet, die uns sehr geholfen hat.

**Da hat er aber auch auf sich selbst aufmerksam gemacht. Der *Spiegel* hatte schließlich die noch größere Razzia.**
Stimmt. Aber unterstellen Sie doch nicht immer nur taktische Motive. Es gibt doch auch bestimmte Themen, die einem wirklich wichtig sind: Pressefreiheit zum Beispiel. Der *Spiegel* hat in der Anfangsphase uns auch geholfen, indem er z.B. Geschichten von uns aufgegriffen und in Nebensätzen signalisiert hat, dass das ein ganz interessantes Projekt und ein interessantes Medium ist. »Hort des Deutschaufsatzes« ist eine Kritik, die natürlich etwas betrifft, was bei uns sehr zentral ist, nämlich den Autorenjournalismus. Ich habe eine Redaktion, die im Grunde genommen so arbeitet, dass sie sich für jedes Thema den jeweils kompetentesten Autor, den interessantesten Autor sucht. Und das ganze Heft besteht aus Fremdautoren.

**Ja, fast.**
Fast. Und das ist im deutschen Journalismus ungewöhnlich, im angelsächsischen aber sehr viel präsenter, wo die Medien sehr viel offener sind und sagen: Wir brauchen Kompetenzen aus allen Bereichen und lassen die schreiben. In Deutschland haben wir Journalisten zuweilen eine Wagenburgmentalität, wir lassen Außenstehende ungern rein. Bei *Cicero* ist das nun komplett auf den Kopf gestellt. 80 Prozent des Heftes bestehen aus Originalbeiträgen Dritter.

**In den Augen der *Zeit* ist das »Männermagazin« *Cicero* ein »verratzingertes Blatt aus älteren Gottsuchern« – mit »Krawallprosa aus dem rechten Winkel des Salons«. Möchten Sie darauf eingehen?**
Komisch. Ich kenne aus der *Zeit* nur eine große Besprechung mit dem Kern-

satz: *Cicero* ist exzellent gemacht – ohne Schnickschnack – eine Geistesvilla mit Herrenzimmer und Kamin: Deutschlands gedruckter Salon. Also, da kann ich mich bei den Kollegen in Hamburg nur bedanken.

**Aber nicht für ...**
... für diesen Satz, den ich jetzt nicht einordnen kann, weil ich den Zusammenhang nicht kenne. Das zielt ja ab auf die Frage der politischen Haltung. Also: Ist *Cicero* rechts oder links? Seitdem es *Cicero* gibt, streiten sich die Leser. Für Konservative sind wir zu links, für Linke zu rechts, für Liberale zu etatistisch, für Etatisten zu neoliberal. Und immer, wenn ich von der jeweiligen Seite das andere höre, dann habe ich das Gefühl: Wir sind auf dem richtigen Weg. Etwas anderes ist das Thema Religion. Das ist eines der Themen, auf die wir sehr früh gesetzt haben, das stimmt. *Cicero* hat das Thema Religion systematisch verfolgt und ich glaube, dass uns die Entwicklung Recht gegeben hat, weil es inzwischen auch im zentralen Diskurs der Republik angekommen ist.

**Aber stark überwiegend männlich sind Ihre Leser schon?**
Ja, das stimmt. Das ist übrigens bei allen politischen meinungsbildenden Medien in Deutschland der Fall. Die großen Zeitungen, also ob das *FAZ* oder *Zeit* ist, die verheimlichen das gern.

**Die *Zeit* hat nicht mehr weibliche ... ?**
Nein, nein. Der soziologische Unterschied der Leserschaft zwischen *FAZ*, *Zeit* und *Cicero* liegt nicht im Geschlecht oder im Bildungsgrad, er liegt im Alter: *Cicero*-Leser sind im Durchschnitt 15 Jahre jünger. Dass politische Medien überwiegend männliche Leser haben, das wirft übrigens mehr ein Licht auf die politische Kultur in Deutschland als ein Licht auf die Medien. Ich glaube, dass die Medien sich da eher offen zeigen und Mühe geben, ganz bewusst auch auf weibliche Leserschaften einzugehen, aber dass die Realität im politischen Raum leider eine andere ist. Warum haben wir von 16 Ministerpräsidenten in Deutschland 16 Männer? Was bildet das eigentlich ab über den Stand unserer Republik?!

**Genau wie die *Zeit* – nur etwas später – haben Sie beim *Cicero* beschlossen, eine ausgesprochene Mediensparte für überflüssig zu halten. Sind Sie sicher, dass das kein Fehler war?**
Nein, ich glaube nicht, dass es ein Fehler war, weil die Ressortierung des Themas Medien oft dazu führt, dass Sie – gewissermaßen wie in einem Gehege – das Thema einpacken, als sei das eine abgeschlossene Branche, und das ist es gerade nicht. Das Interessante an dem Medialen ist ja, dass es sich verschränkt ins Politische, ins Wirtschaftliche und ins Kulturelle. Meine Erfahrung war, übrigens auch schon bei anderen Medien, dass die Ressortierung eigentlich dem Medienjournalismus eher schadet als nutzt. Weil man dann das Gefühl hat: Ach, wir haben das Thema ja auf der Medienseite gehabt. Und es wird dort

eigentlich nicht in seiner gesamten politischen, kulturellen oder wirtschaftlichen Wucht ernsthaft betrachtet. Also zeitungsmäßig gesprochen: Das Medienthema gehört oft auf die Seite 3 und nicht ins Medienressort.

**Wenn wir also mehr darüber erfahren möchten, wie sich deutsche Journalisten »in Schwärmen auf einzelne Themengebiete stürzen, unter aufgeregtem Gesumme alles bis auf die Wurzel abnagen, was sich medial verwerten lässt, um sich anschließend zeitgleich wieder in die Lüfte zu erheben und nach einem neuen abgrasbaren Feld Ausschau zu halten« (*Neue Zürcher Zeitung* 3.12.05) ...**

... dann sollten Sie *Cicero* lesen – das Querdenkermagazin im Zeitalter des Rudel-Journalismus.

**Apropos Rudel-Journalismus: Knapp 50% der Journalisten wählen die Grünen, etwa 25% die Liberalen, während sich die Große Koalition mit der neuen/alten Linken um den bescheidenen Rest kloppen darf.**

Interessanterweise erzähle ich das auch oft.

**Na, daher haben wir es ja.**

Ach so. (lacht) Ja, ich glaube, dass es nachvollziehbar ist, dass Journalisten instinktiv eher kleineren Parteien zuneigen. Das ist auch, ehrlich gesagt, gar nicht schlecht.

**Und bei Ihnen hier ist es genauso?**

Meine Redaktion ist im besten Sinne des Wortes liberal, nämlich weltoffen, unideologisch und neugierig. Über die parteipolitischen Präferenzen sagt das freilich nicht so viel. Wir sind da ziemlich bunt aufgestellt.

**In einem Ihrer Leitartikel haben Sie ein »Plädoyer für das politisch Korrekte« gehalten. Wenn wir Glück haben und hier gerade nicht in einem totalitären Staat leben, versteht darunter aber jeder etwas anderes. Was ist in Ihren Augen politisch korrekt?**

Mein Artikel war gedacht als Einspruch gegen die Partymode, das politisch Korrekte zu beschimpfen. Ich halte es für falsch, dass immer, wenn Positionen vertreten werden, die leichthin für moralisch gelten oder den Schwächeren in Schutz nehmen, dass dann die Stärkeren, die Schneidigen und die Coolen sagen: Das ist ja politisch korrekt und das ist gutmenschenhaft! Und obwohl ich ja nun wirklich nicht als Linker verschrien bin ...

**Und auch nicht als Gutmensch ...**

... oder auch nicht als Gutmensch, trotzdem verteidige ich sie. Ich finde, es zerstört den Kern dessen, was Demokratie und Sozialgemeinschaft ausmacht, wenn man das Moralische diskreditiert. Wenn sich jemand stark macht für die Schwachen oder für Toleranz – sozusagen die Basis, auf der wir unsere politischen Streitigkeiten überhaupt ausführen – und wenn das dann diskreditiert wird auf eine habituelle Weise, dass es ganz uncool ist, für die Verhungernden in Afrika doch was tun zu wollen, dann finde ich das zynisch und degoutant.

**Aber der Begriff »politisch korrekt« ist doch ein bisschen problematisch. Es klingt danach, als ob es nur *ein* politisch korrektes Verhalten gibt, und das ist ja wiederum, außer im totalitären Staat, nicht möglich.**
Das stimmt. Also, mich stört eigentlich immer die Verengung von Debatten. Insofern war mir am Anfang der Gedanke »das politisch Korrekte ist etwas, das den Diskurs einengt« sehr sympathisch. Da muss ich sagen, wenn Diskurse nicht mehr stattfinden, weil alle nur noch auf einem Quadratmillimeter Mitte sich treffen wollen, dann teilt man nur noch Floskeln aus. Aber in dieser Debatte über Gutmenschen und das politisch Korrekte hat sich das so verselbständigt, dass am Ende gerade die Basis, auf der man steht, erodiert – und dann bin ich wieder auf der anderen Seite.

**Was tun Sie so alles, um Ihre Allgemeinbildung auszubauen?**
Ich lese vor allem. Ich bin ein stark lesender Mensch, das hängt mit meinem bildungsbürgerlichen Elternhaus zusammen.

**Starkleser – das klingt gut.**
Ich bin ein Starkleser, ja. Es gibt eigentlich keinen Tag, an dem ich nicht mindestens in drei Bücher hineingelesen habe. Das Medium Buch ist für mich immer noch etwas ganz Besonderes. Dass hier die neuen Vorankündigungen der Verlage liegen, ist kein Zufall, sondern ich beschäftige mich intensiv damit. Bücher sind für mich die zentrale Bildungsquelle. – Das zweite ist natürlich die direkte Kommunikation. Das große Privileg unseres Berufes ist, dass wir Zugang haben zu jenen, zu denen wir Zugang haben möchten. Gerade jetzt in unserem Fall, wo wir uns in der intellektuellen Sphäre bewegen, sind natürlich die persönlichen Begegnungen mit interessanten Menschen immer wieder Fortbildungsveranstaltungen.

**Sind Sie ein religiöser Mensch?**
Ja, doch. Ich empfinde mich als Distanzsympathisant des Christlichen. Ich bin zwar keiner, der eine missionarische Fahne vor sich herträgt und andere bekehren will. Aber ich bin ein kulturell religiös geprägter Mensch. Mir geht es ein bisschen wie Martin Walser, der dazu ja den sehr schönen Vierzeiler formuliert hat: Ich bin an den Sonntag gebunden wie an eine schöne Melodie, ich hab' keine andere gefunden, ich zweifle stark, aber ich knie.

**Nach Peter Sloterdijk sind monotheistische Religionen »Gefäße des metaphysischen Masochismus, das heißt, man bekommt die Form vorgegeben, in der man sich unterwerfen darf«. Dem möchten Sie sicher gern widersprechen.**
Ich habe mit Sloterdijk ja darüber gestritten und ich halte das für Religionskritik

des 19. Jahrhunderts. Legitime Religionskritik aus dieser Zeit heraus. Ich glaube nur, dass im 21. Jahrhundert die Konstellation eine ganz andere geworden ist. Nach dem Ruin oder der zwangsweisen Ruinierung des religiösen Denkens und der religiösen Kodifizierung von öffentlicher Moral sind wir ins andere Extrem verfallen. Da wir ein 20. Jahrhundert erlebt haben, das das areligiöseste war, das die Menschheit je hatte, müssen wir in der Bilanz sagen: Ohne Gott sind wir in der Hölle gelandet. Indem man also die Religionskritik überzogen hat und Gott so weit aus der Welt tilgte, schuf man am Ende eine teuflische Welt aus monströsen Totalitarismen. Deswegen blicken wir im 21. Jahrhundert wieder anders auf Religion und halten die Kritik des 19. Jahrhunderts heute eigentlich für obsolet.

**Bezüglich der islamischen Religion, deren Anhänger sich im 20. Jahrhundert verachtfacht haben, spricht Sloterdijk von »Kampf-Fortpflanzung« und einer zweiten Form der Proletarisierung. Stimmen Sie ihm in dieser Hinsicht zu?**
Also, ich halte den Begriff »Kampf-Fortpflanzung« für absolut bedenklich und würde nicht zustimmen, dass diese Fortpflanzung ein gesteuertes politisches Moment der Aggression hat. Recht hat Sloterdijk aber schon mit dem Hinweis, dass die demographische Entwicklung eine große Rolle spielt in der Auseinandersetzung der Kulturen und dass die Rolle eher heikler und schwieriger wird als versöhnlicher.

**Und die Proletarisierung?**
Mit dem Proletarisierungs-Argument liegt er ganz falsch. Wir interpretieren ja gerne das, was im islamischen Raum passiert, als soziales Phänomen und sagen: Das sind die unterdrückten Massen, die revoltieren gegen den kapitalistischen Westen – oder sie revoltieren gegen ihre eigenen Strukturen, die Königtümer und die Diktaturen – oder es sind soziale Emanzipationsbewegungen. Der Aufschrei der Unterdrückten aus den Slums des arabischen Raums? Ich halte das für vollkommen falsch.

**Proletarier in der Bedeutung »Habenichtse« sind sie ja schon.**
Das ist eine Sichtweise, die uns im Westen aus einem materialistischen Denken her irgendwie logisch erscheint, weil wir unser Denken so materialisieren, dass das Geld im Grunde genommen alles bestimmt. Und wenn Leute sich religiös fanatisch verhalten, dann hat das doch bestimmt mit Geld zu tun! In Wahrheit ist das natürlich anders. Erstens beobachten wir, dass die treibenden Motive für die meisten Menschen eben nicht unbedingt Geld, sondern ganz andere Dinge sind, die sie als wichtiger erachten. Zweite Beobachtung: Die zentralen Akteure des internationalen Terrorismus sind alles andere als unterdrückte Proletarier, sondern sie kommen aus den reichen Familien Saudi-Arabiens, sie kommen aus den hochgebildeten Milieus. Wenn Sie sich das Soziogramm des modernen islamischen Terroristen ansehen …

**Kennen Sie das?**
Ja. Das ist inzwischen wissenschaftlich auch sehr gut aufgearbeitet. Dann sehen Sie: Es ist ein absolutes Oberschichtenphänomen. Auch unser Argument, in den zurückgebliebensten Kulturen komme die Religion am stärksten hervor, stimmt so nicht. Das Gegenteil ist der Fall: Es sind die Kraftzentren der jeweiligen Kulturräume. Der Iran lädt sich religiös am stärksten auf – und im Westen die USA, die führende zivilisatorische Macht. Also die Argumente, die wir im ersten Reflex hatten – das hat mit Geld zu tun und es ist eine kulturelle Regression – beides, haben wir inzwischen gelernt, stimmt nicht.

**Also, Sie haben es gelernt, aber Sloterdijk hat es noch nicht gelernt.**
Wir sehen das halt unterschiedlich. Ich sehe das wesentlich weniger materialistisch und ich glaube, dass man solche Phänomene nicht erklären kann, wenn man sich nicht ein Stück weit auch dem stellt, was die Leute selber sagen. Warum Sie in den Tod gehen wollen für etwas, was mit Geld nichts zu tun hat. Das sollte man ernster nehmen, und ich glaube, dass Europa in mancher Beziehung eben religiös analphabetisch geworden ist und deswegen die Sprache der Religion nicht versteht und mit manchem Phänomen auch gar nicht adäquat umgehen kann.

**Der westliche Aufklärungsprozess, an den immer noch viele Ihrer Kollegen mit Leidenschaft glauben, habe uns inzwischen ethisch entkleidet, behaupten Sie. Welche Argumente können Sie dafür anführen?**
Das bezieht sich auf die Lehre des 20. Jahrhunderts. Ich glaube, die Tragödien des 20. Jahrhunderts haben gezeigt, dass die Aufklärung – oder das rationale Prinzip – allein keine heilsbringende Größe ist. Wenn wir die Welt nur als eine gestaltbare, rationale Funktion betrachten, dann tun wir am Ende Dinge, die moralisch eigentlich nicht mehr vertretbar sind – wo wir uns fragen: Woher nehmen wir die Kategorien der Moral überhaupt noch? – Man sieht es an den Grenzdebatten der modernen Ethik: vom Klonen über Abtreibungsfragen bis zur Sterbehilfe – immer die Grenzfragen der menschlichen Existenz. Das sind Dilemmata konsequenter Aufklärungspositionen: Wenn der Mensch alles tut, was er kann, was bremst ihn eigentlich vor dem Totalitarismus der Machbarkeit? Da gibt es eben keine Gegenposition aus dieser Struktur heraus. Und ich sehe nur eine Position, die sich ableitet von einer höheren moralischen Instanz, die sagt: Weil ich glaube, dass der Mensch unantastbar ist, weil er ein Gottesgeschöpf ist, rührt ihn nicht an. Das ist natürlich eine Argumentationsfigur, die anti-aufklärerisch ist; nur wird sie im Wechselspiel des Diskurses ganz, ganz dringend gebraucht. Wenn man sich nur der Aufklärung hingeben würde als der einzig legitimen Diskurs- und Erkenntnisform, dann landete man in einer amoralischen Welt. So ist das Argument zu verstehen.

**Unter uns Autofreunden: Lenkt die imminente Klimakatastrophe, die nur noch von ganz Hartnäckigen geleugnet wird, bequemerweise von vielen näher liegenden Fatalitäten ab – zum Beispiel von einer Million Menschen, die weltweit in jedem Jahr vom Auto buchstäblich überrollt werden?**
Ja, oder von Menschen, die in Afrika hungers sterben, und wir tun so, als sei das Wichtigste, das Klima in 150 Jahren zu retten. Wenn sich von der *Bild*-Zeitung über die Atomkraftlobby bis hin zu George Bush alle zu Klimarettern stilisieren, weil sie damit ablenken wollen von anderen Aufgaben oder anderen Problemen die sie hätten …

**Aber sie sagen es doch nur, weil das Volk es gerne hört.**
Ja, und das ist eben ein Beispiel für gedankliche Uniformität. Da ist nicht nur der Rudel-Journalismus, sondern sozusagen die Gesellschaft unterwegs als Rudel. Da gehen bei mir alle Alarmsirenen an: Moment, hier stimmt doch etwas nicht. Deswegen habe ich ganz bewusst gewissermaßen ein *Cicero*-Gegenheft konzipiert und die Frage gestellt: Stimmen eigentlich die Grundannahmen? Von denen wir ja alle ausgehen.

**Wie können Sie sicherstellen, dass der *Cicero* nicht ebenjener Beliebigkeit frönt, die Sie in Ihren Leitartikeln mit klugen Worten anprangern?**
Ich glaube, dass Sie, journalistisch-handwerklich gesprochen, am besten dagegen gewappnet sind, wenn Sie sich der Relevanzkultur öffnen. Ich gehöre dieser Generation von Journalisten an, die viel weniger in ideologischen Kategorien oder auch in Entdeckungskategorien sprechen. Also: Man müsste doch mal das Thema des ungarischen Nationaltanzes entdecken – oder die verloren gehenden Sprachen der West-Sahara. Es gab im deutschen Journalismus die Facetten des Ideologischen und des Subjektiv-Entdeckerhaften sehr stark; ich gehöre dagegen zu den vehementen Verfechtern des Relevanzbegriffes. Wenn Sie sich einem strengen Raster von Relevanzkriterien unterwerfen als Blattmacher, als Autor, als Journalist, dann sind Sie automatisch vor bestimmten Fallen der Beliebigkeit geschützt, weil Sie sich ja dann immer fragen: Was ist wirklich wichtig? Was nehmen die Leser wirklich wichtig? Und wenn sie es nicht mehr kaufen, weil sie es beliebig finden, merken wir das ja ganz schnell.

**Unsere Kultur solle wieder »das Eigene« sein, wünschen Sie sich. Was ist das Eigene: Johann Sebastian Bach oder Dieter Bohlen?**
(schmunzelt) Also, eher Bach als Bohlen. Aber ich meine mit dem Eigenen bestimmt nichts Nationales, nach dem Motto: Wir bräuchten so etwas wie eine deutsche Kultur. Dazu bin ich ein viel zu begeisterter Europäer. Nein, ich meine das im Sinne von Konzentrieren auf eine Hierarchie von Wichtigkeiten, sowohl im ästhetischen Sinne wie im Sinne der Identitätsstiftung. Was mich ein wenig stört an unserem Kulturbetrieb, manchmal auch an unserem

Medienbetrieb, ist das Jahrmarkthafte. Wenn das für bare Münze genommen wird: Deutschland sucht den Superstar, wir sind eine Dschungelshow – also wenn das Jahrmarkthafte als das Wirkliche angesehen wird, dann geschieht in der wirklichen Welt etwas, was man vielleicht nicht will – oder was Menschen benachteiligt oder schwächt, was Ungerechtigkeiten oder kulturellen Verlust erzeugt. Deswegen glaube ich, dass ein viel bewussterer Umgang mit kulturellen Phänomenen dem deutschen Bildungsbürgertum gut ansteht. Das meine ich mit dem Eigenen – dieses Hinterfragen: Wer sind wir, woher kommen wir, was ist uns wichtig, was ist uns eigentlich heilig? Oder ist dir alles gleich wichtig, ist dir damit auch alles egal? Ist sozusagen alles nur zum Nennwert der ökonomischen Bewertung zu nehmen? – Und da glaube ich, dass jede Kultur, die sich ernst nimmt, die Dinge auch ernst nimmt. Das meine ich mit dem Plädoyer für das kulturell Eigene.

27. Juni 2007

# Bascha Mika

**Bascha Mika**, geboren im schlesischen Teil Polens. Während des Studiums Mitglied einer Frauengruppe in Marburg. Zunächst freie Journalistin. Seit 1988 festangestellt bei der *taz*, seit 1998 als Chefredakteurin. Entschiedene Alice-Schwarzer-Kritikerin.

Unser Gespräch mit Bascha Mika war fast das längste und eines der herzlichsten, die wir für dieses Buch geführt haben. Die Transkription des Gesprächs hat Bascha Mika als »gut« bezeichnet. Nur mit einigen ihrer eigenen Aussagen war sie nachträglich nicht mehr einverstanden. Statt uns aber mitzuteilen, was exakt sie geändert haben möchte, brach sie – mit dem erklärten Wunsch, doch lieber gar kein Gespräch geführt zu haben – die Kommunikation ab. Wir haben uns daraufhin entschlossen, an zwei Stellen des Gesprächs dezent zu kürzen, um ihre Persönlichkeitsrechte nicht zu verletzen. – Wer jedoch dem Wunsch Bascha Mikas entsprechen möchte, lieber gar nicht im Buch vertreten zu sein, möge bitte die folgenden Seiten heraustrennen.

F.S./C.G.

# Die Queen von der Rudi-Dutschke-Straße

**Sie kommen ursprünglich aus dem Land der Kartoffel. Erzählen Sie uns etwas von dem Kartoffelacker, auf dem Sie geboren wurden.**
Es war eigentlich kein Kartoffelacker, obwohl man dazu sagen muss, dass meine Großeltern – wie eigentlich fast alle Familien in Oberschlesien damals – so eine kleine Nebenerwerbslandwirtschaft hatten – und dadurch auch einen Kartoffelacker. Ich erinnere mich auch, dass ich als Kind tatsächlich Kartoffeln aus der Erde gebuddelt habe. Kinder haben ein bisschen mitgearbeitet; das kann mit drei, vier, fünf Jahren nicht so fürchterlich viel gewesen sein; aber es ist eine sehr schöne Erinnerung. Ich buddele bis heute gern in der Erde.

**In Ihrem Heimatdorf Komprachcice leben heute noch 30 % Deutsche. Sind Sie eine geborene Polin, Deutsche – oder Schlesierin?**
Meine Eltern würden natürlich sagen, dass ich selbstverständlich deutsch bin, da wir deutschstämmige Schlesier sind. Faktisch ist es aber so: Als ich geboren wurde, war das Land die Polnische Republik; nur hatte man als deutschstämmiger Schlesier den deutschen Pass immer schon im Rucksack.

**Potenziell.**
Ganz genau. Von dem Moment, wo man über die Grenze kam, war man automatisch deutsch. Aber ich sage immer: Ich bin Schlääsierin.

**Schon als Kind – Sie lebten dann in Aachen – durften/mussten Sie für die neunköpfige Familie kochen. Sie sollen geradezu himmlische Knödel machen können ...**
Na ja, sagen wir mal so: In Schlesien heißen sie Klöße. Ganz wichtig. Und außerdem macht meine Mutter die besten; ich habe mir da nur einiges abgeguckt. Das gehört zu den Sachen, die man als Kind sehr schnell lernt, wenn man sehr viel in der Küche helfen muss.

**Während Ihres Studiums in Marburg haben Sie sich durch die Gründung einer eigenen Frauengruppe hervorgetan, wenn wir richtig informiert sind.**
Ich weiß nicht, wer das erfunden hat. Es klingt sehr schmeichelhaft. Ich glaube, das war ein Missverständnis. Es stand irgendwann einmal im *Tagesspiegel*. Nein, ich war Mitglied in einer Frauengruppe. Ich kam nach Marburg und bin dort in eine frisch gegründete Frauengruppe gegangen, weil mich das Thema

133

sowieso interessierte, seit ich meine ersten Auseinandersetzungen mit meinem Vater hatte, mit anderen Worten, seitdem ich sprechen kann.

**Von der Waffen-Sammlung für El Salvador – 1980 von der *taz* initiiert – haben Sie sich damals gar nicht ansprechen lassen?**
Nein. Zu der Zeit bin ich gerade in meine erste WG gegangen. Da wurde die *taz* gelesen. Ich habe sie halt mitgelesen, aber es war nicht wirklich mein Ding, weil sie mir suspekt war und weil sie in linken Kreisen als chaotisch und komplett unberechenbar galt. Es wurde auch erzählt, wie viel Streit und Auseinandersetzung es gab, und das hat mir alles nicht so besonders gut gefallen.

**Kommen wir nun zur Wahrheit über Bascha Mika: Dürfen wir etwas über Ihre Homosexualität erfahren?**
Das werde ich nicht beantworten. Wir sind hier nicht bei der *Bild*-Zeitung.

**Alice Schwarzer, die Leitfigur des deutschen Feminismus, haben Sie »eine der größten feministischen Heuchlerinnen« genannt, weil sie sich nicht als homosexuell geoutet hat. Aber vielleicht ist sie's ja gar nicht.**
Ich glaube, dass Alice Schwarzer tatsächlich Männer liebt und Frauen hasst.

**Dann wäre sie auch wohl nicht homosexuell, wenn das so stimmt.**
Es gibt ja auch andere Gründe, warum man homosexuell werden kann. Alice Schwarzer ist, anders als ich, zu einer Zeit in die Frauenbewegung gekommen, als das Ausprobieren von homosexuellen Beziehungen unter Frauen sehr viel üblicher war. Es gehörte in bestimmten Gruppen einfach dazu. – Also, dieser Vorwurf der Heuchelei bezieht sich nicht darauf, dass sie sich nicht grundsätzlich geoutet hat, sondern dass sie jemand ist, der Homosexualität unter Frauen propagiert: dass man dazu stehen soll und dass das eine Lebensform ist, die anderen Lebensformen vorzuziehen ist. Das dann selbst aber nicht zu tun, das ist der Punkt der Heuchelei.

**Also, was man propagiert, muss man auch mitmachen?**
Wenn es sich auf das Private bezieht, selbstverständlich.

**Hat Alice Schwarzer der Frauenbewegung mehr geschadet als genützt?**
Ja. Ich weiß, dass das sehr viele Frauen anders sehen. Ich denke, das ist so, weil sie die Frauenbewegung sehr schnell anfing zu dominieren und gleichzeitig zu verengen.

**Verengen auf was?**
Auf einen Gleichheits-Feminismus – nach dem Motto: Wenn Frauen dasselbe machen wie Männer, dann sind sie auch schon emanzipiert. Aber zwischen Gleichheit und Gleichberechtigung, das hat Alice Schwarzer vielleicht nie so richtig begriffen, gibt es einfach einen entscheidenden Unterschied. Natürlich

gab es im deutschen Feminismus auch andere Ansätze, aber der dominante war der von Alice Schwarzer, die jede andere Entwicklung weggebissen hat.

**Das ist aber ein normaler Wettbewerb der Meinungen. Den kann man auch nicht unbedingt …**
Aber es kommt schon darauf an, ob Sie, wenn Sie eine dominante Position in der Öffentlichkeit haben, diese Position dazu nutzen, um Debatten anzustoßen oder ob Sie einen Scheuklappen-Feminismus – männerfeindlich und bla bla bla – verkünden. Das hat sich natürlich nivelliert; das ist inzwischen auch in der *Emma* anders geworden, weil viele Frauen sich nicht mehr so dogmatisieren lassen, wie das in den 80er Jahren noch ging.

**Alle politischen Wochenzeitungen und Magazine haben mindestens doppelt so viele männliche wie weibliche Leser. Ist vielen Frauen Politik zu kompliziert?**
Nein. Es gibt ja Untersuchungen, internationale Untersuchungen, dass sich das Leserverhalten von Frauen und Männern immer stärker angleicht. Ihre Vermutung, dass Frauen sich weniger für Politik interessieren, war vor 20 Jahren sicherlich noch richtiger als heute. Die Tendenz ist steigend.

**Sie meinen, in 20 Jahren könnte sich das total angeglichen haben?**
Ich kann mir vorstellen, dass das sehr viel schneller geht – durch die Angleichung der Lebenswelten.

**Kann es sein, dass Frauen ein stärkeres Interesse an der Oberfläche haben? Die meisten der speziellen Frauenzeitschriften scheinen das jedenfalls zu signalisieren.**
Was Frauenzeitschriften angeht, sicherlich. Aber ich finde klasse, dass sich Frauen im einen Satz über die politische Weltlage und im nächsten über die Lippenstiftfrage verständigen können. Ich finde, das ist – im Sinne der Vielfalt – ein Riesenvorteil. Sie können vor einem Schuhgeschäft stehen und sich für ein paar ganz tolle Stiefel begeistern und gleichzeitig …

**… über die Globalisierung nachdenken, weil die billigeren Schuhe alle aus China kommen?**
Ganz genau. Dass die Frauenzeitschriften diese Oberfläche bedienen und das teilweise sehr geschickt machen, kann man ihnen nicht vorwerfen. Es kommt immer auf das Niveau an. – Wenn mir mal eine in die Finger fällt, dann gucke ich nach dem Kochrezept und nach den Klamotten. Die *Brigitte* ist immer noch ein solide gemachtes Blatt, weil sie in ihrem Textteil ausgezeichnete Reportagen hat. Die *Brigitte* ist unter der Leitung von Andreas Lebert wieder zu alten Konzepten zurückgekehrt: jede Menge Diäten, wenig Politik …

**Was Frauen so mögen.**
Eben. – Mein Traum ist eigentlich, eine politische Frauenzeitschrift zu machen. Ich fände das total spannend, dieses Interesse für Oberfläche, dieses ästheti-

sche Bedürfnis von Frauen durchaus zu befriedigen, aber gleichzeitig wirklich ernsthaft ein politisches Magazin zu machen: Politik unter dem Blickwinkel von Frauen. Es gibt unheimlich viel, was Frauen in spezifischer Weise betrifft.

**Was tun Sie so alles, um Ihre Allgemeinbildung auszubauen?**
Schöne Frage. Gehört das zur Allgemeinbildung, dass man sowieso jeden Tag Zeitung lesen muss, Radio hören ... ? – Es fördert sicherlich die politische Allgemeinbildung. Ich fange morgens mit in der Regel zwei, manchmal drei Radiosendern an – und häufig parallel dazu Fernsehen. Ich muss mich auf Nachrichtenstand bringen. Im Schlafzimmer läuft das Morgenmagazin, was noch am wenigsten politisch ist, im Bad läuft Deutschlandfunk und in der Küche InfoRadio. Und wenn ich dann ins Auto steige, schalte ich auf Deutschlandradio Kultur um. Ich brauche einfach Futter. Ich brauche die harte politische Nachricht.

**Die in der *taz* nicht dringestanden hat.**
Das habe ich jetzt überhört. – Genauso habe ich das Gefühl, dass ich abends dringend ein Gegengewicht dazu brauche, um aus dem Kulturbereich, aus dem Popbereich, aus dem Jugendkulturbereich etwas mitzubekommen. Das ist das eine Gegengewicht. Das andere ist das Lesen von Büchern, die nichts in irgendeiner Form mit dem Job zu tun haben: Da rechne ich jetzt mal alle Sachbücher dazu, und ich werde sofort am 21. 7. den letzten Harry Potter kaufen, und ich lese immer einen Krimi. – Noch zur Frage der Bildung: Die Sendung mit der Maus, wenn ich sie denn mal gucken kann, finde ich, ist richtiges Bildungsprogramm, wahrscheinlich nicht für Kinder, denn die wissen ja inzwischen schon alles, aber für mich als Erwachsenen.

**Sind Sie ein religiöser Mensch?**
(überlegt sehr lange) Schwer zu beantworten. Ich würde mich nicht als religiösen Menschen im Sinne von gläubigen Menschen bezeichnen. Ich war ja mal katholisch. Und es gibt so einen schönen Spruch: einmal katholsche, immer katholsche. Das würde ich sofort unterschreiben. Das heißt, einen bestimmten Zugang zur Religion, den habe ich ganz sicher. Und ich finde es auch wichtig, sich mit religiösen, spirituellen und auch kirchlichen Phänomenen in der Gesellschaft auseinanderzusetzen, was früher in der *taz* komplett verpönt war, während wir jetzt seit einiger Zeit sogar Kirchentazzen machen und damit großen Erfolg haben auf Kirchentagen.

**»Ich bin überzeugt davon, dass wir die Vision einer künftigen Gesellschaft brauchen«, haben Sie gesagt. Bei dem Wort »Vision« tauchen dem Normalsichtigen sofort die Schreckensbilder von Lenin, Hitler, Stalin, Mao und Pol Pot vor dem geistigen Auge auf. Brauchen wir noch mehr davon?**
Visionen? Ja, sicher. Kant hat doch mal so schön gesagt, dass das Ziel, das man sich steckt, nicht unbedingt erreichbar sein muss, dass es aber trotzdem notwendig ist, das Ziel zu definieren.

**Kant ist jetzt entschuldigt, weil er lange vor Pol Pot gelebt hat. *Nach Pol Pot könnten wir darüber aber auch anders denken.***
Nein. Warum müssen Visionen immer Schreckensvisionen sein? Es gibt auch Visionen, die sehr human sind und auch sehr sinnvoll in einem realistischen Sinn, zum Beispiel die Vision, das, was in der Welt erwirtschaftet wird, gerechter zu verteilen. Eine Vision, die es ja bei Globalisierungskritikern gibt.

**Das ist die Vision von Lenin, Stalin und all den anderen. Die hatten dieselbe Vision.**
Ich bin mir nicht bewusst, dass Attac 100.000 Menschen inzwischen abgeschlachtet hat. Vision und Abschlachten hat erst mal nichts miteinander zu tun. Da muss noch ein totalitäres Bewusstsein dazu kommen und …

**Und das haben wir gar nicht hier bei uns?**
Totalisierungstendenzen sind in der Politik immer da, und der entscheidende Punkt ist doch: Wie schaffen wir es, humane menschenwürdige Visionen auf humane menschenwürdige Weise umzusetzen? Das ist aber eine Herausforderung. Wenn ich mich dieser Herausforderung nicht stelle, dann kann ich doch gleich einpacken. Eine schreckliche Vorstellung, so leben zu müssen.

**Ja, aber es ist für manche andere vielleicht 'ne schreckliche Vorstellung, immer nur zu leiden unter irgendwelchen Dingen, die irgendwo am anderen Ende der Welt passieren, und das Gefühl zu haben, ich müsste eigentlich die Welt verändern, damit das dort nicht mehr passiert. Das ist doch eine Herausforderung, die einfach übermenschlich groß ist.**
Ja, natürlich. Aber wer sagt denn, dass man darunter leiden muss? Ich bin eine gnadenlose Optimistin.

**Was gibt Ihnen denn Grund zum Optimismus?**
Ich habe das Gefühl, dass sich tatsächlich etwas zum Besseren wenden lässt. Ich finde, dass sich die Welt an vielen Punkten zum Besseren gewendet hat, dass wir an vielen Punkten ein höheres Bewusstsein für die Probleme haben und dass es auch immer Menschen gibt, die bereit sind, sich damit nicht abzufinden. – Was dahinter steht, ist die Vision, dass die Welt besser werden muss.

**Muss man denn als einzelnes kleines Wesen immer gleich die ganze Welt verbessern?**
Es geht ja nicht darum, die ganze Welt zu verbessern, sondern es geht darum, sie dort zu verbessern, wo man Zugang hat und wo man etwas tun kann.

**Seit 20 Jahren sind Sie nun schon Teil dieser – wie würden Sie es nennen: *taz*-Familie von WeltverbessererInnen?**
(lacht) Es sind 19 Jahre, aber es ist trotzdem schon verdammt lange. Nein, die *taz* ist sicherlich aus einer Vision gegründet worden, und sie hat auch heute noch Visionen. So wie die Zeitungslandschaft aussieht, ist es fast schon eine

Vision, unabhängigen Journalismus zu machen, der nicht konzerngesteuert ist und nicht von irgendwelchen merkwürdigen Herausgeberfamilien abhängt, wie bei der *Süddeutschen*. Diese Vision hat die *taz* nach wie vor. – Der Begriff Weltverbesserer hört sich ja immer so abwertend an. Was spricht eigentlich dagegen, Verhältnisse zum Besseren verändern zu wollen?

**Sie dürfen sich ruhig dazu bekennen.**
Eben. Trotzdem würde ich nicht den Begriff »Weltverbesserer« nehmen, weil er immer die Konnotation hat, dass es komplett abgehoben ist, dass es nichts mit der politischen Realität, die in sehr kleinen Schritten abläuft, zu tun hat.

**Sondern?**
Es geht jeden Tag darum, eine Zeitung zu machen, die, wenn sie gut ist, nicht nur einen scharfen politischen Blick hat, sondern die Welt möglichst auch noch mit Ironie betrachtet und dadurch ein Bewusstsein schafft, möglicherweise auch eine Bewusstseinsänderung schafft ...

**Und damit die Welt verbessert?**
Die Welt verbessern müssen dann diejenigen, die handeln sollen, diejenigen, die es gelesen haben.

**Sie sind also das Organ der Besserwisser, die dem einfachen Volk sagen, was sie zu tun haben?**
Das ist ja genau das Missverständnis! Wenn ich jemand anderen dazu befähige zu handeln, dann gebe ich ihm ja keine Anweisungen.

**Aber Sie setzen darauf, dass die Leser tatsächlich etwas tun, dass sie etwas verbessern in der Welt?**
Natürlich, natürlich. Das hat auch was mit einer linken Zeitung zu tun. Warum verstehe ich mich denn als linke Zeitung? Weil ich Menschen dazu befähigen will, handelnd in ihr Leben und ihre Umwelt einzugreifen.

**Sie sind die einzige Frau, die Chefredakteurin einer überregionalen Zeitung in Deutschland ist. Als Sie 1998/99 diesen Posten einnahmen, war das in der *taz* aber eher ein Akt der Normalisierung.**
Als ich in die Chefredaktion kam, war ich ja schon die Nr. 13 – innerhalb von acht Jahren. Daran können Sie schon ablesen, dass es einen sehr schnellen Wechsel gab. Die Institution Chefredaktion war in der *taz*, als ich da reinkam, weder etabliert – in einem positiven Sinne – noch akzeptiert, und es wurde ständig die Frage gestellt – bei jedem Konflikt: Brauchen wir überhaupt eine Chefredaktion? Das hat sich tatsächlich erst geändert, seitdem ich in der Chefredaktion bin.

**Wie haben Sie das geschafft?**
Ich glaube, das sind unterschiedliche Faktoren, die da zusammenkommen. Zum einen ist es ein Prozess, der sich einfach weiterentwickelt hat. Der zweite Punkt

ist, dass es in der *taz* verankert werden musste, dass die Chefredaktion eine Arbeit machen kann, die niemand anders in der Zeitung machen kann und dass das ein Mehrwert für die Zeitung ist. Und ich habe es offenbar geschafft, diese beiden Punkte zu verankern.

**Da kann man Ihnen nur gratulieren. Haben Sie denn jetzt eigentlich 'ne Lebensstellung?**
Ich habe nicht die Absicht, in der *taz* graue Haare zu kriegen. Noch habe ich keine.

**Warum nennt der *Spiegel* die *taz* die »eitelste und konservativste Zeitung der Republik«?**
Weil der *Spiegel* und die Redakteure beim *Spiegel* nicht ein Gramm Selbsterkenntnis haben. Sonst würden sie das umgekehrt auf sich beziehen.

**Vielleicht hängt besagte Eitelkeit mit dem großen Erfolg dieser kleinen Zeitung bei vielen anderen Journalistinnen und Journalisten zusammen.**
Wir sind eitel. Ganz sicher.

**So weit hätte der *Spiegel* also doch Recht.**
Ich würde aber mal behaupten, dass das nicht nur eine *taz*-Krankheit ist, sondern eine Berufskrankheit und dass unsere Art von Eitelkeit sehr viel sympathischer ist als die anderer Kollegen. Die Eitelkeit hängt natürlich damit zusammen, dass wir uns tatsächlich als etwas Besonderes fühlen. Das ist das grundlegende Selbstverständnis der *taz*.

**Besonders erfolgreich war ja auch Ihre Einreihung des demokratisch gewählten Lech Kaczynski unter die »Schurken, die die Welt beherrschen wollen«. Da haben Sie eine ganze Menge für die deutsch-polnische Feindschaft getan.**
Ja, leider. Also, nicht, dass wir die Kaczynskis beleidigt haben, tut mir leid. Leider Gottes haben sie alles realisiert, was ihnen in dieser Satire unterstellt wurde.

**Außer dass sie die Welt beherrschen.**
(lacht) Außer dass sie die Welt beherrschen. Genau. Aber dass es die deutsch-polnische Beziehung belastet, das finde ich zum einen lächerlich, zum anderen, wenn es tatsächlich so sein sollte, wie es von polnischer Seite immer behauptet wird, finde ich es auch ausgesprochen bedauerlich. Es ist ja meine alte Heimat. Ich habe selbstverständlich ein ausgesprochen sentimentales Verhältnis zu diesem Land. Wenn polnische Medienkollegen zu einem Interview hier in die *taz* kommen, begrüßen sie mich mit dem Satz: Frau Mika, Sie sind in Polen nach Erika Steinbach die zweitgehassteste Frau. Das finde ich – nicht besonders nett.

**Wenn Sie § 2 Ihres eigenen Redaktionsstatuts ernst nähmen und sich**

wirklich »gegen jede Form der Diskriminierung« wendeten, dürften Sie diese – vielleicht doch eher bemitleidenswerten – Kaczynski-Zwillinge dann diskriminieren?

(lacht) Dann setzen Sie ja voraus, dass die Kaczynskis eine bedauernswerte Minderheit sind. Aber in unserem Redaktionsstatut steht auch, dass wir Kritik und Kontrolle gegenüber den Mächtigen sein wollen; und die Kaczynskis sind leider Gottes mächtig. Ich weiß nicht, wie man sie an die Macht bringen konnte, das ist mir ein komplettes Rätsel. Wie man so bescheuert sein kann, die Kaczynskis zu wählen, ist mir echt ein Rätsel.

**Müssen denn ausgerechnet wir Deutsche anderen Ländern sagen, was sie zu wählen haben?**

(überlegt) Ich sage nicht als Deutsche, was die Polen zu wählen haben.

**Gerade haben Sie es gesagt.**

Ja, aber als Journalistin und als Schlesierin. Und es geht nicht um eine paternalistische Haltung, sondern es geht um eine Diskussions- und Kritikkultur.

**Das kommt aber paternalistisch rüber.**

Ja, das liegt einfach daran, dass ich nicht in der Lage bin, cool über Polen und die Kaczynskis zu reden.

**Wichtiger als Aktualität und Sachlichkeit ist Ihren 7.000 Genossen und Genossinnen auf Seite 1 eine *taz*-spezifische Aufbereitung. Würden Sie diese Art journalistischen Freibriefs Ihrem Mitbewerber *Bild* auch zugestehen?**

Selbstverständlich, solange man sich an ein bestimmtes journalistisches Ethos hält; aber das tut die *Bild*-Zeitung nicht.

**Wer legt dieses Ethos denn fest? Sie?**

Nein. Es gibt unter Journalisten Gott sei Dank immer noch eine sehr lebendige Debatte darüber, was journalistisch erlaubt ist und was nicht. Es gibt genügend Wissenschaftler, die sich mit Fragen von Medienethik auseinandersetzen; und es gibt Standards, die von Medien gesetzt werden; da spielen wir natürlich eine wichtige Rolle.

**Die *taz*-Verlagsgenossenschaft ist sozusagen Ihr finanzielles und auch ideologisches Korsett. Aber es soll unter den Genossinnen immerhin *eine* aktive CDU-Politikerin geben. Das müsste, wenn wir richtig gerechnet haben, Christa Thoben, die Wirtschaftsministerin von Nordrhein-Westfalen sein.**

Das weiß ich nicht, wer das ist. Das interessiert mich auch nicht. Was ich aber weiß, ist, dass Lothar Bisky ein Genosse ist. Er kam damals extra in die *taz*.

**Seitdem sieht seine Partei in der *taz* besser aus. Kann man das so sagen?**

Das glaube ich kaum, weil die *taz* eigentlich berühmt-berüchtigt dafür ist, dass sie die Hand, die sie füttert, gern beißt. Das kann man mögen oder nicht mögen; manchmal ist es auch durchaus kontraproduktiv; es ist aber auch ein Zeichen für Unabhängigkeit.

**Sie sind von diesen 7.000 Genossen vollkommen unabhängig?**
Nein. Wir sind von ihnen ökonomisch abhängig, aber sie können sich per Statut überhaupt nicht in die Berichterstattung einmischen.

**Sie lassen allerdings wissenschaftlich erforschen, wie die denken, und dann stellen Sie sich darauf ein. Geht die Änderung der Seite 1 nicht darauf zurück?**
Im Gegenteil. Wir lassen nicht nur untersuchen, was sich die Genossen und Genossinnen vorstellen, sondern auch vor allem, was sich die Leser und Leserinnen vorstellen. Und wie jedes andere Medium auch, nehmen wir diese Daten als Teil einer Datenlage für Veränderungen. Aber Sie können davon ausgehen: Die Seite 1 hat mit Leserumfragen überhaupt nichts zu tun.

**Gestern waren Sie in Düsseldorf. Ihre Che-Guevara-Fans dort haben trotz – oder wegen – der griffigen Formel »¡Abo o muerte!« nicht genug Abonnenten gewinnen können. Die *taz* NRW wird nun eingestellt.**
Wir hatten die Strategie, die *taz* über den Aufbau von Regionalteilen zu expandieren. Das war unsere kleine Expansionsstrategie. Jetzt haben Vorstand und Aufsichtsrat halt festgestellt, dass trotz des Geldes, das wir bisher reingesteckt haben, das Ganze einfach nicht ausreicht, dass wir es also nicht geschafft haben, das Projekt auf wirtschaftlich tragbare Weise hinzukriegen. Der Regionalteil musste sich selbst tragen; das bedeutet, dass die Mehrkosten, die durch das Zusatzprodukt jeden Tag entstehen, durch Abonnements wieder reingeholt werden; und diese Strategie hat nicht funktioniert.

**»Das Scheitern der *taz* in NRW wäre mehr als eine kleine Katastrophe«, haben Sie persönlich gesagt. Wie groß ist die Katastrophe?**
Es ist keine Katastrophe in dem Sinne, dass ich jetzt um die Existenz der überregionalen *taz* fürchte; aber es ist natürlich publizistisch in jeder Hinsicht eine Katastrophe; wir verlieren eine redaktionelle Stimme in dem größten Bundesland.

**Die müssen dort jetzt wieder die *Bild* lesen ...**
Es gibt ja noch ein paar Regionalblätter. Aber wir haben publizistisch nicht mehr die Möglichkeit, dort eben näher an die Leser zu kommen. Wir überlassen Nordrhein-Westfalen tatsächlich den großen Konzernen.

**Kein kleines Problem sind auch Ihre niedrigen Anzeigen-Einnahmen von etwa 12 %. Kommt einmal mit BP ein potenter Werbekunde,**

der auf seinen Einsatz für regenerative Energien hinweisen möchte, sagen die Leserinnen und Leser: Nein, danke!
Ja, es gibt dann viele Leser und Leserinnen, die sich ärgern. Ich finde aber, das müssen sie aushalten, und wir müssen es auch aushalten. Wir haben ja einen sehr engen Kontakt zu unseren Lesern und Leserinnen, also die Leser-Blatt-Bindung ist bei der *taz* sehr viel höher als bei den meisten anderen Blättern.

**Deswegen dürfen die da auch schon mal mitreden.**
Sie sollen sich ja einmischen; sie sollen kritisieren; die Entscheidung liegt aber bei uns.

**Die *taz* war immer eng mit der Grünen-Bewegung verbunden. Aber jetzt gibt es doch mehr Linke-Wähler als Grüne in der Leserschaft. Können Sie damit umgehen?**
Der größte Professionalisierungsschub, den die *taz* gemacht hat – in den 80er Jahren, war zu sagen: Wir machen kein Sprachrohr einer Bewegung mehr, sondern eine Zeitung. Deswegen ist auch die enge Verbindung mit den Grünen zum einen eine historische, weil wir aus demselben Milieu hervorgegangen sind, und zum anderen eine Frage von Inhalten; das hat aber mit der Partei nur bedingt etwas zu tun. Deswegen finde ich es auch überhaupt kein Problem, wenn die *taz*-Leserschaft die eine oder andere Partei wählt.

**Was würden *Sie* denn wählen, wenn am nächsten Sonntag Bundestagswahlen wären?**
Ich weiß es nicht. Weil ich ziemlich frustriert bin, was die Parteienlandschaft angeht.

**Was würden Sie wählen, wenn *heute* Bundestagswahlen wären?**
Wäre ich genauso frustriert.

**Würden Sie dann nicht hingehen?**
Doch, natürlich würde ich wählen. Nein, ich müsste es mir wirklich sehr gut überlegen, weil ich leider an allen Parteien sehr viel zu meckern habe.

**Versuchen wir es mal mit einer einfacheren Frage: Was haben Sie denn beim letzten Mal gewählt?**
Das sage ich Ihnen nicht.

4. Juli 2007

# Peter Kloeppel

**Peter Kloeppel**, geboren 1958 in Frankfurt. Studium der Agrarwissenschaft, anschließend Hamburger Journalistenschule Henri Nannen. Seit 1985 bei RTL tätig, 1990-92 als Korrespondent in den USA, danach Anchorman RTL aktuell. Seit 2004 auch Chefredakteur und Erster Journalist von RTL.

# Vom Ferkelstall ins Fernsehstudio

**Sie sind Chefredakteur und Erster Journalist im größten deutschen – und europäischen – Privatsender. Haben Sie noch berufliche Ziele?**
Ich habe natürlich berufliche Ziele, die aber nichts mit Karriere zu tun haben. Ich hab' in den – wie viele Jahre bin ich jetzt bei RTL – in den 22 ½ Jahren, die ich bei diesem Sender bin, so viel erreicht, wie man als Journalist erreichen kann. Wenn ich ein berufliches Ziel habe, dann das, dass wir die Informationssendungen bei RTL weiter ausbauen – sowohl inhaltlich als auch qualitativ, vielleicht auch quantitativ …

**Quantitativer Ausbau – ist der in Sicht?**
Das ist durchaus möglich, dass wir in den nächsten ein bis zwei Jahren noch Formate dazubekommen, die wir dann auch verantworten. Ja.

**Sie werden oft als Mr. Cool und Mr. Reliable gepriesen, aber ist Ihr eigentliches Erfolgsrezept nicht, schlicht und einfach am richtigen Platz zu sein – als pragmatischer *Handwerker* in einem Sender für Handwerker?**
Diese Klassifizierungen – Mr. Cool oder Mr. Reliable – sind Schubladen, die Journalisten gerne mit einem Sticker versehen, und dann ziehen sie die immer auf und sagen: Ah ja, da ist der Soundso drin. Das ist der Versuch, einen Menschen zu beschreiben, der versucht seine Arbeit jeden Tag vernünftig zu machen, der aber auch weiß, dass es, wenn man Nachrichten zusammenstellt und dann auch präsentiert, in erster Linie darauf ankommt, dass sie verlässlich sind und dass die Person, die die Nachrichten präsentiert, nicht sich selber in den Vordergrund stellt, sondern die Nachricht. Und diese Nachricht muss richtig sein; sie muss verlässlich sein; die Menschen müssen uns vertrauen.

**Also würden Sie unserer Beschreibung als pragmatischer Handwerker eher zustimmen?**
Absolut, ja. Ich denke, dass man im Nachrichtenjournalismus in erster Linie Pragmatismus, aber auch gutes Handwerkertum betreiben sollte.

**Sie haben an Ihrer alten Uni in Göttingen einen Vortrag gehalten mit dem Titel: Vom Ferkelstall ins Fernsehstudio. Wer wollte ursprünglich, dass Sie »Bauer« studieren?**
Das wollte ich selber. Ich hab' allerdings Landwirtschaft nicht mit dem Ziel studiert, Bauer zu werden, sondern aus folgendem Grund: Mich haben Natur-

wissenschaften in der Schule immer sehr interessiert und ich war auch jemand, der gerne Dinge vermittelt, das heißt, für mich war der eigentlich logischere Weg bei Aufnahme des Studiums, dass ich in die Beratung oder in die Lehre gehe. Vielleicht auch in die Forschung.

**Ihre Diplomarbeit haben Sie über das Verhalten von Schweinen geschrieben. Die hängen offenbar auch nur rum, wenn sie nichts Gescheites zu tun haben.**

Die hängen nur rum, wenn sie nichts Gescheites zu tun haben – das ist völlig richtig. Die fangen auch an Unsinn zu machen, wenn sie nichts Gescheites zu tun haben. Also, wir sprechen jetzt über die Schweine – und über die Ferkel. Eine klassische Reaktion von allen Individuen, wenn sie keine Beschäftigungsmöglichkeiten bekommen, ist, dass sie sich dann Alternativen suchen. Und diese Alternativen können dazu führen, wie in meinem Fall bei den Schweinen, die ich beobachtet habe, dass sie beginnen sich gegenseitig anzuknabbern, dass sie sich Verletzungen zufügen. Und deswegen war damals mein flammendes Plädoyer: Gebt den Schweinen was zu tun!

**Fernsehen?**

Nein, nicht Fernsehen, sondern Stroh hätte völlig ausgereicht. Denn die Diskussion, die damals und auch heute noch geführt wird, war die, auf welchem Stallboden fühlen sich Schweine am wohlsten. Natürlich kann man ein Schwein auch auf einem Spaltenboden halten, wo's halt nichts gibt außer Spalten, durch die dann Kot und Urin durchsausen. Aber schöner ist es, wenn das Schwein, das ja ein sehr haptisches Tier ist, das mit seiner Rüsselscheibe vorne auch vieles erfassen, beschnüffeln, bewegen und betasten möchte, wenn man dem etwas gibt. Da ist Stroh die beste Alternative; aber die kostet den Bauern natürlich Zeit und sie kostet ihn Arbeitskraft. Und so gesehen, ist das Schwein dann manchmal das arme Schwein, weil der Bauer es halt etwas leichter haben möchte. Fernsehen sollten die Schweine bei mir nicht gucken, nein.

**Wie haben Sie es denn geschafft, anschließend an dieser Hamburger Journalistenschule aufgenommen zu werden? Das dürfte nicht so ganz leicht gewesen sein.**

Ich habe den normalen Weg gewählt, den alle anderen, die sich mit mir gemeinsam beworben haben – unter anderem übrigens in dem Jahr auch Harald Schmidt …

**Harald Schmidt? Der war doch in der Kirchenorgelschule in Rottenburg.**

Ja, aber der war da schon fertig und überlegte, ob er Journalist werden sollte, und hat sich im selben Jahrgang wie ich bei der Hamburger Journalistenschule beworben – und ist nicht angenommen worden. Wir wurden alle aufgefordert, 'ne Reportage und einen Kommentar zu schreiben, und ich habe für meine

Reportage ein Thema aus der Landwirtschaft gewählt – Embryotransfer bei Rindern – und das war möglicherweise ein kleiner Schlüssel zu diesem großen schweren Eintrittstor, nämlich die erste Hürde zu nehmen und unter die ersten Hundert zu kommen, die dann nach Hamburg eingeladen werden. Kleiner Schlüssel deswegen, weil gerade zu dieser Zeit – 1983 – grüne Themen interessanter wurden in den Medien – und in vielen Zeitungen und Zeitschriften viele Leute saßen, die alles mögliche studiert hatten, aber gerade mit grünen Themen sich nicht auskannten. Und jetzt hatten sie jemanden, der zumindest danach aussah: Hey, der befasst sich damit! Mal gucken, was das für einer ist. Und so kam ich unter die letzten Hundert. Der zweite Teil war dann für mich auch schwieriger, weil ich zum ersten Mal wie ein Journalist arbeiten musste. Das heißt, wir bekamen morgens um neun Uhr ein Thema und zwar »Ein Tag auf dem Hamburger Arbeitsamt«, wir wurden mit dem Bus in das Arbeitsamt gekarrt und mussten uns dort mit Arbeitssuchenden unterhalten.

**Alle gleichzeitig?**

Ja, alle gleichzeitig. Aber das Hamburger Arbeitsamt ist groß, das nimmt auch hundert Journalistenschüler auf. Diese Reportage habe ich dann geschrieben, habe wie alle anderen einen Allgemeinbildungstest gemacht und die anderen Tests, die dazu gehörten, und wurde in der Jury natürlich auch auf mein Landwirtschaftsstudium angesprochen: Was wollen Sie denn hier? Und dann habe ich ihnen versucht zu erklären: Ich vermittle gern, ich bin jemand, der gern Informationen aufnimmt, versucht sie so zu verarbeiten, dass man sie hinterher Menschen wieder weitergeben kann, und vielleicht lernen die etwas aus meinen Erkenntnissen. Da kam vielleicht auch wieder dieses Gefühl bei den Chefredakteuren auf: Na ja, so'n Grüner – also vom Beruf her – könnte vielleicht ganz gut zu uns passen. Und so wurde ich genommen.

**Sie haben Praktika bei Ihrer lokalen *Taunus-Zeitung*, der *Stuttgarter Zeitung*, dem *Stern* und dann auch bei RTL gemacht. Was hat den Ausschlag gegeben, ganz bei RTL anzufangen?**

RTL war das letzte Praktikum, es war das einzige Fernsehpraktikum, das ich machte, und es war eine Redaktion, in der ich mich von Anfang an sofort sehr gut aufgenommen fühlte und auch sehr viel arbeiten konnte. Das ist für 'nen Praktikanten immer 'ne tolle Sache. Da kriegte ich vom zweiten oder dritten Tag an gleich Aufträge, Beiträge zu machen, ich wurde rausgeschickt was zu drehen, ich durfte einmal schon irgendwelche Kurznachrichten moderieren, obwohl ich nur Praktikant war. Und da man mir dann ein Angebot machte, das ich nur schwer ausschlagen konnte, nämlich als Korrespondent nach Bonn zu gehen, hab' ich alle anderen Pläne, die ich bis dahin hatte, in den Wind geschlagen und gesagt: Nee, ich mach' jetzt mal ein bisschen Fernsehen.

**Wie oft haben Sie schon das Kompliment bekommen: Du könntest doch auch bei einem richtig seriösen Sender reüssieren?**

Ob ich das als Kompliment auffassen muss, weiß ich nicht. Ich bin immer wieder mal gefragt worden: Können Sie sich denn auch vorstellen, zu einem öffentlich-rechtlichen Sender zu wechseln? Und da hab' ich gesagt, na ja, was ich bis zum heutigen Tag bei RTL bewegen konnte und hoffentlich auch noch in Zukunft bewegen kann, hätte ich niemals bei einem öffentlich-rechtlichen Sender bewegen können. Und wenn ich mir die vielen politischen Versuche der Einflussnahme anschaue, die es gibt bei öffentlich-rechtlichen Sendern, wenn ich mir die Farbenlehre anschaue, die da – bei der Besetzung von Posten – doch noch sehr stark dominiert, muss ich sagen, dass ich es wirklich eher für einen Rückschritt ansehen würde, wenn ich jetzt in ein öffentlich-rechtliches System mich einpressen lassen müsste.

**Wollen Sie damit sagen, dass es auch gar nicht möglich wäre, wenn Sie nicht irgendwelche parteilichen Bindungen hätten?**
Ich glaube, dass es schwierig ist, wenn man nicht parteiliche Bindungen hat und sich auch nicht eindeutig klassifizieren lassen kann. Ja. Meine Erfahrung ist, dass immer wieder, auch von den Chefs aus, geguckt wird: Wie ist der Mitarbeiter x und wie ist der Mitarbeiter y gepolt. Wie kann ich die zusammenbringen? Kann der eine für die Abendnachrichten und der andere für das Abendmagazin arbeiten? Wie können wir da eine Balance erzeugen?

**Aber so eine Position wie die von Claus Kleber – der hat das ja auch nicht parteipolitisch geschafft, oder?**
Ohne ihm da jetzt irgendwelche parteipolitischen Tendenzen zuzuschreiben: Er ist mit Sicherheit einer, der innerhalb des Systems einen relativ klaren Weg gegangen ist, mit Sicherheit aber auch – davon bin ich fest überzeugt – immer wieder mal darauf abgeklopft wurde: Wo positionieren wir den eigentlich, wo gehört der hin? Das ist leider so. Bei denen.

**Was tun Sie so alles, um Ihre Allgemeinbildung auszubauen?**
Ich lese sehr viel. Seitdem ich Kind bin, auch Tageszeitungen. Versuche darüber, so viel und so breitflächig wie möglich, ein Spektrum von Informationen abzudecken.

**Angefangen mit der *Taunus-Zeitung*?**
Ja, wobei, das war nicht meine erste Zeitung. Sondern die erste Zeitung, das mag jetzt komisch klingen, war aber tatsächlich mit acht oder neun Jahren die *FAZ*, weil die bei uns zuhause zum täglichen Brot gehörte. Die kam auf den Frühstückstisch.

**Welche Seite haben Sie da gelesen?**
Ich hab' immer hinten den Sport gelesen, weil für mich natürlich als Zehnjährigen interessant war, wie Eintracht Frankfurt so eingeordnet wird, und hab' mich dann so langsam durchs Blatt gearbeitet. Am Wochenende las meine Mutter immer mit Begeisterung das Feuilleton, das damals ja noch im Hoch-

glanzdruck in der Zeitung drin war. Und da wollte ich wissen, warum liest die das eigentlich so gerne – also hab' ich da dann auch mal reingeschaut. – Heute sind einerseits die Zeitungen für mich eine Quelle, ansonsten versuche ich eher, Sachbücher zu lesen, als dass ich mich mit Belletristik beschäftige. Ich lese sehr viele Biografien, ich lese relativ viel über Politik in den USA.

**Sind Sie ein religiöser Mensch?**
Religiös? Wenn man sich jetzt die Frage stellt, was genau ist religiös, und es dann damit beantwortet, dass jemand regelmäßig in die Kirche geht, von Gott eine ganz klare Vorstellung hat und sich nach den Zehn Geboten richtet, dann könnte ich mich als religiös bezeichnen. Ja.

**Sie gehen regelmäßig in die Kirche?**
Ja.

**Sind Sie katholisch?**
Ja.

**Sie sind mit einer Amerikanerin verheiratet. Fühlen Sie sich bemüßigt, in Ihren Sendungen etwas gegen den weit verbreiteten, offenbar tief sitzenden deutschen Anti-Amerikanismus zu unternehmen?**
Ich denke, dass die Frage insofern nicht richtig gestellt ist, als dass es keinen tief sitzenden Anti-Amerikanismus in Deutschland gibt. Es gibt – ganz im Gegenteil – sogar ein großes Interesse an der amerikanischen Kultur, an vielen Dingen, die unser Leben ja hier auch prägen. Und deswegen sehe ich mich überhaupt nicht als ein Botschafter des amerikanischen Good Will oder des American Way of Life – der prägt uns sowieso.

**Und Sie glauben, wenn nun Barack Obama oder Hillary Clinton gewählt würde nächstes Jahr, dann würde unser Anti-Amerikanismus auf einmal wieder in sich zusammenfallen?**
Wir müssen uns ja fragen, was genau verstehen wir unter diesem Anti-Amerikanismus. Was kritisieren wir an Amerika? Wir kritisieren im Moment, dass wir eine amerikanische Politik haben, die einen gewissen Allmachtsanspruch vertritt, unter dem Motto: If you're not with me, then you're against me. Die eine Politik im Mittleren Osten betreibt, mit der sich viele Deutsche nicht einverstanden erklären. Dieses sind Dinge, die sehr stark durch den jetzigen Präsidenten geprägt worden sind. Dass wir dann in der einen oder anderen Situation auch mal Kritik üben, kritischer gegenüber einer Regierung eingestellt sind, ändert nichts an der grundsätzlich positiven Einstellung gegenüber dem Land Amerika und seinen Bürgern.

**Von der Sie ausgehen.**
Von der ich weiß, dass es sie gibt.

**Auf eine Ihrer zahlreichen Auszeichnungen, den Spezial-Grimme-**

**Preis, hätten Sie womöglich gern verzichtet, denn ohne die grauenhaften Terroranschläge am 11. 9. 2001 hätte es ihn gar nicht gegeben.**
Ja. Also, Auszeichnungen sind ja im Endeffekt eine Anerkennung für Arbeit, die man leistet, Arbeit, die man sich selber gewählt hat, und das, was am 11. September passiert ist, war mein Beruf: Ich habe versucht den Menschen zu vermitteln, was passiert, was ich sehe. Das, was ich zu beschreiben hatte, war etwas, worauf ich sehr gut hätte verzichten können, völlig richtig. Und so gesehen, hätte ich auch auf diese Auszeichnung verzichten können. Ja.

**Sie holen Ihre Kreativität, wie Sie sagen, aus dem eigenen Bauch und aus dem Ausland, nicht aus anderen deutschen Sendern. Besser als die deutschen Konkurrenten sind Sie demnach allemal?**
Kreativität hole ich aus dem *Wettstreit* mit den anderen deutschen Sendern. Es gibt wenig, wo ich von den anderen etwas lernen kann, wo ich sage, wow, da habe ich jetzt was gesehen, das sollten wir dringend nachmachen. Gibt's wenig. Eigentlich fast gar nicht.

**Was bedeutet für Sie der Begriff Unterschichten-Fernsehen?**
Ich habe mit dem Begriff ein riesiges Problem, denn allein schon die Definition von Unterschicht ist etwas, das man wirklich nur aus dem Elfenbeinturm vornehmen kann – und nur mit einer gewissen Arroganz. Deswegen kann ich mit diesem Begriff nichts anfangen – weder mit dem Begriff »Unterschicht« noch mit dem Begriff »Unterschichten-Fernsehen«.

**Harald Schmidt hat den ja ...**
Ja, aber Harald Schmidt ist für mich jetzt niemand, den ich in dieser Hinsicht ernst nehme. Sondern da geht's ihm ausschließlich um Provokation, und in der Hinsicht lasse ich mich nicht provozieren.

**Also, Sie würden sagen: Unterschichten gibt's gar nicht und dann kann es auch kein Unterschichten-Fernsehen geben.**
Es ist nicht so, dass wir einfach unsere Gesellschaft in Schichten definieren können. So hat man vielleicht mal im 19. Jahrhundert gedacht, als es eine Unterschicht, eine Mittelschicht und irgendeine adelige Oberschicht gab. So ist unsere Gesellschaft aber nicht mehr. Und deswegen kann man auch nicht von Unterschicht in Deutschland in diesen Zeiten sprechen – und auch nicht von Unterschichten-Fernsehen.

**Sie haben eine 11-jährige Tochter. Darf sie schon Papas Nachrichten sehen?**
Ja. Ob sie das immer tut, weiß ich gar nicht. Aber es gibt Situationen, wo meine Tochter sagt, dass sie den einen Beitrag gut fand oder schön fand oder auch nicht so doll fand – oder Angst davor hatte. Und das ist für mich wichtig zu wissen: Es sitzen um die Uhrzeit auch 10- oder 11-Jährige vor dem Fernseher. Ich muss mich bei meinen Entscheidungen in der Redaktion immer wieder

vor die Frage gestellt sehen: Können wir das zeigen, was richtet es mit unseren Zuschauern an, wenn wir darüber in einer bestimmten Form berichten? Und natürlich kommt mir da auch immer wieder meine Tochter in den Sinn.

**Über die Hälfte Ihrer durchschnittlich 4 Millionen Zuschauer sind allerdings über 50. Verfehlen Sie also gerade mit Ihrer eigenen Sendung das Zielpublikum des Senders?**
Nöö, ganz im Gegenteil. Auch der Sender hat eine Altersschichtung, bei der wir einen relativ großen Anteil von Zuschauern verzeichnen, die über 50 sind. Natürlich ist es für uns wichtig, dass wir ein jüngeres Publikum erreichen. Und wir sind deutlich jünger mit unseren Nachrichten als beispielsweise die Heute-Sendung oder die Tagesschau. Wir wissen, wenn wir die jüngeren Zuschauer dauerhaft erreichen, dass wir dann auch weiterhin junge Zuschauer erhalten. Denn die jüngeren Zuschauer, die vielleicht 40 sind, prägen natürlich durch ihr Sehverhalten auch das Sehverhalten ihrer Kinder.

**Was wollen jüngere Zuschauer von Ihnen? Wollen sie zwangsläufig mehr Sex, Drogen und Kriminalität?**
Ich glaube, da schätzen Sie unsere Jugend falsch ein. Die jungen Menschen wollen nicht mehr Sex, Drogen und Kriminalität. Das wissen wir aus Zuschauerbefragungen, das wissen wir aus Unterhaltungen mit jungen Leuten. Wir sind ja nicht den ganzen Tag nur in unserer Redaktion, sondern haben auch die Möglichkeit mit jungen Menschen zu sprechen – und stellen immer mehr fest, dass die jungen Menschen viel mehr Fragen haben, die sich an die Politik richten, die sich an ihre Zukunft richten ...

**Das klingt nach Wunschdenken.**
Ich bitte Sie: Gehen Sie mal raus, gehen Sie mal in die Schulklassen! Ich bin ja auch immer wieder in Schulklassen unterwegs und rede mit denen über die Themen, die sie beschäftigen. Und es sind nicht Sex, Drogen und Kriminalität! Sondern es ist die Frage: Krieg' ich 'nen Arbeitsplatz, wie sicher ist mein Arbeitsplatz, krieg' ich eine Lehrstelle, wie gut werd' ich bezahlt, wie sicher ist es, dass ich in Deutschland im Jahr 2015 oder 2020 auch noch gut leben kann, wie sicher ist es, dass meine Kinder in einer sauberen Umwelt groß werden? Das sind die Fragen, die die jungen Menschen beschäftigen, und das denke ich mir nicht aus.

**Wann war der letzte Tag, an dem Sie weder über Quoten gesprochen noch daran gedacht haben?**
(überlegt sehr lange) Kann ich Ihnen nicht sagen. Es gibt keinen Tag, an dem ich nicht über Quoten oder über Nachrichten nachdenke. Seitdem ich angefangen habe, beim Sender RTL zu arbeiten, habe ich über Nachrichten nachgedacht, über Quoten erst ein bisschen später, weil wir Quoten zu dem Zeitpunkt noch nicht wirklich gemessen haben. Die kannte man noch nicht so richtig oder ich

kannte sie noch nicht. So richtig intensiv setze ich mich mit Quoten seit 1992 auseinander, seitdem ich auch täglich moderiere.

**Und da gibt es keinen quotenfreien Tag?**
Nein. Und wenn man Chefredakteur ist, erst recht nicht, und das ist, denke ich, auch nicht schlecht. Denn wir haben ja nichts davon, ein Programm im luftleeren Raum für zwanzigtausend Zuschauer zu produzieren, von dem wir dann sagen: Boah, da haben wir ja wieder toll was hingelegt, aber keiner hat's gesehen. Das würde ja nichts helfen. Und so legen wir ein Programm hin, von dem wir sagen: Wir machen ein gutes Programm und erreichen auch noch viele Zuschauer.

**Welche anderen Medien haben Sie mit *Sicherheit* persönlich zur Kenntnis genommen, bevor Sie auf Sendung gehen?**
Ich habe natürlich Zeitung gelesen den ganzen Tag – oder vormittags vor allem. Das ist die *FAZ*, das ist die *Süddeutsche*, das ist *Bild*, das ist *Express*, das ist die *Frankfurter Rundschau*. Ich lese zu Hause auch noch 'ne Lokalzeitung, ich lese den *International Herald Tribune*, wenn ich die Zeit dazu finde. Ich guck' natürlich im Internet immer wieder mal auf Seiten wie z.B. die der *New York Times*, weil ich auch wissen will, was passiert in Amerika; die Homepage der *Washington Post* ist ganz wichtig. Ich telefoniere mit unseren Korrespondenten. Ich gucke Fernsehen parallel, das heißt, es laufen bei mir im Büro mehrere Bildschirme – die meisten stumm, aber ich kann sie dann auch laut stellen, wenn ich sie brauche – mit ARD, ZDF, mit Sat.1, mit RTL und mit n-tv und teilweise mit N24. Die laufen immer. Und ich habe natürlich – und das ist eines der wichtigen Tools überhaupt – Nachrichten-Agenturen auf dem Computer die ganze Zeit: Reuters, dpa, sid. Ich kann auf dem Wege alles, was frisch reinkommt, sofort auch verarbeiten.

***Spiegel* und *taz* – die sonst häufig zitierten – haben Sie jetzt nicht genannt.**
Ja, *taz* lese ich, ehrlich gesagt, fast immer nur die Titelseite, vor allem wegen der schönen, einfallsreichen Überschriften. Magazine, na klar, den *Spiegel* kann ich aber nicht täglich lesen, sondern nur sonntags. *Spiegel Online* lese ich jetzt nicht so viel, das machen andere bei uns in der Redaktion, weil ich auch nicht zu allem komme. Aber *Spiegel Online* ist natürlich eine Quelle, die von Journalisten immer mehr genutzt wird, das ist völlig richtig. Auch *Focus Online* und *Welt Online*. Klar lese ich am Sonntag auch die *Bild am Sonntag*, die *Welt am Sonntag*, die *Frankfurter Allgemeine am Sonntag*; ich kriege den *Spiegel* und den *Focus* schon am Sonntag – also, ich habe ein Sonntagsprogramm, das ist auch ziemlich umfänglich. Ich würde mal sagen: Ich bin nicht unterversorgt.

**Sie beklagen manchmal, dass wir heute zu viele Journalistinnen und Journalisten haben, die vielleicht so »halbwegs geradeaus schreiben«**

können, aber eben keine Grundausbildung haben. Woran erkennen Sie das?

Indem ich mir Texte angucke, in denen es um Fachfragen geht, von denen ich glaube, dass ich darin kompetent bin. Ich seh's immer wieder an Beiträgen im Fernsehen, dass man sagt: Mensch, da haste aber deine Hausaufgaben nicht gemacht.

**Der Hauptkritikpunkt wäre also die mangelhafte Recherche?**

Es ist leider oft so, dass wir den leichtesten Weg gehen. Und der leichteste Weg ist, etwas abzuschreiben, was andere schon vorher geschrieben haben, anstatt dass man das Telefon in die Hand nimmt und anruft – und nachfragt bei den Primärquellen. Zu Recherche gehört aber auch ganz klar, durch die Allgemeinbildung einen Realitäts-Check vornehmen zu können. Dass man, wenn man Zahlen hört, fragt: Kann das eigentlich sein? Ist diese Zahl wirklich möglich? Und oft kann man dann mit ein bisschen Allgemeinbildung nachvollziehen, okay, das ist im Großen und Ganzen stimmig.

**Wenn Sie abends genug Zeit und Muße haben, welchem Ihrer Kollegen sehen Sie dann am liebsten bei der Arbeit zu?**

Wenn ich genug Zeit und Muße habe, gucke ich gar keinem Kollegen bei der Arbeit zu. Weil ich genau dann die Möglichkeit habe, mich mit meiner Frau zu unterhalten, ein Buch zu lesen, Musik zu hören, also, irgendwas anderes zu machen als mich mit Nachrichten zu beschäftigen.

10. Juli 2007

# Maybrit Illner

**Maybrit Illner**, geboren 1965 in Ost-Berlin. Journalistik-Studium an der Karl-Marx-Universität Leipzig. 1986 Eintritt in die SED. 1988 Sportjournalistin für das Fernsehen der DDR. 1989 Auslandsredaktion des Deutschen Fernsehfunks und Austritt aus der SED. Ab 1992 Moderation und später Leitung des ZDF-Morgenmagazins. Seit 1999 eigene Talkshow im ZDF.

# Im Gespräch mit dem Salz der Erde

**Nach dem Sendeschluss von »Christiansen« sind Sie nunmehr die First Lady des Polit-Talks im deutschen Fernsehen. Fühlen Sie sich alt genug für eine solche Position?**
Ehrlich gesagt nicht und ich hätte auch nicht vermutet, dass es so schnell dazu kommen würde, dass ich Doyen werde von irgendetwas. Wie heißt eigentlich die weibliche …

**Doyenne.**
Genau. Ich habe auch noch nicht viel darüber nachgedacht. Wir sind jetzt seit 1999 auf Sendung. Als wir anfingen uns zu verstrahlen, ist niemand davon ausgegangen, dass wir es mal auf eine derart erkleckliche Zahl von Jahresringen bringen würden.

**Es gibt in Deutschland nicht viele Frauen, die erstens gut aussehen, sich zweitens politisch auskennen und drittens auch noch moderieren können. Der Konkurrenzkampf unter Polit-Moderatorinnen dürfte gar nicht so hart sein, oder?**
(lacht) Es ist eine fröhliche Konkurrenz, die, wie wir ja wissen, das Geschäft belebt. Was ich aktuell ganz hübsch finde: Wir widerlegen endlich die Mär, dass Frauen in diesem Geschäft männermordend unterwegs seien, soll heißen, kein einziger Mann gestattet bekäme, eine politische Gesprächssendung zu moderieren im deutschen Fernsehen. Jetzt gibt's ab Oktober endlich wieder einen Kerl, und nun hat hoffentlich die liebe Seele auch wieder Ruh'.

**Sie meinen Frank Plasberg?**
Ja. Genau.

**Uns ist aufgefallen, dass fast alle Polit-Moderatorinnen keine Kinder haben. Ist das zu viel für eine Frau: Kind und politische Arbeit mit sieben, acht Zeitungen am Tag?**
Die lese ich ja nur. Wenn Sie wüssten, was ich ansonsten noch mache … (lacht) Kinderkriegen zwischendurch nicht, das stimmt. Aber ich bin überzeugt davon, dass gerade Frauen in Medien-Berufen – siehe Sandra Maischberger – hinbekommen, Kinder und Karriere zu verbinden. Das lässt sich auch in einen Tages-, Wochen- und in einen Monatsablauf integrieren.

**Apropos Sandra Maischberger: Ihre Kollegin und Freundin hat in sich selbst einen Widerspruch zwischen Fernsehmoderatorin und Bürgerin entdeckt: Als Bürgerin würde sie es vorziehen, wenn die Politiker einfach mehr arbeiten – statt sich in TV-Show-Kämpfen zu verlieren. Geht's Ihnen da ähnlich?**
Kein schlechter Gedanke, und unser Bundestagspräsident hat sich ja auch gerade gewünscht, dass Politiker doch in Bezug auf ihre öffentlichen Auftritte in Fernsehsendungen ein bisschen kürzer treten sollten. Ich glaube, ehrlich gesagt, das Gegenteil. Ich finde, es gehört zu einer parlamentarischen Demokratie, dass Politiker das, was sie entscheiden, in der Öffentlichkeit vertreten. Es zählt daher also zwingend zu ihrer Verantwortung, der Öffentlichkeit Rede und Antwort zu stehen. Ich empfände alles andere sogar, sorry, als antidemokratisch.

**Sie sprechen gern über die krampfhafte Kompromiss-Suche der Großen Koalition und die dann aus den Rippen geschwitzten politischen Kompromisse, die dem Volk stinken. Das klingt so, als ob Sie sich auch noch als Teil des Volkes verstehen. Ist das so?**
Unbedingt. Wie Sie. Natürlich sind wir Teil dieses Volkes und nicht Teil der Politik. Wir sind keine gewählten Amtsinhaber und Mandatsträger, sondern wir sind Konsumenten, Wähler und Beobachter dessen, was Politik entscheidet oder nicht entscheidet.

**Und haben wir das richtig verstanden, wenn Sie so was sagen wie »aus den Rippen geschwitzte Kompromisse«, dass Sie die dann nicht mögen, diese Kompromisse?**
Es geht nicht um Wohlfühlen oder nicht Wohlfühlen und um Mögen oder nicht Mögen. Es geht einfach darum: Können die Menschen sie nachvollziehen? Und sind sie wirklich eine Lösung? Nicht alles, was breit und lang und aufwändig verhandelt wird, ist automatisch gut.

**Das klingt immer so negativ, wenn Sie über Kompromisse reden.**
Ja, das ist das Schicksal des Kompromisses, dass er halt immer eine Lösung, aber nicht die beste Lösung ist.

**Ist nicht Demokratie generell die Kunst des Kompromisses und eine kompromissfreie Gesellschaft zwangsläufig eine totalitäre?**
Richtig, und politisches Geschäft heißt: Konzessionen machen. Das weiß ich wohl. Was ich sagen wollte, ist, dass eine Große Koalition offensichtlich nicht dazu da ist, große Lösungen zu schaffen, sondern recht große Kompromisse zu machen, damit man sich überhaupt auf etwas verständigt. Was soll ich gegen einen in aller Klugheit und Weisheit erstrittenen Kompromiss haben! Nur die Weisheit der letzten Kompromisse dieser Großen Koalition hat sich den Menschen eben nicht erschlossen.

**Sie sind in einer Gesellschaft aufgewachsen, die als totalitär, aber**

**auch irgendwie sexy bezeichnet wird. Haben Sie Ihren ersten Kuss im Blauhemd der FDJ bekommen?**
Ich weiß nicht, von wem Sie diesen Spruch haben, dass die DDR totalitär und sexy war. Ich habe gesagt: Die DDR war zu Ende, als sie anfing Spaß zu machen. Und dass man in diesem Land tatsächlich auch dann und wann lachen konnte, weil man ja nicht in einen Staat verliebt war, sondern in Menschen, mit denen man zusammenlebte. Und trotzdem konnte man an ihm verzweifeln. Ich werde das Jahr 1989 mit dem Fall der Mauer natürlich nie vergessen.

**Sie haben den ersten Kuss übersprungen.**
Der erste Kuss, den gab's in einem Ferienlager am See, ohne FDJ-Hemd. Braungebrannter, sehr feiner Junge.

**Mit 21 Jahren sind Sie in die SED eingetreten, um »endlich die hehren Ideale des Sozialismus umzusetzen«. Sagen Sie bitte jetzt nicht, dass Sie diese hehren Ideale des Sozialismus 1989/90 abgelegt haben – wie einen ausgeleierten Hosenanzug!**
Doch. Weil dieser Sozialismus natürlich immer an den eigenen Ansprüchen gescheitert ist – also nie eingelöst hat, eine in jeder Hinsicht menschliche Gesellschaft zu sein, nie eingelöst hat, die Leute nach ihren Bedürfnissen und nach ihren Fähigkeiten leben und arbeiten zu lassen. Das war das größte Problem des real existierenden Sozialismus.

**Aber Sie hatten ja darüberhinausgehende Ideale.**
Ich hatte in Bezug auf meinen Eintritt in die Partei ein Ideal, weil ich mir angeguckt habe, was Michail Sergejewitsch Gorbatschow 1986 in der Sowjetunion geschafft hat und weil ich sehr bemerkenswert fand, wie aus einer stalinistischen Partei, nämlich der KPdSU, plötzlich eine Reformpartei werden konnte, die mit Glasnost und Perestroika übers Land fegte ...

**So was wollten Sie zuhause auch haben?**
Das war meine naive Vorstellung, dass von der Sowjetunion lernen – siegen lernen heißt, wie man zu DDR-Zeiten ja so schön sagte, und der großartige Moskauer Wind recht plötzlich auch die DDR heimsuchen würde. Dass ich damit falsch gelegen habe, gehört nun zu den Wahrheiten meines Lebens.

**Ja, aber was heißt falsch gelegen? Ihre Ideale müssen ja nicht falsch gewesen sein. Viele Leute hängen solchen Idealen ja heute noch an.**
In Bezug auf die Selbstreformierung der SED ziemlich falsch gelegen. In Bezug auf eine menschliche Gesellschaft sicher nicht. Wie sagte Max Frisch mal so schön: Mein Sozialismus ist der Sozialismus der Bergpredigt. Der Mensch soll dem Menschen ein Bruder sein.

**Seit wann kennen Sie dieses Wort von Frisch? Schon seit damals?**
Sicher.

**Wer oder was ist Rudi Dutschke für Sie, der ja ursprünglich auch nur Sportjournalist in der DDR werden wollte?**
Mit Dutschke, ehrlich gesagt, habe ich mich zu Ostzeiten wenig befasst. Das ist eine nachträgliche Bildungsreise gewesen. Ich hab' viele Biografien gelesen – auch die seiner Frau – und fand sehr erstaunlich, dass bis in einzelne Formulierungen die Theorien des Sozialismus in die Studentenbewegung übernommen worden waren. Die 68er Bewegung hat Deutschland verändert. Bestimmte überholte Grundfesten des Staates wurden in Frage gestellt. 1989 war noch einmal so ein emotionaler Höhepunkt, mit der Chance, manches in diesem Land nicht nur in der einen Hälfte über den Jordan zu schicken, sondern gegebenenfalls auch in der anderen Hälfte des Landes zu verändern. Aber dazu ist es nicht gekommen.

**Noch einmal zum Journalisten Rudi Dutschke: Hat er den entscheidenden Karrierefehler gemacht, nicht in die SED einzutreten?**
(lacht) Das kann kein Fehler gewesen sein.

**Aber deswegen hat er in der DDR nicht mal studieren dürfen – und seine Berufsziele nicht verwirklichen können.**
Jetzt weiß ich, worauf Sie hinaus wollen. Ihre Frage meinte eigentlich, dass ich nur aus Karrieregründen in die SED eingetreten bin. Das würde ich erstens gerne bestreiten und zweitens sagen, dass es eine wohlfeile, jede Diskussion beendende Auskunft wäre ...

**Würden Sie das heute als Fehler bezeichnen, in die SED eingetreten zu sein?**
Das sage ich seit langem. Ich war damals einfach naiv.

**Was tun Sie so alles, um Ihre Allgemeinbildung auszubauen?**
Soll ich Ihnen jetzt meine Hobbys aufzählen?

**Allgemeinbildung ausbauen. Das soll jetzt nicht Reiten sein oder so etwas.**
Aha. Um ein komplettes Bild von der Person zu erhalten. Also, ich lese irrsinnig gerne, gehe gerne ins Theater und bin eine wirklich große Kino-Tante.

**Nennen Sie mal einen Film, den Sie jüngst gut gefunden haben.**
Richtig beeindruckt haben mich als letztes Clint Eastwoods »Letters from Iwo Jima« – über das fatale Wechselspiel von Krieg und Kriegspropaganda. Das war schwere Kost. »Good Night and Good Luck« von und mit George Clooney ist ein anderer Film, den ich wirklich großartig fand – über den Mut eines TV-Journalisten in der McCarthy-Ära. Das war absolutes Kammerspiel, das heißt, der Film war nicht teuer, aber wunderbar. Großes mutmachendes Kino.

**War aber mehr Pamphlet als Dokumentation, oder nicht?**
Nein, ein wirklich toller Spielfilm. Außerdem gehe ich gerne ins Theater, stelle

allerdings fest, dass Lean Management angesagt ist. Alles sieht nach Sparen aus. Es gibt nur noch einen Aufzug und eine Kulisse, und die Schauspieler kommen in ihren Straßenklamotten auf die Bühne.

**Und das führen Sie auf Lean Management zurück?**
Auf schlankes Theater. Als letztes haben wir uns »Faust« angeguckt im Deutschen Theater und davor »The Importance of Being Earnest« von Oscar Wilde, und da denkst du nur: Super Sache, aber das kannst du zu Hause besser lesen. Ich hab's gern kulinarisch und barock. Theater muss krachen.

**Sind Sie ein religiöser Mensch?**
Nein. Ich glaube in allererster Linie an das Gute im Menschen und an das Schicksal. Ich glaube, dass sich bestimmte Dinge in unserem Leben einfach ereignen – unabhängig davon, ob wir sie beeinflussen oder nicht. Aber ich bin kein Anhänger irgendeiner Konfession.

**Was heißt: Ich glaube an das Schicksal?**
Ich glaube an Fügung. Ich glaube daran, dass es Dinge gibt, die wir nicht beeinflussen können.

**Aber wer fügt das denn dann?**
Keine Ahnung.

**Da sind Sie gar nicht neugierig, das mal herauszufinden?**
Ich glaube nicht, dass es irgendeine Person ist. Ich glaube, dass es sehr viele Dinge gibt, die wundersam sind auf der Welt. Ich finde es eine ganz wundersame Vorstellung, dass es Zellen gibt, die so hoch spezialisiert sind, dass sie machen, dass wir denken können.

**Das ist doch normalerweise das beste Argument für eine Religion, wenn man sagt, die Welt ist so wunderbar designt, uns fallen immer wieder wunderbare Dinge auf – da muss jemand sein, der das designt hat: ein Designer.**
Ich finde die andere Vorstellung großartiger: die Antwort eben nicht in einem Designer zu suchen, sondern sich zu fragen, wie Materie, wie Zellen das schaffen können!

**Also, Sie glauben gar nicht, dass es designt ist?**
Ich glaube daran, dass es auf eine unglaublich facettenreiche Art und Weise entstanden ist und dass es sich immer weiter entwickelt.

**Warum ist der Islam uns unheimlich?**
Der Islam ist uns unheimlich, weil wir vielleicht auch über ihn noch wenig wissen und weil wir wissen, dass es die letzte Religion ist, die letztgeborene …

**Von den großen Religionen …**
Von den großen Religionen. Auch eine monotheistische, eine abrahamitische Religion, die das Zeitalter der Aufklärung leider noch nicht erlebt hat. Wir haben

uns in der letzten Woche mit dem Thema befasst und auch kluge Geister dazu versammelt, um eigentlich etwas für uns recht Unübliches zu tun, nämlich ein Gefühl zu thematisieren. Angst ist etwas Emotionales, ist nix Rationales. Wir wollten uns fragen, woher diese Angst kommt, ob sie begründet ist und wie man damit umgeht.

**Hatten Sie vor der Sendung am letzten Donnerstag das Ziel, diese Frage nach der Sendung besser beantworten zu können?**
Na ja, wenigstens nehmen wir uns das vor, sonst würden wir uns so eine Frage nicht stellen. Und dann ist man mal zu 80% und mal zu 95% zufrieden.

**Und wie viel waren es dieses Mal?**
Hab' ich noch nicht nachgerechnet, ich stell gleich mal den Taschenrechner an.

**Haben Sie sich seitdem in Sachen Scharia noch ein bisschen weitergebildet?**
Ich sag's ungern, aber ich wähne mich im Recht. Es handelt sich tatsächlich um nicht kanonisiertes muslimisches Recht, und insofern war meine angebotene Definition sogar brauchbar.

**Sie waren aber schon in einer Bedrouille, das kann man schon so sagen, oder?**
Weil mir einer der Gäste eine Gegenfrage gestellt hat? Eher nicht.

**In dieser Sendung ist es Ihnen ja gelungen, durch aggressives Themenverknüpfen – Zuwanderung/Terror – den Innenminister Schäuble aus der Schusslinie und in eine Moderatorenrolle zu bugsieren, wofür er sogar Beifall bekam. War das Ihre Absicht?**
Sie wollen wissen, ob es meine Absicht war, den Innenminister in eine Moderatorenrolle zu bringen? Ich will Ihnen Ihre Einschätzung nicht nehmen, aber ich teile sie nicht. Dass Herrn Schäuble der Konnex nicht gefallen hat zwischen der Terrorgefahr und der mangelnden Integration in diesem Land, das habe ich schon verstanden. Nur haben wir in der Sendung ja das Gegenteil nachgewiesen. Natürlich gibt es eine Verbindung zwischen beidem. Die Frau, die an der Seite eines Gotteskriegers lebte und plötzlich feststellte, welche kruden Dinge sich im Kopf ihres Mannes abspielten, hat ja belegt, wie perfekt man in Deutschland in einem Ghetto leben und zum Islamisten werden kann. Und dass ein Bundesinnenminister erst mal auch aus Gründen der Political Correctness eine solche Verbindung von sich weist und sagt: Natürlich ist nicht jeder der hier in Deutschland lebenden Migranten automatisch ein Schläfer – das ist ja völlig klar! Das sage auch ich nicht. Wir sagen nur, es gibt offensichtlich einen Zusammenhang, und leider berufen sich alle bekannten terroristischen Attentäter auf exakt diese Religion!

**»Am Ende geschieht nichts; wir werden hier nur vorgeführt«, sagt**

manchmal ein Gast von Ihnen. Können Sie mit solcher Kritik gut leben?
Ich kann grundsätzlich mit jeder Kritik leben und sehne mich manchmal sogar nach ihr. Mit diesem Zitat nur müssen Sie mir helfen ...

**Der Bueb hat das gesagt – vor einigen Wochen.**
Das sollten wir uns zusammen noch mal anschauen ...

**»Am Ende geschieht nichts; wir werden hier nur vorgeführt« – und dann haben Sie geantwortet: Hier wird niemand vorgeführt.**
Es gab einen heftigen Streit, das stimmt, aber ich kann mich nicht mehr erinnern, dass der tatsächlich so endete, und verstehe auch nicht so recht, was Herr Bueb damit ausdrücken wollte.

**Dass nichts rauskommt am Ende, das meinte er.**
Dass aus einer solchen Sendung nichts rauskommt? In einer echten Debatte steht schon mal Meinung gegen Meinung. Damit muss man leben. Ich fand das einen hochinteressanten Disput zwischen ihm und Jauch und Brumlik: Welches ist die Schule der Zukunft? Wo liegt die beste Lösung? Die beste Lösung muss nicht immer aus dem Politikbetrieb kommen, die beste Lösung muss aber auch nicht aus Salem kommen ...

**Kann aber aus Salem kommen?**
Keine Frage. Sie kann aus Salem kommen. Sie kann aber auch aus dem Wedding kommen! Irgendwo wird sie liegen.

**Ja. Aber die Dame aus dem Wedding betreute die Kids, die längst schon aus allen Schulsystemen rausgefallen sind, während es Bueb um die Kinder ging, die noch zur Schule gehen, von klein angefangen.**
Genau. Und Deutschland steigt jetzt noch mal in die Debatte über das Schulsystem ein und über die Ganztagsschule. Vielleicht nehmen wir uns noch an unseren Nachbarn in Frankreich oder in Skandinavien ein Beispiel.

**Wenn Sie tatsächlich mal ein Thema zum Abschluss bringen würden, könnten Sie natürlich nicht, wie Sie uns immer wieder versprechen, noch sieben Sendungen zum selben Thema machen. Das ist schon ein Dilemma, oder nicht?**
Sie müssen mir schon wieder helfen. Sieben Sendungen zum selben Thema?

**Na, zum Beispiel »Warum ist der Islam uns unheimlich?« Da haben Sie bei der Schaltung vorher ins Heute-Journal gesagt ...**
Das war eine nette moderative Frage von Claus Kleber. Und weil ich natürlich nicht so anmaßend bin zu sagen, dass eine einzige Sendung uns und die Nachwelt gleich viel schlauer machen könnte, griff ich zu der Formulierung. Man sollte sowieso nie davon ausgehen, dass ein Thema irgendwann für alle

Zeiten abgehandelt ist.

**Sie thematisieren mit Vorliebe die Sorgen und Existenzängste, die, wie Sie selbst sagen, schon in der Mitte der Gesellschaft angekommen sind. Sichern diese Existenzängste sozusagen die Existenz Ihrer Sendung? Kann man das so salopp formulieren?**

Sie garantieren bestimmt nicht die Existenz unserer Sendung, aber sie sind ein wichtiger Bestandteil unserer Sendung. Wir spüren auch, dass jede existenzielle Angst erstens kein schönes Gefühl ist und zweitens eins, um das Journalismus sich kümmern sollte. Ja, und wir denken, dass wir damit fortfahren sollten, nicht nur Politiker verschiedenster Provenienz über ein Problem reden, sondern die politisch Handelnden auf die politischen Konsumenten treffen zu lassen.

**Die übliche Illner-Zusammensetzung besteht aus Politikern, die es noch nicht geschafft haben, die Öffentlichkeit zu überzeugen, und interessierten Laien, die es noch nicht geschafft haben, die Politik überhaupt zu verstehen.**

Und ich bin immer wieder überrascht und sehr angetan davon, wie politisch interessiert und klug dieses Volk ist. Die Sendung ist ja so 'ne Art Stiftung Warentest für Politik: Wie lauten die Politikangebote, von wem kommen sie, wem nutzen, wem schaden sie? Das fragen wir uns, das fragen sich unsere Gäste.

**Die aber oft keine Fachleute sind, im Unterschied zu den ...**

Die *manchmal* Fachleute sind. Wir haben ja nicht nur die Hartz-IV-Empfängerin in der Runde, sondern beispielsweise auch einen Professor Nolte. Die Sendung versucht, das alles miteinander zu verbinden: den ehrlich Betroffenen mit der verantwortlichen Politik, den entsprechenden wissenschaftlichen Input und die möglichen Alternativen.

**Und die Gefahr, in Stammtischnörgelei abzurutschen, die sehen Sie gar nicht?**

Nie. Da sitzen Leute, die sich ganz ernsthaft und sehr sachkundig mit einem Problem befasst haben und um die beste Lösung ringen. Das tun sie auch noch sehr engagiert. Was will man mehr!

**Regelmäßig treten in Ihren Sendungen Prominente aus anderen Fernsehsendungen auf. Die locken natürlich Publikum an, aber auch – mit Niklas Luhmann – den Vorwurf von Selbstreferenzialität der Medienwelt. Möchten Sie sich zu diesem Vorwurf äußern?**

Also, erstens habe ich überhaupt nicht das Gefühl, dass Sie mir mit Vorwürfen kommen, sondern Sie stellen ausgesprochen reizende Fragen. Und zweitens finde ich, dass es eine bestimmte Gruppe von Menschen in diesem Land gibt, die auch noch mal eine Entdeckung sein können. Wenn jemand in seinem Leben bisher bekannt war als ein perfekter Fußballer und man plötzlich von ihm erfährt, dass er Medizin studiert hat oder sich für Behinderte engagiert, halt' ich das für einen Nähr- und Mehrwert. Aber wenigstens genauso freuen wir uns über Entdeckungen bei den ganz normalen Leuten. Sie werden nicht grundlos das Salz der Erde genannt.

16. Juli 2007

Der Text dieses Gespräches hat sich in mehreren Schritten allmählich immer weiter vom tatsächlich gesprochenen Wort entfernt. Unserem Prinzip, grundsätzlich möglichst nahe am wirklichen Interview zu bleiben, um einen authentischen Eindruck vermitteln zu können, mussten wir hier leider ein wenig untreu werden. Glücklicherweise konnten wir aber die Maschinen der Druckerei noch in letzter Minute stoppen, um letzten Änderungswünschen Genüge zu tun.

F.S./C.G.

# Jolyon Brettingham Smith

**Jolyon Brettingham Smith**, 1949 in Southampton geboren. Philosophie- und Musikstudium in Cambridge, Heidelberg und West-Berlin. 1971 Mitglied der Komponisten-Gruppe Neue Musik Berlin. Seit 1985 Professor für Musiktheorie. Live-Moderator von jährlich 150 Rundfunksendungen mit Klassischer Musik im RBB, im SWR und im WDR. Bricht am Ende einer Live-Sendung im Mai 2008 tot zusammen.

## »Möchten Sie wirklich Phil Collins sein?«

**Sie sind Professor für Musiktheorie, Sie sind Komponist – und Sie moderieren 150 Live-Sendungen jährlich in verschiedenen Rundfunksendern. Bei so vielen Hauptberufen wundert man sich, dass Sie nebenher noch Zeit gefunden haben, sechs Kinder in die Welt zu setzen. Wie schaffen Sie das alles?**
Ich habe versucht, im Laufe der Zeit so eine hübsche Palette von Tätigkeiten aufzubauen, dass ich immer das Gefühl habe: Morgen mache ich was anderes; und jedes Mal kann ich mich darauf freuen. Kinder zu machen, das ist eigentlich nicht so anstrengend; Kinder dann zu betreuen, zu erziehen, mit Kindern umzugehen, das nimmt doch sehr viel Zeit in Anspruch. Ich habe vielleicht einen Vorteil: Ich brauche kaum Schlaf. Und der andere Vorteil ist, dass ich nichts mache, das mir nicht Spaß macht.

**Wie es der Zufall wollte, wurden Sie nur wenige Stunden nach dem Tod von Richard Strauss geboren. War damit Ihr Weg in Richtung Deutschland und zum Komponieren von Opern bereits vorgezeichnet?**
Nein, der Weg nach Deutschland war kompliziert. Ich wollte schon mit 14 – 15 unbedingt Komponist werden, aber meine Eltern hatten ganz andere Ideen, es gab endlose Konflikte am Ende der Schulzeit und ich habe irgendwann gemerkt, wenn ich das durchsetzen will, dann geht es nicht in England. Ich hatte auch diese Vorstellung eines Meisterstudiums bei einem asiatischen Komponisten ...

**Haben Sie da schon an Isang Yun gedacht?**
Ganz genau. Er war hier in Berlin, und Berlin war damals Ende der 60er Jahre auch ein Magnet. Da bin ich dann gelandet – einerseits, um meinen Eltern zu entkommen, andererseits, um zu dem Wunschlehrer zu kommen.

**Haben Sie heute morgen schon eine neue Oper komponiert?**
Opern kann man leider nicht an einem Vormittag komponieren, aber Ideen habe ich heute jede Menge gehabt. Heute ist ein total produktiver und kreativer Tag gewesen – bis jetzt. Im Moment scheint es so, als ob es dabei bleiben wird.

**Als größte Schwierigkeit für moderne Komponisten gilt nicht die erste, sondern die zweite Aufführung der neuen Komposition. Ihre Oper**

**»Das Schweigen der Lämmer« wurde 1984 sogar in Braunschweig und Berlin gleichzeitig auf die Bühne gebracht ...**
Das ist richtig. Allerdings muss ich darauf hinweisen, dass das »Schweigen der Lämmer« ein Film war – mit Anthony Hopkins und mit viel Blut. Meine Oper hieß »Das Schweigen des Lord Chandos« und war gar nicht richtig blutig.

**Warum schreiben Sie nicht mal einen richtigen riesengroßen Monsterhit, der auf beiden Seiten des Atlantiks die No. 1 in der Hitparade wird – wie z.B. Muzio Clementi (mit seinem op. 36 No. 5)?**
(erstaunt) Muzio Clementi?

**Im Jahre 1988. Sagen Sie nicht, Sie kennen das nicht.**
Natürlich. Aber ich habe mir niemals zum Ziel gemacht, Monsterhits zu schreiben. Und ich weiß auch nicht, wozu die im Endeffekt gut sind.

**Zum Geldverdienen wahrscheinlich.**
Ja, richtig. Aber zu meiner Schande muss ich gestehen, dass ich von Geld überhaupt nichts halte. Ich kann mit Geld nichts anfangen.

**Und Bekanntheit, Berühmtheit? Dass vielleicht sogar die Queen mal zuhört wie bei Phil Collins damals?**
Also, möchten Sie wirklich Phil Collins sein?

**Nein, aber vielleicht der Komponist von Phil Collins – namens Muzio Clementi.**
(lacht) Ich weiß nicht. Ich stelle es mir nicht schön vor. Und bescheidenerweise erreiche ich über meine Radiotätigkeit eigentlich viele Leute, die dann einen Zugang zur Musik bekommen, den sie sonst vielleicht nicht gehabt hätten.

**Ein kritischer Radiohörer hat über Sie geschrieben, dass Sie »auf wunderbare Weise Leichtigkeit mit Tiefgang vereinen« – eine in der Tat vollkommen undeutsche Kombination ...**
Ein *kritischer* Radiohörer?

**Ja, der gegenüber anderen sehr kritisch war.**
Ich versuche das, das ist völlig richtig, und so versuche ich auch zu unterrichten. Dass die Leute Spaß haben, viel dabei lachen können und trotzdem merken: Mensch, da war was. Und das stimmt: Das ist nicht unbedingt die deutsche Tradition. Als ich anfing Radio zu machen, wurde ich tatsächlich heftig angegriffen. Aber das hat mich nicht sonderlich beeindruckt. Ich habe das immer so gemacht: Ich rede im Radio genauso, wie ich sonst rede. Das ist das einzige Geheimnis. Ich glaube, inzwischen gibt es einige junge deutsche Moderatoren ...

**Nennen Sie mal Namen.**
Daniel Finkernagel kann das einigermaßen. Weil er auch viel weiß. Fatal ist es, wenn man versucht diese leichte Art zu pflegen, ohne dass eine Substanz

dahinter steht. Das geht dann total schief. Es gibt Beispiele, wo man schon beim ersten Wort hört: Die haben keine Ahnung. Die fangen an zu erzählen und man denkt: Das darf alles nicht wahr sein. Nicht, dass sie die Namen nicht kennen und nicht aussprechen können ...

**Das kommt aber auch vor.**
Das kommt dann noch erschwerend hinzu. Man merkt, die haben sich weder vorbereitet noch haben sie irgendeine Art von Vorwissen. Da ärgert man sich tierisch und fragt sich: Wieso dürfen sie das eigentlich?

**Und haben Sie in Erfahrung gebracht, wieso die das dürfen?**
Ja. Es heißt einfach: Das wollen die Leute.

**Die Hörer?**
Ja. Die fühlen sich ganz wohl. Die denken: Ah ja, das wusste ich auch. Die bilden sich ein, dass sie genauso viel wissen wie der sogenannte Experte.

**Wenn Sie die Rundfunkstruktur der BBC mit der regionalen Provinzialität der ARD vergleichen: Wie zeitgemäß ist dieses Nebeneinander von regionalen Kultursendern in Deutschland eigentlich noch?**
Das ist eine sehr bedenkliche Entwicklung. Aber man muss ein bisschen differenzieren. Es gibt immer noch ein paar Oasen. Ich arbeite sehr gern in Baden-Baden. Da sind ganz hervorragende Leute, die dafür kämpfen, dass die Qualität erhalten bleibt: Lotte Thaler ist ein Beispiel, Rainer Peters ist noch eins und Bettina Winkler ist ein ganz hervorragendes Beispiel.

**Gegen wen müssen die denn da kämpfen?**
Die höheren Etagen, wie es so immer heißt: die Programmleitung, die Abteilungsleitung manchmal sogar – und auch die Intendanz. Die mögen Musik überhaupt nicht und die wissen gar nicht, worum es geht, und daraus schließen sie, dass alle anderen das auch nicht mögen – und kriegen nicht mit, dass es durchaus eine sehr große und sehr intelligente und sehr – möchte ich sagen – bedeutungsvolle Minderheit gibt, die dieses braucht.

**Die zweite Frage wäre ja: Ist es noch sinnvoll, dass man solch regional zerstückelte Sender hat, die alle nebeneinander herwursteln. Man könnte die Qualität ja in einen Topf werfen.**
Das meinte ich mit bedenklicher Entwicklung. Ich denke, es geht tatsächlich in die Richtung. Es wird nivelliert überall, damit man nachher sagen kann: Alle sind im Grunde genommen gleich – können wir also zu einem Kulturprogramm machen. Und dann ist halt die Frage, wer bestimmt das und welche Qualität ist dann prägend. Ich fürchte, diese paar Oasen werden dann links liegen bleiben. Diese eine Sendung beim WDR – das Klassik Forum – jeden Morgen von 9 – 12 Uhr, das ist das beliebteste und am meisten gehörte Programm im Bereich Klassische Musik in Deutschland: Das Ding wird seit Jahren permanent angegriffen!

**Als Sie selbst vor zwei Wochen besagtes Klassik Forum moderierten, war die Musikauswahl, um es in Ihrer Muttersprache zu sagen, highly predictable: Orchestermusik aus dem – unwesentlich verlängerten – 19. Jahrhundert. Wer oder was hält Sie davon ab, mehr John Adams oder mehr Claudio Monteverdi zu spielen?**
Gar nichts. Ich versuche jetzt mal zu rekonstruieren, was ich alles gemacht habe an den zwei Tagen ...

**Haydn, Hummel, Beethoven, Reicha, Liszt, Wagner, Chopin, Saint-Saëns, Tchaikovsky, Balakirev, Elgar, Ravel, Onslow.**
Ja. Das ist völlig richtig. Wie soll ich mich jetzt verteidigen? – In der Tat haben wir ein bisschen die Auflage, nicht zu weit zu gehen. Was ich zu meiner Verteidigung sagen werde, ist, dass Leute wie Anton Reicha oder Onslow nicht alle Tage im Radio kommen.

**Aber sie liegen innerhalb des 19.-Jahrhundert-Spektrums.**
Ja. Auf der anderen Seite sind die beiden Wochen, die ich dieses Jahr in Baden-Baden gemacht habe, einmal Monteverdi und jetzt dann Edward Elgar und seinen Zeitgenossen gewidmet. Also, ich hab' kein schlechtes Gewissen. Vor allem, wenn man diese Komponisten, auch wenn sie aus dem 19. Jahrhundert stammen, in einem Kontext präsentiert, der neu ist, wo die Leute nicht gewusst haben, welche Verbindungen es zwischen Reicha und Beethoven und Onslow gibt.

**Ihr Kollege Thomas Rübenacker bezeichnet sich als »Hörfunk-Moderator für gute Musik«. Wir fragen jetzt den Professor für Musiktheorie: Was ist gute Musik?**
Das ist schwer zu definieren. Einerseits ist gute Musik eine Musik, die wirklich gut gemacht ist – so wie eine Brücke von einem Architekten. Die andere Seite ist die Substanz, das ist sehr viel schwieriger zu definieren. Das hat mit Stil absolut nichts zu tun. Es gibt ganz lausige klassische Musik und noch lausigere romantische Musik, es gibt Barockmusik, die unter aller Sau ist, und genauso gibt es Rockmusik und Jazzmusik, die denkbar schlecht ist. Aber in allen diesen Sparten gibt es ab und zu Musik, bei der man merkt, da kommt das Handwerk mit Kreativität und Originalität zusammen. Da wird etwas so artikuliert, dass es nicht nur spannend ist, sondern dass es einem geradezu kalt über den Rücken läuft.

**Sie meinen jedem, der das hört?**
Nein. Das kann nicht sein. Weil zu viele Vorurteile vorhanden sind. Musik kennt leider viele Grenzen. Durch Erziehung, durch die Umgebung, durch die Medien werden Leute sehr oft in eine Richtung gedrängt, die sehr einseitig ist und die Möglichkeit, andere Stile und andere Perspektiven zu erkennen, ausschließt.

**Die Revolution der Alten Musik – auf CDs der letzten 25 Jahre zu**

**besichtigen – findet im Mainstream der deutschen Kulturprogramme nicht statt. Warum nicht?**
Für mich ist die Musik des 12. Jahrhunderts genauso bedeutend wie die Musik des 19. Jahrhunderts. Sie kommt im Mainstream des Radios nicht vor, sie kommt in unserem Schulsystem überhaupt nicht vor und sie kommt auch in unserem Kunstbetrieb kaum vor.

**Ja, und wo wollen wir jetzt anfangen?**
Ich sage immer, wir müssten in der ersten Klasse der Grundschule anfangen. Eigentlich schon vorher. Kinder haben insgesamt ein differenzierteres und sensibleres Gehör als Erwachsene. Diese Fähigkeit wird systematisch kaputtgemacht – durch die Musik, die man meistens einfach so zu hören bekommt. Und es ist leider nicht mehr möglich, mit einem Publikum von WDR 3 oder KulturRadio so umzugehen, dass wir sagen: Leute, wir müssen euch jetzt erziehen. Es ist zu spät.

**Im deutschen Kulturbetrieb ist darüber hinaus eine ausgesprochene Scheu vor Vokalmusik zu beobachten. In England würden sich die Ensembles vermutlich darum reißen, Musik von Hans Leo Hassler aufzuführen ...**
Eine Scheu vor Vokalmusik. Ja, ich weiß. Das ist merkwürdig. Ich weiß nicht, woran es liegt. Kollegen sagen mir, das ist die Hitlerzeit, wo alle singen mussten, und seitdem singen sie gar nicht mehr. Wir in England haben Gott sei Dank eine ziemlich ungebrochene Tradition von Vokalmusik. Ich war mit 7 Jahren schon Chorknabe, ich habe vom Blatt gesungen jeden Tag, ich singe heute noch sehr gern, auch wenn meine jüngsten Kinder dagegen sind.

**Aber was ist mit den Deutschen los? So lange nach Hitler: Vielleicht könnte man da mal wieder anfangen zu singen.**
Ich verstehe das nicht. Offensichtlich ist es denen peinlich. Man kriegt die nicht richtig zum Singen. Das ist eine Sache, die Kinder eigentlich wahnsinnig gerne machen. Die machen das viel lieber als tanzen eigentlich.

**Was würden Sie sagen: Liegt es mehr an den Eltern oder an den Schulen?**
Also, wenn wir jetzt anfangen, eine Diskussion über Musikunterricht an deutschen Schulen zu führen, dann nimmt das kein Ende. Es liegt auf jeden Fall an dem Schulsystem. Es liegt auch an der furchtbaren Angst von vielen Erziehern: Welche Art von Gesang wollen wir jetzt machen? Die armen Kinder, die aus anderen Ländern kommen, die können doch nicht »Der Mond ist aufgegangen« singen.

**Warum nicht?**
Ja, warum nicht? – »Alle meine Entchen« ist auch gefährlich.

**Warum?**

Vogelgrippe. – Nein, es ist schade. Von Kindern wird in der ersten Klasse, sogar in der Vorschule schon erwartet, dass sie Bilder malen. Das ist *auch* anspruchsvoll. Aber man geht davon aus, dass kein Kind in der Lage ist, zwei Töne zusammenzuschreiben. Und denkt, das ist zu anspruchsvoll. Das ist zu stressig.

**Sie würden den Kleinen schon zumuten, ein bisschen was zu komponieren?**
Sobald sie zeichnen können, können sie auch komponieren. Es wird kein großartiges Werk, aber es ist auf jeden Fall spannend. Ich habe in nicht weniger als 17 Berliner Schulen unterrichtet – in der Hoffnung, dass man durch Kreativität die Kinder motivieren kann, Klänge zu entwickeln und Sinn für Klang zu entwickeln, der nicht konventionell orientiert ist.

**Sie sollen auch ein begnadeter Hobbykoch sein. Warum machen Sie nicht mal eine »Kochen mit Schönberg« Show? Da könnten Sie beim Kochen die beliebtesten Melodien von Schönberg pfeifen.**
Das ist gemein. Ausgerechnet Schönberg. Da wird die Milch auch noch sauer. – Kann man diese beiden Elemente kombinieren? Wenn ich zuhause koche, dann kann ich keine Musik hören. Wenn ich irgendetwas anderes mache, kann ich keine Musik hören. Das liegt an dem Phänomen Musik. In dem Augenblick, wo Musik erklingt, bin ich zwangsläufig so damit beschäftigt, dass alles andere zu kurz kommt.

**Was tun Sie so alles, um Ihre Allgemeinbildung auszubauen?**
Ich bin von Natur aus pathologisch neugierig. Ich habe keinen Computer und ich sehe so gut wie nie fern. Das heißt, ich lese wahnsinnig gerne und sehr, sehr viel. Im Moment lese ich ein sehr interessantes Buch über Krankenschwestern und Sanitäter im Ersten Weltkrieg. Das ist wirklich der pure Zufall: Mittendrin war eine Beschreibung von einem Schiff des Roten Kreuzes, das bei der Überfahrt von Dover nach Calais von einem deutschen U-Boot torpediert wurde. Und in diesem Schiff saß der spanische Komponist Enrique Granados mit seiner Frau. Da ist ein amerikanischer Sanitäter dabei gewesen, der den Granados kannte, und er beschreibt, was ich noch nie irgendwo gefunden hatte, wie es zu Granados' Tod kam: Seine Frau, die eine sehr große und korpulente Person war, wollte sich auf ein Floß retten, aber sie war zu groß und zu schwer. Er hat vergeblich versucht sie darauf zu halten und beide sind dann ins Wasser gerutscht.

**Sind Sie ein religiöser Mensch?**
Das ist eine Definitionsfrage. Ich weiß es nicht. Nicht in dem Sinne, dass ich Mitglied einer bestimmten Kirche bin. Getauft bin ich als Anglikaner, und von den ganzen christlichen Gemeinden, die es gibt, ist die anglikanische eine, die man halbwegs vertreten kann, weil sie außerordentlich tolerant ist. Aber an sich muss ich sagen: Nein, ich glaube nicht, dass es irgendeine Art von über-

irdischer Kraft gibt, die unser Universum steuert. Und ich glaube auch nicht, dass, wenn ich sterbe, irgendetwas Schönes oder Böses auf mich wartet. Eher Böses, wenn überhaupt.

**Sie glauben auch nicht an Seelenwanderungen?**
Es wäre schön. Als eine meiner Töchter sechs war, hat sie plötzlich gefragt: Papa, wenn man ein Engel ist, bleibt man dann immer ein Engel? Ich dachte, das kleine Wort »wenn« rettet uns hier, und habe ihr das bestätigt. Aber sie hat natürlich viel weiter gedacht und sagte dann: Oh schade, ich dachte, es fängt immer wieder von vorne an. Das waren so philosophische Überlegungen, das hat mich ein bisschen umgehauen. – Ich glaube es nicht. Ich glaube, wir sind einmal hier und dann müssen wir das Beste daraus machen. Und ich glaube, das ist ganz gut so.

**In der nächsten Woche werden Sie in Baden-Baden für den SWR fünf Sendungen über den Katholiken Edward Elgar machen. Wie bereiten Sie sich auf diese Sendungen vor? Überarbeiten Sie Ihre älteren Sendungen aus dem RBB noch einmal?**
Nein, das hasse ich. Auf der anderen Seite ist es schon fair, wenn man mal einen guten Gedanken gehabt hat, dass man ihn noch ein bisschen ausbaut. Aber im Prinzip versuche ich immer, einen neuen Ansatz zu finden.

**Sie sind schon oft Teilnehmer der überaus beliebten monatlichen Raterunde des SWR gewesen. Da zeigt sich immer wieder wie schwierig es ist, schlicht und einfach das zu hören, was zu hören ist. Sie beweisen dabei regelmäßig ein extrem gutes Ohr. Was ist Ihr Geheimnis?**
Wahrscheinlich die Tatsache, dass ich Musik nur höre. Sicherlich die Tatsache, dass ich sehr gern Partituren lese, ohne dass die Musik dazu läuft. Ich merke auch, meine Arbeit hier an der Universität der Künste, die vielen Prüfungen, die man abnehmen muss – jetzt zum Ende des Semesters waren es 139 in drei Wochen – das schult auch. Man hört ganz genau hin. Man merkt mit der Zeit nicht nur, wie verschiedene Orchester klingen, wie die Oboen in Wien klingen oder die Trompeten in San Francisco, man merkt auch, wie einzelne Leute – und das ist für mich vielleicht das Wichtigste – phrasieren. Ob sie kurzatmig oder langatmig denken, ob man beim ersten Ton schon merkt: In erst drei Minuten werden wir den wichtigsten Ton erreichen – oder ob das zerstückelt ist und sich das Ganze nicht richtig summiert. Nach einer Weile merkt man, wer das macht und nicht macht. Man weiß auch vom Tempo her, wer dazu neigt zu forcieren, wer dazu neigt viel Rubato zu machen. Es gibt viele Gesichtspunkte, die alle reinfließen und häufig dann zu dem richtigen Ergebnis führen.

**Klassische Musik im Fernsehen: Lohnt es sich, darüber ein Wort zu verlieren?**

Wir haben diese Raterunde eine Zeitlang im Fernsehen gemacht. Das war sehr problematisch aus zwei Gründen. Erstens kam immer gleich die Frage: Was machen wir, während die Musik läuft? Als wenn man nicht sagen könnte: Zuhören zum Beispiel. Das ging nicht. Und zweitens wurde uns immer vorgeworfen, wir würden zu schnell auf die richtige Antwort kommen. Man sollte so tun, als ob man es nicht weiß und erst langsam draufkommt, und das Ganze mit einer künstlichen Spannung versehen.

**Aber es gibt ja andere Sachen im Fernsehen.**
Gut. Es gibt auch klassische Musiksendungen im Fernsehen. Und ich kann ein bisschen verstehen, wenn die Regisseure manchmal verzweifelt sind und immer wieder die Finger des Hornisten zeigen, wenn ein Hornsolo kommt, usw. Man kann sich auch fragen: Ist das eine gute Idee, einfach Konzerte aufzunehmen und zu zeigen?

**Und wie ist die Antwort?**
So nicht. Aber was man machen kann und machen soll, aber nie machen tut, ist, junge oder halbwegs alte Komponisten zu beauftragen, Musik für das Fernsehen zu schreiben.

**Hmh. Das ist in der Tat eine gute Idee. Alfred Biolek hat in seinen Bahnhofs-Sendungen, bevor er anfing zu kochen, oft moderne klassische Musikstücke – z.B. von Iannis Xenakis – sehr erfolgreich ins Rampenlicht gerückt.**
Also, das ist etwas anderes. Wenn man so einen pädagogischen Anspruch hat und das den Leuten näher bringen will, dann ist Xenakis – wie auch andere radikale Komponisten – dafür prädestiniert. Kann man machen.

**Gibt es so etwas heute noch?**
Kaum. In Deutschland jedenfalls so gut wie gar nicht.

**Und warum nicht?**
Weil das Ganze einen furchtbar schlechten Ruf hat. Es ist irgendwas Elitäres ...

**Aber diese Biolek-Sendung war überhaupt nicht elitär.**
Überhaupt nicht. Leonard Bernstein hat auch Ähnliches gemacht mit Klassischer Musik. Das ging eigentlich immer gut. Simon Rattle hat es auch bewiesen in England mit der BBC. Aber man muss erst mal die Leute in den Sendern davon überzeugen!

**Wie und mithilfe welcher Medien halten Sie sich über das musikalische Geschehen in der Welt auf dem Laufenden?**
Ich lese, was ich kann. Die *Sunday Times* ist meine wöchentliche Lektüre. Da steht sehr viel drin über das Musikleben. Und ich versuche sehr viel zu hören.

**Und welche Medien nehmen Sie in Anspruch, wenn Sie sich über**

**andere Dinge, wie beispielsweise den Ausgang der Tour de France, informieren wollen?**
In erster Linie Radio. Aber ich sehe schon einmal am Tag im ZDF diese Sendung um viertel vor 10 abends: das Heute-Journal. Da hat man das Gefühl, das sind intelligente Kollegen, die sich nicht nur mit dem Text auseinandergesetzt haben, sondern auch mit dem Inhalt des Textes. – Und diese Sache mit der Tour de France: Das ist mir relativ wurscht eigentlich, was diese Radfahrer machen. Aber viele Vorurteile sind in den letzten Tagen mehr als bestätigt worden.

**Wenn wir Sie jetzt zum Abschluss des Gesprächs zu einer Doping-Kontrolle bitten würden, welche überraschenden Erkenntnisse würden wir dabei wohl gewinnen?**
(lacht) Was ist Doping? Was nimmt man? Es gibt viele Dinge, die einen anregen und vielleicht eine ähnliche Wirkung haben. Das einfache Rotlicht im Studio ist ein wunderbares Doping. – Ich nehme meine jüngsten Kinder manchmal mit ins Studio, damit sie sehen, wie der Papa sein Geld verdient. Und als sie einmal nicht im Vorraum bei der Technik bleiben durften, habe ich ihnen gesagt: Immer wenn das Rotlicht nicht leuchtet, dürft ihr reden, und wenn es leuchtet, müsst ihr still sein! Sie haben sich wirklich daran gehalten – außer dass sie es genau andersherum gemacht haben.

30. Juli 2007

# Cathrin Kahlweit

**Cathrin Kahlweit**, Jahrgang 1959. Politikwissenschaft- und Russischstudium. Hamburger Journalistenschule. Freie Tätigkeit bei diversen Medien. Seit 1989 *Süddeutsche Zeitung*. 2007-08 kurzes Zwischenspiel als Redaktionsleiterin der Anne Will Media GmbH.

## »Ich habe einen tollen Job«

**Nach 17 Jahren bei der *Süddeutschen Zeitung* haben Sie überraschenderweise als Redaktionsleiterin bei Anne Will angefangen. Wie überraschend kam dieser Sprung für Sie selbst?**
Der kam für mich selber einerseits sehr überraschend, weil das Angebot sehr überraschend kam. Auf der anderen Seite habe ich schon länger mit dem Gedanken gespielt, mal was ganz anderes zu machen, weil ich fand, dass 17 Jahre *Süddeutsche* sehr erfreulich, aber irgendwann auch genug waren. Ich konnte mir also vorstellen zu wechseln; dass es hierher sein würde, war logischerweise nicht absehbar.

**In den letzten Jahren haben Sie für die *Süddeutsche* überwiegend sogenannte weiche Themen bearbeitet. Hängt das in irgendeinem kausalen Zusammenhang mit der Tatsache, dass Sie selbst Mutter dreier Kinder sind?**
Das hat mehrere Gründe. Der eine ist sicherlich der, dass es bei uns in der Zeitung und mutmaßlich generell im ambitionierten Print-Journalismus nicht sehr viele Mütter mit mehreren Kindern gibt. Das heißt also, man gilt sofort als Fachfrau, selbst wenn man das nicht sein möchte. Zum zweiten gibt es so was wie ein Platzhirsch-Denken von Männern, die die harten Themen ungern abgeben; ich glaube, das werden die meisten Frauen in den meisten Medien bestätigen. Also sucht man sich seine Nischen – auch das eher unfreiwillig. Und zum dritten kommt aber bei mir noch erleichternd hinzu, dass ich der Überzeugung bin, dass die weichen Themen oft mehr von Lebensrealität und damit auch von den Auswirkungen von Politik abbilden als abstrakte Politikdebatten in Berlin.

**Sie waren also nicht unbedingt unzufrieden damit?**
Nein, ich war nicht unbedingt unzufrieden damit, weil ich mein Themenspektrum inhaltlich wichtiger fand. Wenn man jetzt in Karrieremaßstäben denken würde, war es sicherlich nicht nützlich.

**Würden Sie sich – im aufgeklärten Sinne von Silvana Koch-Mehrin – auch als Rabenmutter bezeichnen?**
Unbedingt! Aber die meint es ja positiv; so meine ich's auch. Ich finde den Begriff sehr seltsam, aber ich bin eine überzeugte Rabenmutter, und meine Kinder finden das ziemlich gut.

**Politisch sind Sie nicht richtig einzuordnen. Manches klingt wie Starnberger-See-Sozialismus, anderes aber mehr nach FDP ...**
(lacht) Was ist Starnberger-See-Sozialismus?
**Sie müssten das ja wissen, wenn Sie da wohnen ...**
Also, Starnberger See und Sozialismus geht nicht zusammen. Insofern versuche ich gerade, die Polemik dahinter zu verstehen.
**Wie würden Sie sich selbst politisch beschreiben?**
Also, Starnberger-See-Sozialismus – wie gesagt – verstehe ich nicht, mit der FDP verbindet mich nichts. Ich bin überzeugt, dass die Realitäten eindimensionale Politikverständnisse oder -zuschreibungen oft nicht erlauben. In manchen Punkten erwische ich mich dabei, dass ich konservativ bin – und in manchen sehr sozialdemokratisch. Meine Kollegen halten mich immer für eine überzeugte Öko-Grüne, andere beschimpfen mich als Feministin. Vielleicht ist es ganz gut, wenn es nicht so deutlich erkennbar ist.
**Aber irgendwie aktiv in einer Partei waren Sie nie? Ihr Vater war ja mal sehr aktiv in der SPD.**
Mit sechzehn Jahren bin ich bei den Jusos eingetreten, mit siebzehn wieder ausgetreten. Weil mich damals mit siebzehn Stamokap-Debatten langweilten und weil ich seitdem nie mehr das Bedürfnis verspürt habe, mich in der Partei zu engagieren.
**Die Arbeitsgemeinschaft Sozialdemokratischer Frauen wirbt auf ihrer Homepage – zwischen Regine Hildebrandt und Heide Simonis – auch mit Büchern von Ihnen. Dürfen die das?**
Die haben mich nie gefragt, das ist mir neu. Ich habe ein paar Bücher geschrieben, die sich mit Frauenthemen beschäftigen, insofern ist es naheliegend, weil es da auch immer um Frauen und Karrieren, Frauen und Selbstverständnis, Frauen und ihre Realitäten ging. Es hat nie eine offizielle Anfrage gegeben, ob die das dürfen – aber meine Bücher sind ja im Internet in vieler Form zugänglich, und das ist ja auch nichts Schlimmes.
**In der ersten Woche nach der Bundestagswahl 2005 haben Sie – unter der Überschrift »Bei der nächsten Frau wird alles anders« – Angela Merkel als mögliche Kanzlerin bereits abgeschrieben: Ihre Kandidatur sei die falsche gewesen. Wen würden Sie denn nun lieber als Kanzlerin sehen: Andrea Nahles? Oder Ursula von der Leyen?**
Über die zweite Hälfte der Frage müsste ich länger nachdenken, ich weiß es nicht ad hoc. Zum ersten Teil der Frage muss ich sagen, dass ich – was ich ungern tue, aber was man manchmal tun muss – glaube, dass ich damals falsch lag. Ich würde das heute so nicht mehr schreiben.
**Warum ungern – das ist doch eine ehrenhafte Sache, sich zu einem**

**Fehler zu bekennen.**
Ja, ja. Es ist vielleicht nicht so üblich. Aber ich muss das differenzieren. Ich hab' sie damals nicht abgeschrieben, ich war nur der Überzeugung, dass eine Frau wie sie, die sich zu ihrer Weiblichkeit nicht bekennt, möglicherweise bei einem großen Teil der Wählerschaft an den Bedürfnissen vorbeiargumentiert und deshalb keine Begeisterung hervorruft. Das Interessante ist, dass ich mich damit getäuscht habe, weil die Mehrheit der Deutschen – auch die Mehrheit der Frauen – sie ja wohl ganz klasse findet. Was im Grunde dafür spricht, dass die Klischees, mit denen ich da herangegangen bin, nicht gestimmt haben – und dass man sich ihr mit sehr viel sachlicheren Kriterien nähert, als ich das vor zwei Jahren für möglich gehalten habe. Vielleicht ist es keine Schande, dass man sich da irrt, denn es war auch die erste Frau. Im nachhinein würde ich sagen, die Auseinandersetzung mit ihrem Regierungsstil wird nicht darüber geführt: Macht sie das, was sie tut, weil sie eine Frau ist, sondern: Macht sie das gut oder schlecht? Das ist sehr erfreulich.

**Manche Feministinnen werfen Frau Merkel heute noch vor, dass sie sich »nicht bewusst genug als Frau zeigt«. Sollte sie sich demnach mehr den klassischen weichen Frauenthemen widmen und weniger der harten Außenpolitik?**
Ich hab' das früher auch gedacht, dass das nötig wäre, inzwischen denke ich auch da: Vielleicht ist ihre Taktik genau richtig. Weil sie sich dieser Schublade verweigert, kann sie eher reüssieren.

**Da gibt es ja auch zwei feministische Schulen: die eher linke und die eher Alice-Schwarzer-mäßige.**
Ja, wobei Alice Schwarzer im Falle von Angela Merkel auch extrem ambivalent ist. Auf der einen Seite fordert sie, dass man sich zu seinem Frau-Sein und zu all dem, was die Probleme des Frau-Seins ausmachen, dringend bekennen muss, andererseits verzichtet sie bei Frau Merkel genau darauf – und verzeiht ihr, dass sie das nicht tut. Vielleicht tappen wir da alle in dieselbe Falle.

**Nachdem wir schon mit anderen Frauen darüber gesprochen haben, erhoffen wir uns jetzt von Ihnen die definitive Antwort: Gibt es einen weiblichen Journalismus?**
Nein. Quatsch. Es gibt keinen weiblichen Journalismus.

**Sie haben doch mal einen Vortrag darüber gehalten.**
Über weiblichen Journalismus?

**Ja, an der Uni Eichstätt.**
Da habe ich nicht darüber geredet, dass Frauen anders arbeiten oder anders denken, sondern darüber, dass sie sich auf Grund von Hierarchien anders positionieren müssen oder in andere Positionen gedrängt werden. Das sind aber zwei verschiedene Paar Stiefel.

**Also die Frage »Gibt es einen weiblichen Journalismus« würden Sie verneinen?**
Ja.

**Und die, die das behaupten, die meinen, Frauen müssen für Frauen schreiben, weil sie über bestimmte Themen anders denken und Dinge anders wahrnehmen ...**
Halte ich für eine Chimäre. Ich glaube, dass das manchmal ein Rettungsanker ist, weil man nicht den Journalismus machen kann, den man möglicherweise machen möchte. Weil sich viele Frauen abgedrängt fühlen, retten sie sich dann möglicherweise in eine Art Schutzraum, wo man dann sagt, na ja, eigentlich wollen wir das ja so, weil: Wir machen alles ganz anders, und Frauen denken sensibler ... Nein.

**Und dieser ganze Berg von Frauenzeitschriften?**
Das ist nicht mein Verständnis von Journalismus. Das ist Unterhaltung. Die *Brigitte* ist eine anständige Zeitschrift, aber sie unterhält mich vorwiegend. Der Anteil an Journalismus in der *Brigitte* ist rudimentär – mit Verlaub. Das sind Reisereportagen oder mal 'ne gute Geschichte, und auch da würde ich sagen: Ob diese Geschichten ein Mann oder eine Frau schreibt, macht keinen Unterschied. Die Zeitschrift soll Frauen unterhalten, die sich überlegen, was ziehe ich morgen an und wie erhalte ich meine Schönheit und Jugend, aber der Anspruch ist kein journalistischer. Die Frage ist doch vielmehr – da, wo Männer und Frauen gemeinsam politischen Journalismus machen: Haben sie, wenn sie zusammen arbeiten, das Gefühl, dass sie unterschiedlich denken, unterschiedlich schreiben, unterschiedlich wahrnehmen? Und ich unterstelle, dass – nein.

**Wenn wir uns noch kurz Ihrem alten Arbeitgeber widmen dürfen: Der Verlag der *SZ* gehört fünf Münchner Familien, und der Vorsitzende der Gesellschafterversammlung ist Christian Goldschagg, ein ehemaliger Radprofi ...**
Ja, inzwischen gehört er nicht mehr fünf Familien, sondern fünf Familien plus einem Investor, also inzwischen gibt es ja sechs Gesellschafter. Und ob Goldschagg noch Sprecher ist, weiß ich nicht.

**Manche sagen: merkwürdige Familie. Was ist denn davon eigentlich zu halten?**
Ich glaube, dass die ganze Konstruktion zunehmend merkwürdiger geworden ist über die Jahre, weil sich – das ist kein Geheimnis, dazu bekennen sich die Gesellschafterfamilien ja auch – die Mehrheit dieser Familien nicht mehr wirklich für das Zeitungsgeschäft interessiert. Der eine hat eine Fitnessstudiokette, der zweite dreht Filme, der dritte fährt Rennen. Und die Verkaufsabsichten deuten darauf hin, dass diese Familien im Grunde in der momentanen Situation nur noch ein Profitinteresse haben. Das kann man als Redakteur nicht

erfreulich finden, weil Zeitungmachen ein hochsensibles Geschäft ist, für das es mehr braucht als die Lust am Geld. Aber die Tatsache, dass ich das extrem unerfreulich finde, ändert nichts daran, dass es so ist.

**Wer *SZ* sagt, denkt im Nachsatz eigentlich schon an Hans Leyendecker. Was hat dieser Mann, was andere nicht haben?**
Was hat der, was andere nicht haben? Hans Leyendecker ist einer der prominentesten unserer Reporter, weil er auf Grund einer extrem intensiven Recherchetätigkeit an der Aufdeckung der allermeisten wesentlichen Skandale dieser Republik großen Anteil hatte und ein sehr fundierter und kundiger und ausgesprochen solider Arbeiter ist. Und die Mischung zwischen dem Effekt, mit seinen Recherchen Skandale aufzudecken, und gleichzeitig seltenst bis möglicherweise nie Fehler dabei zu machen – das ist schon ungewöhnlich.

**Klingt fast nach einer Heiligenbeschreibung.**
Er ist ein Großer.

**Und überaus beliebt bei Menschen, deren Herz links schlägt. Wenn Begriffe wie Investigativ-Journalismus oder Netzwerk Recherche fallen, sind das eigentlich Code-Wörter für linken Journalismus?**
(verschränkt die Arme) Du lieber Himmel, ich glaube, die rechten Journalisten von der *Bild*-Zeitung würden das auch für sich in Anspruch nehmen. Ich glaube, dass diese Frage so nicht funktioniert. Dass man recherchiert, um da, wo Machtpolitik gemacht wird, Fehler oder Korruption aufzudecken, hat nichts mit links oder rechts zu tun, sondern mit dem Anspruch, die Wahrheit zu finden.

**Aber dieses Netzwerk Recherche – Sind Sie da Mitglied?**
Nein.

**Ist das nicht ein linkes Netzwerk?**
Nein, ich glaube das nicht. Ich glaube, dass die sich auch selber dagegen verwahren würden. Hans Leyendecker, der da Mitglied ist, ist nicht links oder rechts, Hans Leyendecker ist – ein neugieriger Journalist. Muss man deshalb links oder rechts sein? Die Schubladen stimmen nicht.

**Was tun Sie so alles, um Ihre Allgemeinbildung auszubauen?**
Ich finde, dass zur Allgemeinbildung sehr viel gehört. Ich lese natürlich sehr viele Zeitungen und Zeitschriften, ich lese sehr viele Bücher – weniger Sachliteratur als Belletristik. Ich gehe ins Theater und in die Oper, ich reise, ich rede mit Leuten, ich habe drei Kinder. Das gehört alles zur Allgemeinbildung.

**Was war Ihre letzte Oper?**
Die letzte Oper war »Kameliendame« – in München.

**»La Traviata«? War das gut?**
Weniger kitschig als ich erwartet hatte, eine ganz schöne Inszenierung.

**Sind Sie ein religiöser Mensch?**

Nein. Ich bin mit achtzehn aus der Kirche ausgetreten.

**Und diese geistig-spirituelle Kraft, die man ja gern für sich in Anspruch nehmen möchte bei der Arbeit – wo holen Sie die her?**
Aus meiner Lebensfreude. Aus meinem hochvergnügten Alltag. Ich brauche keine zusätzlichen Fördermittel.

**Sie haben also Glück gehabt im Leben – und das reicht dann?**
Ja, so empfinde ich es. Das meiste von dem, was ich wollte, hat geklappt. Ich habe eine wunderbare Familie, ich habe einen tollen Job, ich habe ein wunderbares Leben, ich brauche weder Drogen noch Religion.

**Nun aber endlich zu dem, was immer gern als Hochamt des deutschen Fernsehens bezeichnet wird. Das ist keine kleine Aufgabe, die sich Anne Will da aufgeladen hat, oder?**
Nee. Aber andere haben's geschafft, wir werden es auch schaffen. Dass es Kraft kostet und dass die Lebensfreude wahrscheinlich unterschiedlich ausgeprägt sein wird in Zukunft, das ist möglich.

**Wie regelmäßig haben Sie selbst die verschiedenen Polittalk-Sendungen in der jüngeren Zeit verfolgt?**
Ich habe – das ist natürlich jetzt gefährlich – selten Sabine Christiansen gesehen, meistens nur den Anfang, die ersten fünf Minuten.

**Wieso gefährlich?**
Klingt nicht gut, wenn man plötzlich Talkshows macht, oder? Ich habe, wenn ich Zeit hatte, relativ regelmäßig Frank Plasberg geschaut, den ich schätze, weil er sehr schnell ist und sehr polemisch. Und bisweilen Illner. Ich hasse diese menschelnden Talkshows wie Kerner oder Beckmann – und habe die auch quasi nie geschaut.

**Angeblich leben wir – wegen der Großen Koalition – in schlechten Zeiten für politischen Journalismus. Wenn man dann noch die Vorschusslorbeeren für Anne Will einkalkuliert, kann sie fast nur noch scheitern, oder nicht?**
Nein. Erstens stimmt die erste Prämisse nicht, weil auf der Welt viel los ist und sich Politik immer verlagert. Zweitens ist in der Koalition zurzeit auch relativ viel los. Drittens bröselt den Parteien auf breiter Front die Zustimmung weg, das heißt, die Rettungsversuche werden intensiver werden. Viertens sind im nächsten Jahr mehrere Wahlen, und nicht nur in Deutschland, sondern auch in Amerika und in Russland; wir haben Olympische Spiele, wir haben Europameisterschaften – wir werden eher zu viel Thema als zu wenig haben. Und das Scheitern – davon gehe ich nicht aus. Sie wird das gut machen.

**Aber die Vorschusslorbeeren sind schon ein gewisses Handicap?**
Das kann aber auch nützlich sein. Vorschusslorbeeren verbessern doch nur

die Stimmung! Wenn sie's dann auch noch gut macht ... Da ich nicht davon ausgehe, dass sie es schlecht macht, können die Vorschusslorbeeren auch nicht schaden. Man gibt sich vielleicht auch mehr Mühe.

**Von Illner lernen – heißt vielleicht nicht unbedingt siegen lernen. Aber ist ihr Weg, mehr und mehr Nicht-Politiker einzuladen, ein gangbarer Weg?**
Ich glaube, dass es klug ist, dass sie das tut, und dass es auch richtig ist – nicht nur wegen Politikverdrossenheit oder weil die Themen fehlen, sondern weil es eben mit dem von mir vorhin angesprochenen Politikverständnis zu tun hat. Weil Politik nicht nur in Berlin in der großen Blase spielt, sondern auf wahnsinnig vielen Ebenen – und man die Welt besser erklären und verstehen und vermitteln kann, wenn man sich aus dieser Blase wegbewegt.

**Auch bezüglich der Themen hat sich das Spektrum bei Illner in letzter Zeit etwas aufgeweicht. Ist das in Ihren Augen ein zwangsläufiger Trend?**
Das ist ein zwangsläufiger Trend, weil die Konkurrenz natürlich viel größer wird. Früher, als es nur wenige politische Talkshows gab, hat man mit den gleichen zehn Gästen zwei oder drei Sendungen bestritten. Heute gibt es im Grunde sechs oder sieben Sendungen, die sich im weitesten Sinne mit politikaffinen Themen befassen. Es können nicht alle sechs das gleiche machen, der Wettlauf um die Gäste, um die Themen ist größer geworden, also muss auch die Bandbreite größer werden. Das ist zwangsläufig.

**Sie sind jetzt bei der Will Media GmbH Redaktionsleiterin. Wie sieht Ihre Aufgabenbeschreibung aus?**
Ich bin dafür zuständig – gemeinsam mit dem Team und natürlich auch mit Anne Will – ein Thema zu finden, zu suchen oder zu setzen und das so innerlich durchzustrukturieren mit Hilfe der Kollegen, dass zum Schluss eine spannende Sendung daraus wird. Das ist im Grunde journalistischer Alltag: prüfen, was nächste Woche spannend ist oder was in vier Wochen spannend wird. Aber im Grunde geht es vor allem um ein Gespür für Themen und Recherche und darum, die Recherche sozusagen in eine Form zu packen. Ich habe ja bei der *Süddeutschen* die Seite 2 gemacht: die Themen des Tages. Im Grunde ist meine Arbeit vom Angang her vergleichbar.

**Gehört es mit zur Aufgabe, Frau zu sein? Es ist schon auffällig, dass die anderen Polittalk-Sendungen alle Redaktionsleiter haben, die Männer sind.**
Ich würde mal unterstellen, dass Anne das bewusst getan hat, sie hat aber nicht gesagt: Ich habe dich eingestellt, weil du eine Frau bist.

**Hier nebenan sitzt noch ein ...**
Das ist der zweite Redaktionsleiter, das ist ein Mann.

**Was heißt zweiter, ist das eine Hierarchie?**
Ja.

**Das Team, dessen Chefin Sie sind, umfasst ca. 20 Leute. Ist das für Sie – als Mutter von drei Kindern – noch eine Herausforderung?**
Also, ganz so viele sind's nicht, weil nicht der ganze Apparat in meinen Verantwortlichkeitsbereich fällt, sondern nur der redaktionelle. Natürlich ist es eine Herausforderung, weil ich das ja auch das erste Mal mache. Ich habe mich bisher bei der *Süddeutschen* ganz gut durchgeschlagen, aber noch nie so eine große Truppe geleitet; aber ich glaube, es wird ganz gut.

**Können Sie in Ihrer Vorbereitung jetzt auf Erhebungen beim Publikum zurückgreifen – oder haben Sie selber welche gemacht? Mit anderen Worten: Wissen Sie, was das Publikum gerade von Ihnen erwartet?**
Es gibt natürlich Untersuchungen über die Gästestrukturen, wie Sendungen ankommen, über die Quote: Man kann überprüfen, welches Thema – mit welchen Gästen – welche Quote gebracht hat; da gibt es sehr viele Zahlen. Letztlich glaube ich aber, dass es so was wie eine gefühlte Affinität zu einer Sendung gibt, die oft nicht unbedingt mit der Qualität der Sendung zu tun hat. Ich glaube, dass Sabine Christiansen bisweilen bessere Sendungen gemacht hat, als wir das alle wahrgenommen haben, weil wir diese Sendung und sie irgendwann nicht mehr sehen mochten; man wollte sie gar nicht mehr gut finden, sie hatte gar keine Chance mehr. Wenn Anne Will das gut macht, dann wird es gut laufen – unabhängig davon, ob da nun drei, vier oder fünf Gäste sitzen, ob wir ein, zwei oder drei Einspieler haben oder ob das Thema jetzt der Föderalismus im Schulwesen oder Afghanistan ist.

**Für Anne Will ist das ein riesiger Sprung vom Teleprompter der Tagesthemen in diesen Löwenkäfig am Sonntagabend. Wie viele Probesendungen haben Sie geplant?**
Wir haben eine ganze Reihe von Probesendungen auf dem Papier gemacht, wo wir die ganzen Abläufe, natürlich auch die Themenfindung und die Recherche, die Struktur der Sendung geplant haben, aber eben ohne echte Gäste; und wir machen nun mehrere richtige Probesendungen.

**Und die dann mit richtigen Gästen?**
Mit richtigen hochkarätigen Gästen. Ich bin sehr erfreut gewesen, wer alles zugesagt hat, das hat mich überrascht: gute Namen, die alle kommen, einfach um zu üben. Obwohl sie wissen, das wird nicht ausgestrahlt.

**Das werden also richtige Sendungen, die man theoretisch ausstrahlen könnte?**
Theoretisch könnte man das, ja. Wir machen das auch eins zu eins, so dass das relativ realistisch wird.

**Wenn die Moderatorin sich mit Dingen zu beschäftigen hat, die ihr gerade nicht so sehr am Herzen liegen, sollte sie dann – Ihrer Meinung nach – trotzdem den Eindruck machen können, dass es sich um Herzensangelegenheiten handelt?**
Das ist aber ein seltsames Verständnis von Journalismus. Ich persönlich bin der Überzeugung, dass alles, womit man sich intensiv beschäftigt, interessant wird. Weil alles letztlich Politik ist, egal mit welchem Thema man sich befasst; es geht immer um Macht und um Gewinnen, um Einfluss und Kompensationsgeschäfte, um Ängste der Bevölkerung. Letztlich sind ja die Muster vergleichbar, egal wie das Thema ist. Insofern denke ich, dass es sehr schwer ist, ein Thema, mit dem man sich im besten Falle eine Woche lang beschäftigt, langweilig zu finden.

**Jetzt haben Sie über sich persönlich gesprochen.**
Nein, ich weiß, dass Anne das genauso sieht; sie hat mal zu mir gesagt, sie interessiert sich für alles. Es ist wahrscheinlich schwerer, über die Bankenkrise eine Stunde kompetent zu reden als über verwahrloste Kinder; aber spannend ist es trotzdem.

**Viele halten Anne Will für eine Ironikerin. Ist sie das wirklich?**
Nein. Sie ist gut gelaunt, das ist ein Unterschied. Ironisch hat ja immer so eine Konnotation von zynisch; und das ist sie überhaupt nicht. Nur weil sie manchmal kritisch die Augenbraue hochzieht, ist sie keine Ironikerin. Sie lacht gerne.

**Haben Sie denn dieses kostbare Körperteil der Moderatorin schon gebührend gegen Arbeitsunfähigkeit versichern lassen: die linke Augenbraue?**
(lacht) Zurzeit übt sie manchmal, sie nicht hochzuziehen ...

**Wenn Anne Will kurz vor der ersten Sendung plötzlich und völlig unerwartet sagt: Nee, ich geh' da jetzt nicht raus – werden Sie dann bereit sein, für sie einzuspringen?**
Das wäre ich, aber ich hoffe sehr, dass das nie passieren wird.

**Gibt es einen Plan B?**
Ja, den gibt es.

**Und sähe der so aus?**
Es gibt sehr viele kompetente Leute in der ARD, die das könnten. Ich weiß nicht, wer im Einzelnen gefragt worden ist, was passieren würde, wenn Anne Will sich'n Bein bricht, aber ich bin sicher, beim NDR hat man darüber nachgedacht.

7. September 2007

# Hans Leyendecker

**Hans Leyendecker**, 1949 im Rheinland geboren. Investigativjournalist. Bezeichnet sich selbst als Leitzordner-Journalist. Bekennender 68er. War mit hochrangigen Affären beschäftigt: Flick, BND-Plutonium, Lothar Späth, Peter Graf. Vor 1997 *Spiegel*, seither *Süddeutsche Zeitung*. Wählt immer die SPD.

## Hänschen klein

**Viele halten Sie für das Gewissen der Nation. Wie lebt es sich damit?**
Ich bin nicht das Gewissen der anderen. Da ich auch viele Selbstzweifel habe, kann ich das, was manche ableiten aus dem, was ich sage, oft nicht nachvollziehen.

**Würden Sie sich gern als Propheten der Gutmenschen bezeichnen lassen?**
Gutmensch ist ein Kampfbegriff, der gegen die 68er eingesetzt wird. Ich war 68er, ich bin 68er. Ich glaube nicht, dass ich ein Betroffenheitsapostel bin, sondern jemand, der versucht Dinge zu verstehen, um daraus dann Konsequenzen zu ziehen.

**Sie haben nie ein Geheimnis daraus gemacht, dass Sie immer die SPD gewählt haben. Wissen Sie, ob Ihre fünf inzwischen erwachsenen Kinder nun auch brav die SPD wählen?**
Nee, ich glaube, nicht alle wählen SPD, was völlig in Ordnung ist. Wir reden darüber, was wir wählen. Meine Frau hat häufiger die Grünen gewählt und der eine oder andere wird vielleicht auch eine andere Partei wählen.

**Welche andere Partei?**
CDU. Aber das ist völlig in Ordnung.

**Besonders nahe stehen Sie der SPD in NRW: Über Johannes Rau haben Sie – im Wahlkampf 86/87 – Ihr erstes Buch geschrieben, bei Wolfgang Clement haben Sie fünf Jahre gearbeitet, als er Zweiter Chefredakteur der** *Westfälischen Rundschau* **in Dortmund war ...**
Der war aber nicht als Sozialdemokrat bei der *Rundschau*.

**Aber er war schon in der SPD.**
Er war in der SPD. Die *Westfälische Rundschau* war eine Parteizeitung, die dann 1976, glaube ich, zum WAZ-Konzern kam. Die SPD hält noch eine Beteiligung von 13,1 Prozent.

**Die Mehrheit der SPD-Wähler ist augenblicklich so sehr mit dem SPD-Vorsitzenden unzufrieden, dass sie bei einer Direktwahl die Frau von der CDU wählen würde. Sie auch?**
Nöö. Ich bin nicht abhängig von Personen. Als notorischer SPD-Wähler muss

man vieles verkraften. Auch Menschen, mit denen ich nichts zu tun haben möchte. Was bindet, ist die Idee: die Erinnerung an die Verfolgung im Dritten Reich, an die Person Willy Brandt – das ist das, was mich an der SPD ... Das ist ja nur meine Privatgeschichte, aber das hält mich da. Ich bin treu. Ich fühle mich der Idee der SPD verbunden und ich hätte mich für Brandt in jede Pfütze geworfen.

**Aber für Kurt Beck nicht?**
Für Kurt Beck nicht. Ich habe mit dem nix am Hut, aber ich habe auch mit sonstigen Politikern nicht viel zu tun. Bodo Hombach und Peter Struck sind die einzigen Menschen aus der Politik, die ich duze. Und mit Struck habe ich jahrelang nicht mehr gesprochen. Also, ich habe schon den gehörigen Abstand, den ein Journalist haben sollte. Hoffe ich jedenfalls.

**Hat die SPD ein Nachwuchsproblem – oder sehen Sie Andrea Nahles als kommende Kanzlerin?**
Nee, nee. Sicher. Ich glaube, am wenigsten Nachwuchsprobleme hat noch die CDU, weil sie halt ...

**... den Wulff haben?**
Sie haben den Wulff, sie haben den Müller, also eine Menge Leute, die nachwachsen. Dadurch, dass die CDU so stark ist in den Ländern, hat sie weniger Nachwuchssorgen als die anderen. Alle Volksparteien haben ihre Probleme, aber bei der SPD sieht's schon ein bisschen düster aus ... NRW kenne ich zum Beispiel ganz gut: früher ein klassisches SPD-Land – und heute ist da Dürre.

**Es hieß gestern übrigens in einer Sendung, der bekannteste Sozialdemokrat in NRW sei Rüttgers.**
Ja. (schmunzelt) Gut, das ist der Versuch von ihm, diese Flanke zu besetzen.

**Macht er ganz gut, oder?**
Macht er ganz gut, ja.

**Aber wählen würden Sie ihn nie?**
Nein, aber das ist auch mehr reflexhaft. Ich habe mir einfach vorgenommen: Egal, was die machen, ich wähle halt immer SPD.

**Was würden Sie sagen: Ist die RAF, über die aus gegebenem Anlass gerade wieder heftig diskutiert wird, als Kind des Naziterrors anzusehen?**
Die RAF hatte aus meiner Sicht viel damit zu tun, dass sich Kinder von den Großvätern und von den Eltern absetzen mussten. Wenn wir die Biografie sehen einer Frau wie Gudrun Ensslin, die Vietnam fälschlicherweise mit Auschwitz gleichsetzte und meinte daraus ableiten zu können, dass sie zur Knarre greifen müsse. Ensslins Vater hat sich 1941, nachdem er gesagt hatte, Hitler ist groß, nur Gott ist größer, zur Wehrmacht gemeldet und ist in den Krieg gezogen.

Und davon haben sich die RAF-Leute – die erste Generation – versucht, ein Stück abzusetzen.

**Aber Gudrun Ensslin hat genau das Gleiche gemacht: Sie ist auch in den Krieg gezogen.**
Ich glaube, bei der RAF ist man in unterschiedliche Kriege gezogen. Ich glaube, dass man die erste Generation und die dritte Generation gar nicht mehr miteinander vergleichen kann. Die 68er-Bewegung hatte natürlich auch als Katalysator damit zu tun, und die Springer-Presse spielte bei der Entstehung dieser Bewegung als Gegenpol eine besondere Rolle.

**Sie waren im Deutschen Herbst 1977 gerade 28 Jahre, also im besten Terroristenalter. Was hat Sie davon abgehalten, bei der RAF mitzumischen?**
Ich hatte schon drei Kinder. (lacht)

**Ja, aber Meinhof hatte auch zwei und Ensslin hatte eins.**
Nein, also ich habe die immer für durchgeknallt gehalten. Ich habe Ulrike Meinhof als Journalistin zeitweise gemocht, weil ich *Konkret* auch gelesen habe, und fand ihren Stil interessant. Ich bin Kursbuch-Leser. Ich habe die ganze Bewegung aus dieser Warte mitgenommen, aber das war es auch. Ansonsten war mir das völlig fremd und auch widerwärtig. Ich war auch nie in einer linken Gruppierung. Ich war immer SPD. Ich war nie bei Maoisten oder was es alles so gab. Oder SDS oder so. Ich war immer SPD. Als mancher dann die Roten Khmer in den Himmel gelobt hat, habe ich gesagt, das ist wirklich Massenmord, der von einer verbrecherischen Bande in Kambodscha gemacht wurde. Damit habe ich nie ein Problem gehabt. Und ansonsten war ich wirklich zu bürgerlich, zu klein …

**Zu bürgerlich?**
Ja.

**Von der RAF wurden wir damals in Menschen und Schweine geteilt. Spüren Sie heute noch etwas von dieser Leidenschaft zur moralischen Selektion?**
Nein. Also, ich fand auch den Begriff … Damals gab es Diskussionen über Gewalt gegen Personen und Gewalt gegen Sachen – das war ja so die Definition: Gewalt gegen Sachen darf man.

**Gute – schlechte Gewalt.**
Gute – schlechte Gewalt. Ist im Grunde völlig irre gewesen. Ich habe neulich noch mal alte Hefte nachgelesen mit Rudi Dutschke. Es ist einem so fremd geworden. Aber man muss auch sagen: In der Zeit fand man es damals spannend. Nur bin ich wirklich radikal pazifistisch und deshalb hat mich vieles befremdet.

**Sie veröffentlichen gerade ein Buch über die Gier der Gierigen. Sind Sie selbst auch gierig – und wenn ja, wonach?**
Ich glaube, dass es viele Arten der Gier gibt. Die Habgier ist eine der gefährlichsten: Die Gier der Nimmersatten. Ich bin früher gieriger gewesen als heute – nach Anerkennung. Man kann auch gierig sein, dass man im Familienbündnis von allen anerkannt wird. Es gibt ganz viele Arten, aber diese Habgier, die meint, dass man den Anderen gering schätzt, die hoffe ich nicht zu haben.

**Sie sammeln seit 25 Jahren die Skalps von berühmten Schmiergeldempfängern und Steuerhinterziehern. Das kann man vielleicht auch als eine Gier bezeichnen, oder?**
Ich glaube nicht, dass ich die sammle. Zu unterschiedlichen Zeiten betreibt man das Geschäft unterschiedlich. Ich bin heute sehr viel skeptischer geworden, was mich selbst angeht, was die Fragen angeht, die damit verbunden sind. Darf man sich über andere hinwegsetzen? Es gibt eine Reihe von Geschichten, die ich gemacht habe oder an denen ich beteiligt war, die ich heute nicht mehr so machen würde.

**Welche Art von Befriedigung verschafft es Ihnen, wenn Sie die Existenz von – sagen wir: Peter Graf Mitte der 90er Jahre ins Wanken bringen können?**
Peter Graf war eine besondere Geschichte, weil einfach da ein Grundreflex ist. Peter Graf war gleicher als gleich, die Steuererklärungen seiner Tochter waren bescheuert, die konnten vor keinem Finanzamt Bestand haben. Dass sie Bestand hatten, deutet darauf hin, dass man die Gesetze gebogen hat für die Familie, weil halt Steffi so wunderbar war. Das fand ich nicht in Ordnung. Ansonsten ist Peter Graf jemand gewesen, der einem nur leidtun konnte, aufgrund seiner Krankheit, der Familienposition – die Ehe ist ja dann noch kaputtgegangen. Er war halt ein Vater, der abhängig ist von dem Erfolg der Tochter. Eine furchtbare Geschichte.

**Gierte auch nach Anerkennung?**
Ja. Und die Gesellschaft hat sie ihm auch gegeben.

**1997 hatten Sie das Gefühl, zur *SZ* wechseln zu müssen, weil Sie sich mit dem *Spiegel*-Chef Stefan Aust gar nicht mehr vertragen haben. Was war da los?**
Wir hatten sehr unterschiedliche Ansichten über die Zeitung, den Weg der Zeitung. Wir hatten da einen Kampf auszutragen. Was heißt Kampf? Ich habe gesagt, ich will nicht mehr – und bin gegangen.

**Na ja, aber worüber haben Sie gekämpft?**
Über Fragen, über die sich Journalisten immer streiten: Was will eine Zeitung?

**Was wollte er und was wollten Sie?**

Eine Schwierigkeit ist geblieben. Ich habe fristlos gekündigt, was ungewöhnlich ist, auch ungewöhnlich dumm ist, weil die fristlose Kündigung bedeutet, dass man keine Abfindung bekommt. Ist eine Sache, auf die ich damals stolz war, die ich heute bekloppt finde.

**Okay, einigen wir uns darauf, dass das bekloppt war, aber zurück zur Frage: Was wollte er, was wollten Sie?**
Er hat den *Spiegel* auf vielerlei Weise verändert. Aber er hat ihn kommerziell so verändert, dass der *Spiegel* gut Bestand hat. Das freut mich. Ich habe geglaubt, dass er die Seele des Blattes verraten würde. Die Seele des Blattes meint, unter anderem, dass keiner gleicher als gleich ist. Das ist eine wesentliche Frage. Für mich ist es eine wesentliche journalistische Frage, dass man alle gleich behandelt.

**Und er würde das nicht tun, glaubten Sie?**
War meine Überzeugung. Aber das Blatt ist gesund und hat herausragende Leute. Von daher ist alles in Ordnung.

**Sie haben sich also damals geirrt? Mit dem heutigen Wissen hätten Sie nicht weggehen müssen?**
Mit dem heutigen Wissen wäre ich schon früher zur *Süddeutschen* gegangen, weil die Freiheit, die ich bei der *Süddeutschen* habe, viel größer ist als sie beim *Spiegel* war. Aber meine Kritik an Aust würde ich so nicht wiederholen.

**Als Helmut Kohl abtrat, haben Sie heftig hinter ihm her recherchiert – Stichwort: Spendenaffäre. Nach Schröders Abgang ins Reich Putins ist es ziemlich schnell sehr ruhig geworden – und wir wissen immer noch nicht, mit welchen Deals dieser Abgang ausgestattet war. Wäre das kein Betätigungsfeld für Sie?**
Dass er zu Putin gegangen ist, dass er so früh zu Gazprom gegangen ist, halte ich für einen Fehler. Aber ich glaube, dass das Gehalt Schröders weit überschätzt wird.

**Es geht ja weniger ums Gehalt als um die Art des schnellen Wechsels in eine bezahlte Stellung, die er sich praktisch auf politischem Wege vorher erst gesichert hat.**
Ich halte das für falsch in Deutschland, dass Leute, die in einem Bereich gearbeitet haben, keine Sperrzeit haben, so wie es in Frankreich ist. Da muss man drei Jahre warten, bis man dann in einem anderen Bereich arbeiten kann. Darüber ist viel geschrieben worden.

**Ja, das ist klar, aber diese genauen Deals, die da gelaufen sind ...**
Es ist ja versucht worden zu prüfen, wer hat welche Unterschriften unter welches Papier gesetzt, welcher Staatssekretär war anwesend, welcher fehlte, das ist ja alles gemacht worden.

**Das sind die offiziellen Papiere. Aber was ist mit den inoffiziellen Papieren?**
Von denen Sie unterstellen, dass es sie gibt?
**Von denen man unterstellen darf, dass es sie – unter Umständen – geben könnte.**
Eine weitere Recherche kann nur auf irgendetwas gründen, was einen Verdacht erlaubt.
**Und Sie haben keinen Verdacht?**
Ich habe keinen Verdacht, dass da etwas ist. Nein.
**Im Jahre 2001 haben Sie mit befreundeten Kollegen das Netzwerk Recherche gegründet. Einige Ihrer Mitglieder sollen die *Bild*-Zeitung zu unterwandern versuchen. Dürfen Sie uns darüber Näheres verraten?**
Kenne ich keinen einzigen Fall.
**Sie haben keinen im Netzwerk Recherche, der bei der *Bild*-Zeitung arbeitet?**
Nein. Also es kann sein, dass es ein Mitglied gibt. Aber ich habe nie davon gehört.
**Schließt sich das aus: Netzwerk Recherche und *Bild*-Zeitung?**
Nein. Wenn der *Bild*-Mann sich nach unseren Kriterien verhält, ist das in Ordnung. Mag sein, dass es Mitglieder gibt, aber ich kenne keinen. Und Unterwandern, das hätte ich gehört. (lacht)
**Da sind Sie der Spezialist.**
Für Unterwandern nicht.
**Aber darüber etwas zu hören.**
Darüber was zu hören, ja.
**Der berühmteste *Bild*-Unterwanderer, Günter Wallraff, soll als Stasi-Spitzel gearbeitet haben, heißt es. Die Stasi hatte eine ganze Reihe Spitzel im Westen. Wie haben Sie es geschafft, nicht auf dieser Liste zu stehen?**
Mit solchen Behauptungen über Wallraff wäre ich sehr vorsichtig. Und was mich betrifft: Ich habe immer etwas gegen Kommunisten gehabt und alles, was kommunistisch versetzt war. Am stärksten haben mich die Moskauer Prozesse 1938 geprägt – damals als junger Mensch.
**Kurz vor der Geburt?**
Nein. Die Aufarbeitung der Moskauer Prozesse. Das war eine wichtige Frage. Du musstest dich ja damals sortieren. Wohin gehst du? Und deshalb waren mir Kommunisten von vornherein suspekt. Ich bin, glaube ich, schon Anti-Kommunist.

**Sie meinen, das haben die gewusst und sind deshalb nicht an Sie herangetreten?**
Ich war zu unbedeutend. Gut, als die Flick-Geschichte anfing 1982, da hätte ich interessant sein können.

**In der Tat, ja. Und die sind nie gekommen?**
Nein. Ich bin nie angesprochen worden.

**Und Sie haben gar keine Angst, dass jemand mal hinter Ihnen her recherchiert ...**
Machen doch viele. Der *Focus* hat das jetzt wieder gemacht.

**Da gibt es nichts Kompromittierendes zu finden?**
Kompromittierendes gibt es nichts. Ich bin prüde.

**Der Ehefrau treu?**
Der Ehefrau treu. Versuche einigermaßen anständig durch die Welt zu kommen. Jeder macht Fehler, aber es gab in der *Focus*-Recherche, das hat mich sehr irritiert, so einen Ansatz, dass ich mich kaufen ließe. Das fand ich irgendwie völlig irre, dass jemand meint, dass ich für Geld Geschichten machen würde.

**Wenn man so gut verdient wie bei der *SZ*, hat man das ja nicht nötig.**
Na ja, die *SZ* ist nicht eines der bestzahlenden Blätter des Landes.

**In diesem Jahr haben Sie sich sehr stark für einen jungen Mann namens Kurnaz eingesetzt. Was glauben Sie: Können wir sicher sein, dass er *unsere* Gesetze höher stellt als die religiösen Gesetze, wegen derer er sich den Bart nicht rasieren mochte?**
Inzwischen hat er sich den Bart rasiert. Es gibt Kurnaz ohne Bart, Kurnaz auf Stellensuche.

**Und dass er sich jetzt den Bart abgenommen hat, nehmen Sie als Zeichen, dass er unsere Gesetze letztendlich dann doch höher stellt?**
Ich glaube, es gibt da gar keinen Beleg, dass Kurnaz andere Gesetze höher gestellt hätte als diese hier. Welches Beispiel haben Sie?

**Sie akzeptieren, dass Kurnaz 2002 als gefährlich eingestuft worden ist?**
Ja. Sicherheitsorgane konnten zu dem Schluss kommen, der ist gefährlich, weil er sich so und so bewegt hat. Aber dadurch hat er sich ja nicht über Gesetze gestellt.

**Er wollte doch nach Pakistan in dieses Ausbildungslager.**
Es wollen viele nach Pakistan, aber er war nie im Ausbildungslager. Die Amerikaner haben nichts Belastendes gegen ihn gefunden.

**Weil man ihn abgefangen hat am Flughafen?**

Nein, man hat ihn nicht abgefangen. Er ist durchs Land gereist. An dieser Geschichte, dass er nie im Lager war, gibt es keinen Zweifel. Und er wurde auch nicht abgefangen. Er war wochenlang unterwegs, es war ein eher naiver, großer Mann, der ein Familienproblem hatte und auf der Suche war nach Sinn – wie viele junge Leute. Was ist der Sinn des Lebens? Den glaubte er gefunden zu haben in der Religion – und das war es, glaube ich. Also, mehr haben Sicherheitsbehörden über ihn nicht.

**Und die neue Idee, wenn man jetzt in Ausbildungslager geht, dass man dafür bestraft werden könnte, finden Sie nicht gut?**
Ja, man muss erst mal nachweisen ...

**Wenn man es nachweisen kann?**
Also, ich finde sie sehr populistisch. Was ist ein Ausbildungslager? Ist ein Ausbildungslager auch ein Lager, in dem nur gebetet wird? Ist ein Ausbildungslager ein Lager, in dem nur geschossen wird? Ich glaube, es wird nachher schwierig in der Beweisführung sein.

**Es könnte ja einer vom BND dort vor Ort tätig sein.**
Wenn einer vom BND das vor Ort herausgefunden hat, wenn er da V-Leute hat und man das auch quellensicher machen kann ... Na, da warte ich mal ab. Das sehe ich nicht so, dass man das machen kann. Ich glaube nicht, dass sie vor Gericht damit durchkommen.

**Es gibt unter Linken eine bestimmte Taktik, immer und immer wieder freundlich überrascht zu sagen: Jetzt bin ich aber enttäuscht von – sagen wir: Angela Merkel, obwohl man nie etwas von ihr gehalten hat. Kennen Sie diese Taktik?**
Das ist sozusagen ein politisches Spiel. Also ich meine, dass Dr. Helmut Kohl beispielsweise immer so tut, als ob er Sozialdemokraten schätzt, die tot sind. Das gehört mit zur Rabulistik.

**Auch zu Ihrer eigenen?**
Nöö.

**Also Sie würden diese Taktik nie anwenden?**
Ob ich sie nie anwenden würde, weiß ich auch nicht. Es kann rhetorische Abgründe bei jedem Menschen geben, aber Frau Merkel hat mich beispielsweise angenehm überrascht. Wie sie in Menschenrechtsfragen auftritt, was sie in China macht, dass sie mit dem Dalai Lama redet – das finde ich alles großartig.

**Nachdem Sie Kurt Beck so wenig mögen, wäre es eigentlich schon verständlich, wenn Sie sagen würden: Ich wähle die Frau.**
Ja gut, ich kann mit Kurt Beck wenig anfangen. Was ich bei Kurt Beck nur meine, ist: Ich wähle, egal wen die SPD aufstellt, die SPD.

**Okay, das ist jetzt deutlich geworden. Aber dann werden Sie sicher**

enttäuscht sein von Václav Klaus, der die Sozialdemokratie als »weichgespülte Form des Kommunismus« bezeichnet hat ...
Ja, das finde ich absurd. Bei der SPD mag ja manches falsch sein, aber eines ist sicher, dass die Partei nichts mit dem Unrechtssystem des Kommunismus zu tun hatte. Die Diktaturen, die es im ganzen Ostblock gegeben hat, die es in der DDR gegeben hat, sind für Sozialdemokraten meiner Klientel unerträglich. Von daher finde ich es absurd, und ohne die Sozialdemokratie wäre die Implosion des Ostens nicht passiert.

**Na ja, das ist eine Spekulation.**
Das ist 'ne Feststellung, das ist keine Spekulation. Ich glaube, dass die Ostpolitik entscheidend dazu beigetragen hat, dass ...

**... es so gekommen ist, wie es gekommen ist? Es hätte aber vielleicht auch anders und eventuell sogar schneller kommen können.**
Gut, die Konfrontation hat uns zu einer Hochrüstung gebracht, und jetzt gibt es die Reagensche Doktrin, die von Wolfowitz und anderen aufgenommen wird, genau das sei der Punkt gewesen, an dem der Kommunismus kollabiert sei, indem man ihn zu Tode gerüstet hat.

**Ist das kein überzeugendes Argument?**
Ist ein Argument, das es in der Diskussion gibt. Ich glaube aber, dass es für Europa der Weg gewesen ist, dass man miteinander redete. Das ist in allen Bereichen so – also, ich will jetzt nicht Kommunismus mit Terrorismus gleichsetzen, aber wenn Sie sich die Geschichte der RAF angucken, stirbt sie in dem Augenblick, in dem man auf sie zugeht und über die Haftbedingungen redet, so dass sie einfach weniger Sympathisanten hat.

**Was tun Sie so alles, um Ihre Allgemeinbildung auszubauen?**
Ich lese viel. Ich lese im Monat sechs bis acht Bücher. Zum Beispiel die Reden von Hans Mayer. Die Polgar-Bände habe ich mir vorgenommen. Ich lese gerne Peter von Matt, der wunderbar ist: Über Liebesverrat. Er ist einer der klügsten Literaturwissenschaftler, die wir haben. Und ich lese gerade André Müller: Gespräche mit Handke, die großartig sind, die mir Handke in einem neuen Licht zeigen. Er sieht sich ja als jemand, der nicht durch Politik verblendet ist, sondern eigentlich nur über sein Innerstes schreibt. Das habe ich so nicht gesehen. Ich habe Handke gelesen, aber nicht richtig verstanden.

**Sind Sie ein religiöser Mensch?**
Ja. Ich bin ein Kirchgänger, der sonntags in die Kirche geht.

**In welche?**
Der Altenberger Dom ist meine Hauskirche. Ich gehe da mit meiner Frau in den evangelischen Gottesdienst. Wir sind religiös.

**Evangelisch?**

Meine Frau ist evangelisch. Ich bin katholisch. – Ja, ich wollte früher Priester werden.

**Warum sind Sie es nicht geworden?**
Ach, das Leben.

**Wie weit sind Sie denn auf dem Weg bis zum Priester gekommen?**
Das war nur die Vorstellung, dass ich studiere. Dass ich katholische Theologie studiere. Das war die Idee.

**Dann haben Sie aber gar nicht damit angefangen?**
Nein. Ich war im Marianum in Fulda, da haben wir am Tag zweimal Gottesdienst gehabt. Morgens und abends. Ja, und ich gehe immer noch. Ich bin kein Renegat geworden. Langweilig: immer dabei bleiben. Obwohl: Meisner macht es einem in Köln schon sehr schwer.

**Ja, sagen Sie noch ein Wort zu dem Wort der Woche: entartet.**
Meisner ist ein Katholik, wie man ihn in der Diaspora findet. Er fühlt sich in einer völligen Kampfsituation. Das ist in Köln, wo fünfzig Prozent katholisch sind, wo die katholische Kirche sozusagen auch eine Grundierung hat, völlig absurd, wie dieser Mann sich da aufführt. Auch wie er das Richter-Bild im Kölner Dom verurteilt hat. Meisner ist mir völlig fremd.

**Wie gefällt Ihnen das Richter-Bild?**
Wunderbar. Ich finde es wunderbar.

**Ist es nicht etwas beliebig? Wie ein Suchbild, in dem es nichts zu finden gibt?**
Nein, es zeigt sozusagen auch die Schönheit der Welt. Ich finde das Bild sehr schön. Wobei ich auch Richter sehr bewundere.

**Richtig katholisch und richtig gläubig zu sein und gleichzeitig auch an die SPD zu glauben, würde mancher vielleicht denken, schließt sich aus.**
Nein, überhaupt nicht. Die SPD ist ja keine antiklerikale Partei. Wenn Sie heute in die CDU gucken, gibt es wenig Gestalten, mit denen ich über Katholizismus reden kann.

**Rüttgers?**
Na ja. Also, in der CDU können Sie da auch einsam sein. Generell gilt, dass es in breiten Teilen der Bevölkerung Desinteresse an Religion oder Kirche gibt. Wenn Sie sich heute angucken, wie viele Leute anonym bestattet werden, schaudert es einen. Wir haben uns vor fünfzehn Jahren unser Grab gekauft, meine Frau und ich.

**In Leichlingen?**
In Leichlingen.

**Also auch als Leiche werden Sie noch in Leichlingen bleiben.**
Na ja, in der Nähe von Leichlingen. Einfach vorbereitet zu sein, das ist schon eine Frage. Zu wissen, das hier ist nicht das Einzige, sondern da kommt noch was. Wir haben auf unseren Grabstein ein Bonhoeffer-Zitat geschrieben: Von guten Mächten wunderbar geborgen, erwarten wir getrost, was kommen mag. Gott ist mit uns, am Abend und am Morgen, ganz gewiss an jedem neuen Tag. – So, und das steht da drauf auf diesem Stein, und da kommen wir hin.

**Hat Ihre Frau ausgesucht?**
Wir beide.

**Ja, dann bedanken wir uns.**

17. September 2007

# Gerhard Delling

**Gerhard Delling**, Jahrgang 1959. Volkswirtschaftsstudium in Kiel. Ab 1987 Sportschau-Reporter. Seit 1998 mit Günter Netzer gemeinsame Moderation von Fußballländerspielen. 2003-07 Leiter des Programmbereichs Sport beim NDR. Neues zweites Standbein: »Dellings Woche« im WDR.

## »Ich kann ja nur über mich sprechen«

**Sie haben jetzt in zweiter Ehe die dritte Tochter. Für den Nachwuchs des Frauenfußballs haben Sie damit wohl genug getan, oder?**
Also, die mittlere hat jetzt geäußert, dass sie gerne mal gegen den Ball treten würde, was ich dann auch unterstützen würde. Sie ist jetzt neuneinhalb. Ich find' zwei Sachen wichtig, nämlich dass es ein Mannschaftssport ist – das ist für die Entwicklung ganz gut, weil man da auch verschiedene soziale Schichten spürt und sich auch einpassen muss und seinen Platz behaupten muss – und zum anderen glaube ich auch, dass heutzutage fast alle so schlau sind, dass sie merken, wie wichtig es ist, dass man auch eine körperliche Grundausbildung hat.

**Wie spannend finden Sie Frauenfußball überhaupt? Deutschland – Argentinien 11 : 0 klingt nicht wirklich spannend.**
Das hört sich nicht so spannend an. Aber heute ist der Frauenfußball, weil die körperlichen Voraussetzungen ja nach wie vor nicht so extrem sind wie bei den Männern, vor allem technisch sehr schnell sehr viel besser geworden.

**Sie haben Ihre Fußballschuhe gleich nach der WM 1966 angezogen. Wer war damals Ihr Vorbild: Uwe Seeler oder dieser junge begnadete Spieler mit der Nummer 4?**
Seeler war schon ein Vorbild, weil der so die Tugenden verkörperte, die man gut fand damals. Aber ich fand auch Overath und Netzer immer ganz hervorragend.

**Statt Profifußballer wollten Sie dann aber doch lieber Bundeskanzler werden – wie Kurt-Georg Kiesinger. Warum sind Sie es nicht geworden?**
Im nachhinein stelle ich mir eher die Frage, warum ich nicht Fußballer werden wollte. Aber das war nicht vorgesehen. Es gab damals die Nationalmannschaft, die kannte man, und zwar alle, die hätte man auch so runterbeten können; das waren halt die Außergewöhnlichen, und es war eigentlich nicht drin für'n kleinen Bäckerburschen aus Büdelsdorf/Rendsburg, dass der jemals da landen würde. Das war 'ne natürliche Grenze.

**Aber Bundeskanzler war noch innerhalb der Grenze offenbar?**
Bundeskanzler war deswegen so interessant, weil Politik damals noch wichtiger war und weil zu der Zeit die Mauer noch stand; das war zumindest ein Grund,

warum Politik eine ganz andere Wichtigkeit hatte; jedenfalls bei uns war das so. Ich erinnere mich noch, als Adenauer beerdigt wurde …

**1967?**

… und der ganze Tross durch die Stadt zog. Ich weiß noch, die ganze Nachbarschaft hatte sich da verabredet und das Wohnzimmer war voll; die haben diesen Trauerzug mitverfolgt und über Politik diskutiert.

**Und Sie haben mitdiskutiert? Mit acht Jahren?**

Ja, hundertprozentig. Nicht jetzt in der großen Runde, aber mit meinen Eltern und mit meiner großen Schwester habe ich diskutiert. Ich wusste damals mehr vom Godesberger Programm als ich heute über die Programme der Parteien weiß. Und zwar auch wirklich in Details. Als ganz kleiner Junge, für den Politik interessant ist, war die Vorstellung, wie könntest du eigentlich was Gutes tun für Menschen, und da war für mich klar in meiner Naivität: Der Bundeskanzler ist sozusagen wie der König; der entscheidet, der weiß genau, was richtig ist. Und das war damals schon der Glaube daran, dass Politik das auch so regeln sollte/könnte/müsste.

**Im Juli 2005 haben Sie für eine Woche Anne Will bei den Tagesthemen vertreten und wurden daraufhin prompt als möglicher Ulrich-Wickert-Nachfolger gehandelt.**

Davor schon – in den Medien jedenfalls.

**Stand das ernsthaft zur Debatte?**

Nein, das stand wirklich nie ernsthaft zur Debatte. Aber es war schon vorgesehen, dass ich das sozusagen als Urlaubsvertretung des öfteren machen kann. Und das war auch nur möglich, weil das Team der Tagesthemen so professionell arbeitet.

**Würden Sie Anne Will jetzt auch wieder vertreten, wenn sie sich mal ein Bein bricht oder so etwas?**

Joo. Ich bin in dem Metier tätig, und ich sehe mich immer noch eher im journalistischen Bereich; also finde ich das naheliegend, wenn es so etwas zu arbeiten gibt, dass man das auch machen würde.

**Nach dem Motto »Politische Themen sind auch immer Medienthemen« hat der NDR 2002 eine Art Panorama II unter dem Namen »Zapp« ins Programm gesetzt. Sie haben das Magazin fast ein Jahr moderiert. Ist das Konzept in Ordnung?**

Das ist ja mittlerweile ein etwas anderes Konzept. Als ich das gemacht habe, haben wir für so ein Format zu einem sehr ungünstigen Zeitpunkt gesendet. Am Sonntag spät nachts kurz vor 23 Uhr Hardcore-Themen zu machen, ist eigentlich nicht drin. Das neue Konzept ist oftmals rein filmisch, ansonsten mit Moderator und Beiträgen, und da habe ich schon tolle Sachen gesehen. Wenngleich

ich dem Magazin wünschen würde, dass es – auch am Mittwoch – vielleicht ein bisschen früher am Abend gesendet würde.

**In der letzten Sendung von »Zapp« wurde u.a. das Problem Eva Herman behandelt. Ist sie zu Recht vom NDR geschasst worden?**
Weder die letzte Sendung habe ich gesehen noch kann ich beurteilen, wie das entstanden ist. Ich habe gehört, was sie geäußert hat und was sie gemacht hat. Ich weiß aber nicht, ob sie nur deswegen geschasst wurde. Kann ich nicht beurteilen, ehrlich gesagt.

**Sie sind in Ihren eigenen Sendungen immer fachlich sehr gut vorbereitet. Aber: Was tun Sie so alles, um Ihre Allgemeinbildung auszubauen?**
Zu wenig. Viel zu wenig, weil … (lächelt) … die heute auch nicht mehr so gefragt ist vielleicht. Ich weiß es nicht. Ich konzentriere mich natürlich schon darauf, dass ich das, was ich zu tun habe, erfülle, und da möchte ich gut vorbereitet sein. Aber 'ne richtige Allgemeinbildung, die muss man schon mitbekommen haben. Man kriegt nicht mehr viel dazu. Mein größter Wunsch war und ist eigentlich immer noch, mal Philosophie zu studieren. Vor ein paar Jahren war ich schon an der Uni in Hamburg, weil ich dachte, ich hätte ein bisschen Zeit, aber ich hatte dann doch keine Zeit dazu.

**Sind Sie ein religiöser Mensch?**
Jein. Das heißt, ich habe doch einen starken Glauben und so eine Verankerung darin. Das stelle ich immer wieder fest, weil ich oft darüber nachdenke. Ich glaube schon, dass es eine Transzendenz gibt. Und ich glaube auch, dass das viel umfassender ist und wahrscheinlich viel unverständlicher für uns als die Bilder, die man sich immer macht. Es könnte rein theoretisch doch auch so sein, dass wir nur ein Spielzeugkasten in einem Kinderzimmer sind – in einer anderen Dimension.

**Also, Sie sind in diesem Sinne religiös, aber kein Kirchgänger?**
Ich bin noch Mitglied in der Kirche, und auch bewusst, weil die Kirche schon ein Hort der Besinnung sein kann. In der Eifel beispielsweise, wo ich das erlebt habe, da trifft sich der ganze Ort und hat Aufgaben und Funktionen; das kann man als sehr eng empfinden, ist es auch sicher; auf der anderen Seite ist es wahrscheinlich ein Modell, das die Leute so zusammenhält, wie sie es brauchen. Das hat mich sehr beeindruckt.

**Die großen Kathedralen unserer Zeit sind nicht mehr die Dome, sondern die Fußballstadien. Gesungen wird weniger in der Kirche als im Fußballstadion. Ist das eine gesunde Entwicklung für die Gesellschaft?**
Also, es ist gut, wenn in der Kirche gesungen wird. Und wenn im Fußballstadion gesungen wird, das finde ich auch ganz hinreißend. Wenn die singen im

Stadion, das hat schon mal den Vorteil, sie machen nichts anderes und sie sind sich einig, und das ist ein tolles Erlebnis. Wenn jemand da nicht infiziert ist, kann ich das nicht verstehen. Mich packt das heute noch, ich kriege da heute noch den Schauer über den Rücken.

**In der letzten Bundesliga-Saison, die ja als ganz besonders spannend angesehen wurde, musste die Sportschau dennoch einen Zuschauerschwund von 15 % hinnehmen. Wie konnte das passieren?**
Das ist relativ schnell erklärt. Eigentlich sind die Quoten erstaunlich stabil. Es ist immer so Ende 20 %. Die *absoluten* Zahlen kann man nur schwer vergleichen, denn wenn es einen starken Sommer gibt (wie 2006), ist die absolute Zahl hundertprozentig niedriger. Aber von denen, die gucken, sind es dann doch 28 – 30 %.

**In der Sportberichterstattung wird regelmäßig von »guten Nachrichten« gesprochen, wenn der Gegner auf wichtige Spieler verzichten muss. Ist das *sportliche* Berichterstattung?**
(lacht) Nee, aber das ist ... Wir sind ja alle auch ein bisschen Opportunisten. In dem Moment, wo wir da oben stehen und gucken z.B. ein Länderspiel, kann man sich schwer davon freimachen, dass man nicht auch ein bisschen mitfiebert. Aber ich würde ja nie sagen, ich freue mich darüber, dass der Beckham – oder John Terry nicht dabei ist.

**Erinnern Sie sich, wie Ihr Kollege Beckmann kritisiert hat: Noch kein Foul der deutschen Mannschaft! Das ist doch hier kein Freundschaftsspiel, Jungs!!**
Ein Foul gehört zum Fußballspiel schon dazu. Es ist jetzt die Frage, was für eins. Wenn man den Gegner verletzen will, würde ich sofort sagen, das darf nicht sein, aber ein taktisches Foul beispielsweise – klug zu sehen, es geht jetzt nicht mehr und ich muss den jetzt hindern – das gehört dazu. Empfinde ich als Strategieteil des Spiels. – Und es ist ja auch so, wenn jemand richtig mit Eifer dabei ist und immer am Mann, dann hat der andere auch mal den besseren Trick und man kommt auch mal zu spät; so kann ein Foul auch zustande kommen; das ist dann nicht vermeidbar.

**Von vielen Sportjournalisten heißt es ja, sie seien im Grunde Fans, die es über die Absperrung geschafft haben. Eine gänzlich andere Art von Journalist ist aber der Mann, der ursprünglich beim NDR Ihr Nachfolger als Sportchef werden sollte.**
Wer sollte das werden?

**Hagen Boßdorf.**
Ach so, okay.

**Wie konnte dieser Mann in der ARD überhaupt Karriere machen?**
Oh, da bin ich ja der ganz falsche Ansprechpartner. Ich kenne ihn ja nur als

Sportreporter-Kollegen. Er hatte Ahnung vom Sport und hat darüber berichtet. Und das machte er wirklich gut.

**Aber die Geschichten, die man über ihn gehört hat: Inoffizieller Mitarbeiter der Stasi, schreibt dann mit an der Autobiografie Jan Ullrichs, kritisiert heftig den Fahrer eines Konkurrenzteams, weil er gegen *unseren* Jan Ullrich fährt ...**

Ich bin nun wirklich nicht sein Anwalt und ich möchte auch, ehrlich gesagt, gar nicht darüber reden. Aber das macht man sich dann zu einfach, weil diese Autobiografie rausgekommen ist und da stand es groß und breit drauf.

**Also, in dem Detail würden Sie gar kein Problem sehen?**

Das ist wieder 'ne ganz andere Frage, wer sich traut, wie weit zu gehen. Aber dass man es im nachhinein ...

**Und dass er den Schwimm- und Drogenfachmann Hajo Seppelt als Schwimmkommentator abgesetzt hat, war das auch eine Okay-Entscheidung?**

Ich weiß nicht, ob er das allein konnte. Kann ich mir kaum vorstellen. Das geht so einfach nicht. Aber das ist 'ne Sache, das kann ich nicht beurteilen, wie das zustande gekommen ist.

**Und am Ende fällt dieser Mann auch noch durch plumpe Schleichwerbung für Margarine auf. Da war es doch wirklich zu viel, oder? Da hat ja auch die ARD die Reißlinie gezogen.**

Ja. Im nachhinein packt man das alles zusammen. Es gibt für alles Erklärungen. Vieles ist sicher nicht ganz gut gelaufen, das würde ich auch sagen. Aber das kann man nicht einem allein anlasten. Und ich weiß da zu wenig, dass ich ihn a) verteidigen oder b) anklagen könnte. Ich beurteile die Menschen auch in erster Linie danach, wie sie sich mir gegenüber verhalten.

**Zurück zu Gerhard Delling. Warum wollten Sie denn schon nach kurzer Zeit kein NDR-Sportchef mehr bleiben?**

Das war so angedacht. Eigentlich drei Jahre, und dann habe ich ja noch ein Jahr länger gemacht – wegen dieser Boßdorf-Geschichte. Ich hätte jetzt um sechs Jahre verlängern müssen, aber ich habe gemerkt, dass ich körperlich das Programm nicht mehr schaffe. So, wie ich arbeite, bin ich mit der Redaktion 24 Stunden am Tag 7 Tage die Woche beschäftigt. Darüber hinaus habe ich dann noch so'n kleinen Moderationspart mit Länderspielen etc. Und als ich gerade unterschrieben hatte für die drei Jahre – drei Monate später hatten wir in der ARD die Fußball-Bundesliga und ich war auf einmal Bundesliga-Moderator, damals sogar noch alle 14 Tage.

**Nach der EM 2008 soll es möglicherweise keine Doppelpässe mit Günter Netzer mehr geben. Sie haben davon gesprochen, dass Sie neue Herausforderungen suchen wollen. Was könnte das sein?**

Nee, das ist nicht richtig. Ich suche *immer* neue Herausforderungen, und auch Günter Netzer ist keinesfalls geklärt. Das ist so wie immer. Wir haben zwei Jahre verlängert, und irgendwann sitzt man da und sagt: Mensch, gefällt uns eigentlich noch und die Quote geht eigentlich auch noch, lass uns weitermachen – wenn der Arbeitgeber einverstanden ist.

**Also, Sie sind nicht müde?**
Nein, überhaupt nicht. Wenn ich es mir aussuchen darf, würde ich auch weiterhin gern ein Standbein im Sport haben.

**Und wo soll das andere Standbein hin?**
Ich mache ja jetzt mit dem WDR eine Sendung, die ich schon mal 1996 – in Teilen – mit einem Freund erarbeitet habe. Ich interessiere mich doch sehr für die Charaktere von Menschen, verbunden mit den Geschichten; und das ist jetzt der Versuch, das in die Tat umzusetzen.

**So eine Art Beckmann-Show?**
Nee, es ist natürlich Talk dabei, man kommt ja nicht umhin, mit denen auch zu sprechen; das möchte ich auch gern; aber da sind auch schon Filme drin; es geht dann nicht immer nur um das Ereignis schlechthin, sondern so ein bisschen auch um die Antriebsfeder.

**Wann startet die Sendung?**
Wahrscheinlich am 31. Oktober. Das geht auf den Hart-aber-fair-Platz am Mittwoch. Im WDR. Ab Anfang des Jahres dann wohl 90 Minuten.

**Sie sind ein großer Freund der Ehrlichkeit in der Welt. In dem schier unerschöpflichen Dopingsumpf unserer Tage macht sich bei weiten Teilen des Publikums die fatale Erkenntnis breit: Der Ehrliche ist der Dumme. Lässt sich da überhaupt noch etwas machen?**
In Sachen Doping? Also, ich muss sagen, Doping hinterlässt einen wirklich Sportinteressierten schon ein bisschen ratlos. Dass es schwarze Schafe gibt, das war auch jedem klar; aber man konnte sie ja nur schwer identifizieren, sonst hätte man sie ja gleich anklagen können. Dass es allerdings so systematisch betrieben wird, ich weiß nicht, wenn das jemand wirklich gewusst hat, dann hat er für meine Begriffe komischerweise nichts gesagt. Ich habe nicht gedacht, dass es so organisiert geschieht.

**Günter Struve, der Programmdirektor der ARD sagt, das Publikum habe kein Interesse an Drogen. Hat er damit Recht?**
Ja, das Publikum hat kein Interesse an Drogen. Die würden sich Wettkämpfe, wo sicher ist, dass keine Drogen im Spiel sind, nicht nur genauso, sondern noch lieber anschauen. Trotzdem müssen wir uns fragen: Wo soll das hinführen? Ich hab' auch kein Interesse an Verbrechen, und trotzdem geschehen sie jeden Tag in der Welt. Was soll die Quintessenz sein? Dass wir keinen Sport mehr senden? Dann dürften wir auch keine Nachrichten mehr senden.

**Das Fernsehen ist in immer stärkerem Maße Teil des sportlichen Events – siehe Tour de France. Sind die Sportjournalisten damit zwangsläufig im Kartell des Schweigens angekommen?**

Das ist das, was ich vorhin meinte: Das muss jeder mit sich selbst ausmachen. Ich glaube, das ist 'ne Frage der Einstellung. Ich kann ja nur über mich sprechen. Über Kollegen will ich nicht urteilen. Ich hab' mich immer als Journalist verstanden.

**Da unterscheiden Sie sich von manchen anderen.**

Das kann sein. Manchmal denke ich es auch. Aber ich beschäftige mich ganz ehrlich mit den anderen nicht so sehr; das bringt mir nichts. Heute redet *jeder* über *jeden* mit – anstatt für sich selber zu sehen, was wichtig ist, welches das Ziel ist, und daran zu arbeiten.

**Dopingfachleute weisen immer mal wieder darauf hin, dass Deutschland zu allen Zeiten – und nicht nur in der DDR – geradezu ein Doping-Paradies war, weil hier eben die besten Doping-Ärzte beheimatet sind. Was sagen Sie dazu?**

Hmh, ich weiß nicht, wer das alles sagt. Bisher habe ich nur gehört, dass es im Osten, nicht nur in der DDR, sondern überhaupt im Osten doch sehr organisiert zugegangen sein muss – und auch in Amerika. Ich habe jetzt Deutschland nicht so sehr auf der Agenda gehabt. Ich meine, wir haben uns natürlich auch ein bisschen die Augen wischen lassen dadurch, dass hier so viele Kontrollen sind; und dann hat man sich wahrscheinlich damit schon beruhigt; auch wir Sportjournalisten haben uns damit schon eher mal beruhigen lassen. Ich glaube, das ist die niederschmetterndste, aber auch die wichtigste Erkenntnis aus den letzten zwei Jahren, dass es ja offensichtlich richtige Kartelle gibt, die dahinter stehen; das finde ich das Schockierendste.

**Mal ganz naiv gefragt: Warum eigentlich soll ein Sportler bestimmte Dopingmittel nicht benutzen dürfen, die ein Sportreporter ohne weiteres benutzen darf?**

Der Sportreporter wird ja nicht dafür belohnt, dass er besonders große Augen hat – oder viele Muskeln.

**Aber dass er gut drauf ist und gute Stimmung verbreiten kann.**

Ja, gut. Also, wenn man Schnupfen hat und ein Aspirin nimmt, das passiert schon mal. Aber das darf, glaube ich, der Sportler auch.

**Es gibt da ganz schnell Grenzen – schon bei Schnupfenmitteln.**

Ich nehme sowieso fast nie was.

**Haben Sie keine persönliche Lieblingsdroge?**

Doch. Lieblingsdroge ist übertrieben. Aber ich trink' schon gern mal ein Bier – und einen Wein.

**Gibt es eine Sendung im Fernsehen, nach der Sie süchtig werden könnten?**

Nee. Ich guck' schon aus Interesse und auch um zu sehen, was andere machen, auch um sich was abzugucken. Ich habe in Baden-Baden, als ich da noch war, in der Mittagspause bei den Unterhaltungsleuten zugeguckt, weil die 'ne Sendung ganz anders fahren, mit 'nem ganz anderen Ziel; ich finde immer spannend, wenn man irgendwo sich ein bisschen was abgucken kann. Ich gucke so schon genug, aber dass ich süchtig werden könnte? Das dringend immer wieder haben muss? Nee.

17. September 2007

# Christoph Amend

**Christoph Amend**, 1974 in Gießen geboren. Mit 22 Jahren Redakteur und bald darauf stellvertretender Redaktionsleiter des *Jetzt*–Magazins der SZ. 1999 mit Giovanni di Lorenzo und Stephan Lebert zum *Tagesspiegel*. Seit 2004 bei der *Zeit*. Redaktionsleiter des neuen *Zeit*-Magazins.

## Zur Kultur des Unpolitischen

**Sie haben in einem Alter, in dem manch andere sich noch kaum entschieden haben, was sie studieren möchten, bereits leitende Funktionen bei führenden deutschen Zeitungen besetzt. Ist das Studieren in der journalistischen Branche eigentlich Zeitverschwendung?**
Nein. Andererseits glaube ich auch nicht, dass man unbedingt studiert haben *muss*, um Journalist zu werden. Ich hab' ja selber nur kurz studiert, ein paar Semester Anglistik, Politikwissenschaften und Germanistik. Ich bin daran gescheitert, dass ich das Latinum nachmachen sollte – ein hoffnungsloses Projekt. Parallel zum Studium habe ich angefangen, für das Gießener Stadtmagazin *Express* zu arbeiten. Da habe ich schnell gemerkt, dass die beiden Geschwindigkeiten Studium und Journalismus sehr weit auseinander liegen, und ich gebe zu, dass ich es aufregender fand, eine Geschichte zu schreiben, die in der nächsten Woche veröffentlicht wurde, als mir von einem Professor sagen zu lassen: Wenn Sie die Lateinprüfung heute bestehen, dann haben Sie Chancen, in zweieinhalb Jahren das Latinum zu bekommen, das Sie ja brauchen, um anschließend eine Zwischenprüfung für das Anglistikstudium antreten zu dürfen.

**Das *Zeit*-Magazin der letzten Woche erweckt gekonnt den Eindruck, dass es gut und gern auch schon 1963 hätte produziert werden können – mehr als 10 Jahre vor Ihrer eigenen Geburt ...**
Meinen Sie die Optik des *Zeit*-Magazins? Wir haben natürlich bewusst mit klassischen Elementen der großen Magazine gespielt; wir zitieren sozusagen – aber mit einem Augenzwinkern.

**Sie sind in Gießen geboren – in einer Nachbarschaft, in der man mit der *Zeit* alt geworden ist. Da mochten Sie aber auf Dauer nicht bleiben ...**
Ja, ich bin in Gießen geboren und in Langgöns aufgewachsen, in einem Dorf in Mittelhessen, in einer Neubausiedlung, die in den siebziger Jahren angelegt wurde: junge Akademikerfamilien, Professoren, Lehrer, Ärzte – eine ziemlich homogene Gruppe. Auf jede zweite Garage war eine Friedenstaube gesprüht ...

**Eine Art Gehirnwäsche für einen jungen Menschen, oder?**
(lacht) Na ja, eine Gehirnwäsche war es nicht. Wobei ich aber schon in dem Glauben aufgewachsen bin, dass Eltern immer Grün wählen und Straßenfeste organisieren, bei denen ihre Kinder die Mülltonnen bunt anstreichen. Viele

Eltern haben die *Zeit* gelesen, meine auch.

**Und jetzt der zweite Teil der Frage: Da wollten Sie aber *nicht* bleiben?**
In Langgöns? Ich habe darüber nie nachgedacht, also scheinen Sie Recht zu haben. Ich habe bei dem Stadtmagazin in Gießen eine kleine Redaktionsstelle gehabt und von dort aus anderen Redaktionen, deren Hefte ich bewundert habe, Geschichten angeboten. Ich bin sehr oft abgelehnt worden, aber ein paar Mal hat es auch geklappt. Mit Anfang 20 habe ich dann für das *Jetzt*-Magazin der *Süddeutschen* geschrieben und von der Redaktion – mit etwas Glück – ein Angebot bekommen.

**Die Kolumnen im *Zeit*-Magazin werden vom fundamentalistisch-schweren Harald Martenstein und anderen älteren Männern geschrieben. Wie passt das zum erklärten Zielpublikum Junge Frauen?**
Martenstein, der von meinem Vorgänger Moritz Müller-Wirth als Kolumnist für die *Zeit* entdeckt wurde, ist ein großer Unterhalter, der viele junge Leser hat: biografisch jung – und jung im Kopf. Unser Stil-Kolumnist Tillmann Prüfer ist übrigens gerade 34.

**Aber eine 25jährige Kolumnistin haben Sie nicht?**
Wer weiß, vielleicht entdecken wir ja bald eine. Bei der Konzipierung des Magazins waren zwei Kolumnisten sozusagen gesetzt, die seit Jahren zum Profil der *Zeit* beitragen: Harald Martenstein und Wolfram Siebeck.

**Wer hat die sozusagen gesetzt?**
Wir haben sie gesetzt.

**Sie haben, wenn wir richtig informiert sind, eine Freundin Mitte 20. Hat sie Ihnen schon einen Heiratsantrag gemacht?**
Nein – das hat sie meines Wissens auch nicht vor.

**Fast das komplette letzte Heft an die Mode zu verschenken, ist sicher eine interessante Idee. Aber hat das Magazin nicht die Funktion, auch zum Lesen der *Zeit* einzuladen?**
Das schließt sich gar nicht aus. Mode- und Stilthemen gehören zum Profil unseres Magazins, und wenn wir eine Titelgeschichte über das Verhältnis der Deutschen zur Mode machen, versteht man als Leser einiges über die Kulturgeschichte unseres Landes. Stilthemen sind ein wichtiger Teil unseres Angebots, aber eben nur ein Teil. Neben Bildstrecken oder den zwei Mode-Heften im Jahr haben wir große, lange Reportagen im Blatt, für die unsere Reporter monatelang recherchieren.

**Als Jugendlicher haben Sie den eigenen Eltern das damalige *Zeit*-Magazin gern aus dem Briefkasten geklaut. Wer hatte Ihnen denn beigebracht, die eigenen Eltern zu beklauen?**

Das müssen Sie meine Mutter und meinen Vater fragen. Ich habe das im Vorwort zu unserem ersten Heft geschrieben, und nach Erscheinen rief mich meine Mutter lachend an: Das wusste ich nicht, das hast du mir nie erzählt!

**Das alte Magazin sei politisch streng gegen den Strich gebürstet gewesen, beteuern die alten Kämpen heute gern. Von Ihrem neuen Magazin könnte man das aber wohl nicht behaupten, oder?**
Was ist das: politisch gegen den Strich gebürstet? Und gegen welchen Strich? Wir verstehen uns durchaus als politisches Magazin, aber bei uns findet Politik anders statt als im politischen Teil einer Zeitung: erzählerischer.

**Wenn Sie morgen aus Ihrem jetzigen Traum erwachen und entdecken, dass Sie im wirklichen Leben Politiker sind, woran arbeiten Sie dann gerade?**
Ich kann mir gar nicht vorstellen, Politiker zu sein.

**Ja, aber es kann ja passieren.**
Dass ich morgen aufwache und kein Journalist mehr bin? Ich hoffe nicht, dass das passiert, ich kann mir nichts anderes vorstellen.

**Kann ja sein, dass Sie aus dem Traum aufwachen und im Albtraum landen. Woran arbeiten Sie dann gerade?**
Ein Projekt hätte ich schon: Ich hab' mich gestern mit einer Freundin unterhalten, die in Brüssel arbeitet und gerade Mutter geworden ist. Sie erzählte, in Belgien geben Eltern ihre Kinder ganz selbstverständlich nach einem halben Jahr in die Kindertagesstätte, die bis 18 Uhr geöffnet hat. Das ermöglicht der Freundin wieder zu arbeiten. Sie kann überhaupt nicht verstehen, dass das in Deutschland immer noch nicht so ist – und ich auch nicht. Dafür könnte ich mich einsetzen.

**Und für welche Partei würden Sie dann arbeiten?**
(überlegt sehr lange) Das ist schwer.

**Schwer gibt es nicht.**
Doch, gibt es schon. Wenn ich Sie richtig verstehe, steckt hinter Ihrer Frage die größere Frage: Warum gibt es eigentlich so wenige interessante Politiker in meiner Generation? Warum sind nicht mehr Leute in die Politik gegangen? Darauf habe ich keine schlüssige Antwort, aber das kann noch zum Problem werden.

**Auf der letzten Seite Ihres Magazins darf Helmut Schmidt wöchentlich Reklame für das Rauchen machen. Ist Zigarettenreklame nicht eigentlich inzwischen verboten?**
Er macht gar keine Werbung. Die Zigarette ist nur ein Sinnbild für die Dauer des Gesprächs, das Giovanni di Lorenzo jede Woche mit ihm führt: eine Zigarettenlänge. Übrigens gilt natürlich in unseren Redaktionsräumen längst

Rauchverbot; aber Helmut Schmidt ist Helmut Schmidt! Haben Sie ihn in der Öffentlichkeit je ohne Zigarette erlebt?

**Mit 15 wollten Sie Profifußballer werden. Wo würden Sie heute spielen, wenn Sie es geworden wären?**
Mit 33 Jahren würde ich jetzt wohl bei den Alten Herren spielen. Ich habe mich im Alter von 15 Jahren sehr schwer verletzt, keine Ahnung, ob ich es wirklich zum Profi gebracht hätte. Es war aber mein großer Traum. Ich habe aus der Zeit von damals zwei Fußballfreunde, mit denen ich in Hessen das Auswahlsystem des Verbandes durchlaufen habe. Einer war viel besser, er hat später in der 1. Liga bei Frankfurt, Gladbach und Stuttgart gespielt, der andere war etwas schlechter, er hat einige Jahre in der 2. Liga gespielt. Wenn ich gesund geblieben wäre, wer weiß, vielleicht wäre ich irgendwo dazwischen gelandet.

**Und welcher Verein wäre es dann gewesen?**
Mein Lieblingsverein ist der FC Bayern, dafür hätte es sicher nicht gereicht.

**In Bezug auf Zeitungen wird in Amerika bereits vom »Endgame« gesprochen. Warren Buffet, lesen wir in der letzten *Zeit*, sagt: Zeitungen haben es hinter sich! Hat er damit Recht?**
Nein.

**Meistens hat er aber Recht gehabt. Damit ist er ja sehr reich geworden.**
Wenn er von einem bestimmten Typ kleiner amerikanischer Lokalzeitung spricht, kann ich seinen Standpunkt verstehen. Die sind, soweit ich das beurteilen kann, oft überraschend schlecht gemacht. Was Qualitätszeitungen betrifft, egal in welchem Land, hat er nicht Recht.

**Was tun Sie so alles, um Ihre Allgemeinbildung auszubauen?**
Ich lese viel. Vielleicht ist es das Schicksal eines Autodidakten, dass er immer das Gefühl hat: Ich weiß zu wenig. Zurzeit lese ich die Augstein-Biografie von Merseburger und einen ganz alten Roman von Guy de Maupassant: Bel Ami. Den lese ich alle paar Jahre; er erzählt die Geschichte eines jungen ehemaligen Soldaten, der nach Paris kommt und per Zufall in den Journalismus gerät. Darin werden schon alle Gefahren des Journalismus beschrieben.

**Sind Sie ein religiöser Mensch?**
Ja. Ich bete auch gelegentlich.

**Kann man ein bisschen mehr über dieses Beten erfahren? Ist das eine Art Zwiesprache oder Fürbitte?**
Es ist ja sehr schwer über Religion zu reden. Lassen wir das Private privat.

**Den deutschen Wortpolizisten sind in den letzten 14 Tagen wieder zwei sehr prominente Fische ins Netz gegangen: Eva Herman und Kardinal Meisner. Was erinnert mehr an Hitlers Zeit: das Wort »ent-**

artet« oder die fast gleichgeschaltete heftige Reaktion der Presse?
Es gibt gute Gründe, Herrn Meisner zu kritisieren, und es gibt gute Gründe, Frau Herman zu kritisieren. Ich sehe die von Ihnen vermutete Gleichschaltung in den deutschen Medien nicht, das gab es unter den Nazis und in der DDR. Es gibt nur ein gelegentlich seltsam anmutendes Verhalten, das die großartige Herlinde Koelbl in ihrem Dokumentarfilm »Die Meute« festgehalten hat: Da geht es um deutsche Journalisten, und in einer Szene sitzt ein Blattmacher morgens an seinem Schreibtisch. Vor ihm liegen die zehn großen seriösen Tageszeitungen. Neun von zehn haben dasselbe Thema als Aufmacher, sein Blatt auch. Und er sagt ganz stolz: Haben wir uns doch richtig entschieden.

**Spüren Sie bei sich persönlich manchmal eine Lust, die Menschen in Gut und Böse einzuteilen?**
Wenn ich jemanden portraitiere, dann interessiert es mich nicht am Ende zu sagen: Gut oder Böse. Ich will wissen, wie jemand tickt, was ihn oder sie antreibt. Das herauszufinden ist schwer genug.

**Was sagt uns der Begriff Unterschichten-Fernsehen?**
Als die Diskussion um das Thema aufkam, habe ich über den Begriff geschrieben. Für die Recherchen habe ich tagsüber Privatfernsehen angeschaut – stundenlang. Setzen Sie sich mal nachmittags um zwei Uhr hin und machen das. Sie werden zu Kulturpessimisten.

**Ist das Unterschichten-Fernsehen?**
Ja. Weil in diesen Sendungen die Unterschicht bloßgestellt wird, ohne es zu merken, von Produzenten, die sehr wohl wissen, was sie tun.

**Nun bestreiten viele, dass sich so etwas wie Unterschicht überhaupt definieren lässt.**
Man hat sich in Deutschland jahrzehntelang eingeredet: Wir sind ein offenes Land, bei uns kann jeder Karriere machen, von ganz unten nach ganz oben, das ist bei uns möglich. Die Zahlen belegen leider etwas anderes: Akademikerkinder werden Akademiker, Unterschichtskinder bleiben in der Unterschicht.

**Und wie definieren Sie Unterschicht?**
Der Soziologe Heinz Bude hat dafür den Begriff der Exklusion geprägt. Die Menschen in der Unterschicht sind laut Bude die Ausgeschlossenen. Das trifft es ziemlich gut, finde ich.

**Wen sehen Sie im Fernsehen lieber: Illner oder Will?**
Ich sehe beide gern. Maybrit Illner hat eine ganz eigene Art von Ironie in die politische Talkshow eingeführt, eine Mischung irgendwo zwischen Flirten und Kritisieren. Bei der Talksendung von Anne Will muss man sehen, wie das wird.

**Anne Will sagt in ihrer Auftaktsendung: Ich freue mich *wahnsinnig* – und im zweiten Satz: Es gibt noch Menschen, deren Schicksal**

wir beklagen können. Ist das der pure Zynismus oder die schlichte Naivität der stolzen Moderatorin?

Hat sie das so gesagt? Kann ich mir nicht vorstellen. Anne Will ist weder zynisch noch naiv.

**Herr Amend, aus Ihrem beruflichen Werdegang sind die verschiedenen Mitglieder der Familie Lebert nicht wegzudenken. Was hat Stephan Lebert (Bruder von Andreas, der wiederum Vater von Benjamin) zu Ihrem Lieblingspartner für mehrere Jahre gemacht?**

Ich habe Stephan sehr viel zu verdanken, unter anderem, dass ich mit Anfang 20 zum Jugendmagazin der *Süddeutschen* kam. Beim *Tagesspiegel* haben wir uns jahrelang ein Büro geteilt – und ich habe sehr viel von ihm gelernt. Er ist ein Freund. Außerdem kenne ich keinen besseren Witzeerzähler als ihn.

***Andreas* Lebert hat sich bei der *Zeit* ein Denkmal gesetzt, indem er das Ressort »Leben« geschaffen hat – bevor er zur richtigen Frauenzeitschrift *Brigitte* gegangen ist. Ist die Nähe von »Leben« und *Brigitte* also zwangsläufig?**

*Brigitte* ist die beste Frauenzeitschrift in Deutschland; ich hab' gar nichts gegen die Nähe. Andreas ist ein großartiger Blattmacher. Er hat ja nicht nur das *SZ*-Magazin erfunden und geprägt, sondern auch das Konzept des *Jetzt*-Magazins mitentwickelt und damit eine ganze Generation von Journalisten geprägt.

**Im Zusammenhang mit Zeitungs-Magazinen taucht immer wieder der Vorwurf des Borderline-Journalismus auf. Haben Sie selbst in früheren Jahren auch mal etwas erfunden, was dann gedruckt worden ist?**

Nein.

**Regelmäßig soll für das neue *Zeit*-Magazin ein Mann namens Günter Wallraff arbeiten. Kennen wir den nicht als Stasi-Spitzel?**

Er hat nicht für die Stasi gearbeitet. Er hat sich in dieser Angelegenheit auch gerichtlich gegen den Springer-Verlag durchgesetzt.

**Da ging es nur um Üble Nachrede. Das ist noch kein Beweis, ob er es getan hat oder nicht.**

Sie meinen, er müsste Ihnen erst seine Unschuld beweisen?

**Nein, nein. Wir wollten nur erfahren, ob Sie mehr über diese Anschuldigungen wissen als wir.**

Ich glaube ihm. Ich habe keinen Anlass ihm nicht zu glauben. Es ist eine große Freude mit ihm zusammenzuarbeiten – gerade für mich, also für jemanden aus der Generation Golf.

**Wallraff ist ja die Generation Isetta.**

Ja, stimmt! Was ich besonders bewundere an ihm: Er hat ein nicht zu stoppendes Temperament.

**Apropos: nicht zu stoppen. Wann werden Sie auf dem Stuhl von Giovanni di Lorenzo sitzen?**
Auf dem Stuhl von Giovanni di Lorenzo sitzt nur Giovanni di Lorenzo. Ich versuche, meinen Job beim *Zeit*-Magazin so gut wie möglich zu machen.

**Sie kennen sicher die Fotosammlung in der *Süddeutschen* – mit einem von Dächern ins Ungefähre schauenden Giovanni di Lorenzo – unter der Überschrift »Ein Mann will nach oben«. Trauen Sie dem Chefredakteur der *Zeit* noch einen weiteren Schritt nach oben zu?**
Wo wäre denn weiter oben?

**Das wäre ja die Frage.**
Sorry, aber wenn auch Sie keine Antwort darauf wissen – ich weiß es jedenfalls nicht.

25. September 2007

# Claus Kleber

**Claus Kleber**, auf der Durchreise in Reutlingen geboren. Jurastudium in Tübingen. 1985 Rundfunk-Studioleiter in Konstanz. Von 1986 bis 2001 als Korrespondent für die ARD in den USA. Ein Jahr Studioleiter London. Seit 2003 Leiter und Moderator des Heute-Journals im ZDF.

## Das Alpha-Tier im Rennstall des ZDF

**Wir haben lange nach etwas Peinlichem in Ihrer Geschichte gesucht, mit dem wir Sie konfrontieren könnten, haben aber gar nichts gefunden – außer diesem Vornamen: Claus-Detlev.**
Ja, es heißt eigentlich Claus.

**Den Detlev haben Sie irgendwann fallen lassen?**
Den habe ich nie benutzt. Ein einfacher Vorname reicht.

**Sie haben Ihre Kindheit teilweise an sehr obskuren Orten verbracht: Reutlingen und Vaduz. Wie kam das?**
Was ist obskur an Reutlingen?

**Na, von Tübingen aus gesehen, kann man Reutlingen schon obskur finden.**
(lacht) In Reutlingen bin ich geboren, da habe ich nie gelebt. Als ich ein paar Wochen zu früh geboren wurde, war meine Mutter – mehr oder minder zufällig – gerade bei ihren Eltern, die in Reutlingen lebten. Ich habe in Vaduz gelebt und auch in allen anderen Städten danach deswegen, weil mein Vater, ein Ingenieur, da berufstätig war. – Kein Steuerflüchtling also.

**Sieht nur so aus.**
Ja. (schmunzelt)

**Als Sie 15 – 16 waren, hat ein Deutschlehrer eine spezielle Rolle in Ihrem Leben gespielt, weil er Deutsch als politisches Fach verstand. Welche Politik vertrat er?**
Das war damals – wie bei vielen dieser engagierten Lehrer – eine linke politische Position. Das war auch unter uns Jugendlichen das, was einfach angesagt war. Und ich hab' mich sehr an ihm gerieben, in einer positiven Weise, habe seine Argumente in mein konservatives Elternhaus getragen und am nächsten Tag die konservativen Argumente meiner Eltern wieder zurück in die eher linke Umgebung, in der ich hauptsächlich war. Diese Boten- oder Dialogfunktion hat mir extrem Spaß gemacht. Jede Seite damit zu konfrontieren, dass vernünftig denkende Menschen auch ganz andere Ansichten haben können als sie – und zwar in der einen wie in der anderen Richtung. Und im Grunde bin ich dem bis heute treu geblieben.

**Sie hatten damals keine eigene Position? Sie waren nur der Bote?**

Oh, ich hatte zu allen Sachfragen eine eigene Position. Durchaus. Ich hatte zur Notstandsgesetzgebung meine Position, ich hatte zum Paragraphen 218 meine Position, zur Ostpolitik, zur betrieblichen Mitbestimmung, zur europäischen Einigung. Das war ja, ganz anders als heute, eine Phase, in der es sich noch lohnte, politische Positionen zu haben, weil nämlich wirklich im Grundsatz gestritten wurde über viele Dinge. Dagegen heute: Ob die Rente mit 65 oder mit 67 gezahlt wird, ob das Arbeitslosengeld 18, 20, 22 oder 24 Monate gezahlt wird – das sind die Dinge, die heute die Menschen zu beschäftigen scheinen – oder jedenfalls gaukelt die Politik vor, dass das die wirklich wesentlichen Fragen seien. Und das ist, verglichen mit den grundsätzlichen Fragen von damals, ein relativ langweiliger Streitgegenstand.

**Sie haben es nicht getan – und Sie raten auch den jungen Möchtegern-Journalisten davon ab, Publizistik oder Journalismus zu studieren. Warum?**
Weil sie die Zeit mit etwas Sinnvollem verbringen sollten.

**Was ist das?**
Das sind Dinge, die im wahren Leben eine Rolle spielen. Das können auch geisteswissenschaftliche Fächer sein. Oder gesellschaftswissenschaftliche Fächer wie Volkswirtschaft oder wie Rechtswissenschaft in meinem Fall. Das kann aber auch Medizin oder Biologie sein. Ingenieurwissenschaften sind ganz toll. Einer unserer besten Reporter hier im Heute-Journal ist gelernter Werkzeugmacher. Ich finde, die akademische Auseinandersetzung mit unserem Medium sollten wir Leuten überlassen, die nicht in diesem Medium arbeiten müssen, denn es kommt hier vor allen Dingen auf handwerkliche Fähigkeiten an. Mein Job bringt es mit sich, dass ich ab und zu in solchen Diskussionszirkeln bin, wo über die Hineingeworfenheit des Mediums in die gesellschaftlichen Umbruchprozesse – irgendwie unter Beziehung auf Heidegger – diskutiert wird. Ich habe aus solchen Debatten nie etwas mitgenommen, das mir in meinem Beruf genutzt hätte.

**Viele Ihrer Kolleginnen und Kollegen versuchen nicht die Welt zu erklären, sondern zu verändern. Erklären Sie uns bitte die Welt des deutschen Journalismus!**
Wie viele Bücher soll ich Ihnen jetzt schreiben?

**1'30 ...**
(lacht) Ich glaube, dass der Journalismus im Moment vor allen Dingen gefordert ist, komplexe Vorgänge so zu erklären, dass Zuschauer und Leser, die ihren Tag mit anderen Tätigkeiten verbringen als damit, die Grundzusammenhänge der Welt zu verstehen, am Abend in der Lage sind ihr Weltbild zu erweitern. Die erste Voraussetzung dafür ist, dass der Journalist selber versteht, worum es eigentlich geht. Dass er die Zusammenhänge kapiert. Und der zweite – mindestens genauso schwierige – Schritt ist, dieses komplexe Wissen dann so umzusetzen, dass ein Zuschauer, der abends erschöpft ist, trotzdem versteht, worum

im Kern der Streit geht, in dem er als demokratischer Bürger mitentscheiden muss. Das ist eine verdammt schwierige Aufgabe und es kommt im Ergebnis auf handwerkliche Fähigkeiten an: auf Verständnis, auf Durchschauen, auf klare Diktion und Sprache und das Herausarbeiten des Kerns eines Problems. Übrigens etwas, was ein Jurist lernt.

**Aber viele haben ja diese Haltung gar nicht, die Sie jetzt beschrieben haben.**
Ja, das weiß ich.

**Sagen Sie zu denen doch auch mal was!**
Ja, ich finde es sehr tapfer, dass es auch Journalisten gibt, die sagen: Unsere Funktion im Medium ist, die Wirklichkeit erstens abzubilden und zweitens zu verändern. Sonia Mikich zum Beispiel, die Chefin von Monitor, ist kämpferisch dieser Ansicht; und ich bin froh, dass es auch solche Journalisten gibt, denn Sonia Mikich macht einen wirklich wichtigen und sehr guten Job. Bloß: Ich glaube, bevor sie irgendwie wirken kann, muss jemand wie ich die Kärrnerarbeit gemacht haben.

**Da haben wir jetzt *nicht* an Johannes B. Kerner gedacht.**
(lacht)

**In Deutschland ist die Haltung sehr verbreitet, dass die Welt ein friedlicher Verein wäre, wenn wir Europäer und Amerikaner uns aus allen Auseinandersetzungen raushalten würden. Ist das nur naiv oder was sonst?**
Das ist vor allen Dingen das Ergebnis von Geschichte. Wir Europäer generell, wir Deutschen aber ganz besonders, haben ein anderes Verhältnis zur Einmischung und zur Anwendung von Gewalt als die Vereinigten Staaten. In der deutschen politischen Kultur ist die Überzeugung tief verankert, dass es im wesentlichen aktives Handeln ist, das zu Fehlern führt. Amerikaner glauben eher, dass Passivität zu fehlerhaften Entwicklungen führt. Zwischen diesen beiden Grundeinstellungen einen vernünftigen Dialog aufrecht zu erhalten, lohnt sich. Da können wir Journalisten auch was dafür tun, indem wir erklären, woher die andere Auffassung anderer Länder kommt.

**Die *Zeit* hat es behauptet. Was denken Sie: Rückt Deutschland nach links?**
Ja, eindeutig. Das ist ein Ergebnis der gegenwärtigen Gerechtigkeitsdebatte. Anders als viele, bin ich, nicht aufgrund von irgendwelchen Allensbach-Studien wie die *Zeit*, sondern aufgrund meiner Gespräche mit normalen Menschen der Ansicht, dass Deutsche durchaus bereit sind Einschnitte hinzunehmen. Das hat auch der ursprüngliche Erfolg der Agenda 2010 gezeigt.

**Das ist aber kein Ruck nach links.**

Nein, das ist noch keiner. Aber wenn sie sich das zumuten, dann wollen sie zwei Dinge: Erstens, dass es Erfolg hat, und zweitens, dass es dabei gerecht zugeht. Erfolg hat es offenbar. Aber geht es gerecht zu? Das nicht. Die Bevölkerung hat das Gefühl: Einige machen mit unserer Reformbereitschaft den großen Reibach. Die Gesellschaft entwickelt sich auseinander. Es gibt eine schnell wachsende Zahl von verwöhnten Reichen, auch in jungen Jahren, und es gibt ganz viele Menschen, die mit immer weniger zurechtkommen müssen – real. Das ist nicht gerecht zugegangen. Und daraus resultiert dann der Ruf nach alten linken Idealen: verteilen, umverteilen, wegnehmen, den Erfolgreichen oder zumindest den finanziellen Gewinnern wieder etwas wegnehmen. Das führt dann zu linken – wenn Sie so wollen: traditionell linken – Erklärmustern. Die aber basieren auf Fehlern, die politisch vorher passiert sind.

**Eine persönliche Frage: Was tun Sie so alles, um Ihre Allgemeinbildung auszubauen?**
Ich versuche so viel wie möglich zu lesen und so viel wie möglich mit Menschen zu reden. Und zwar, indem ich nicht Sachen von mir erzähle, dafür ist dieses Interview jetzt untypisch, sondern indem ich die Leute ausfrage. Ob das jetzt der Handwerker ist, der an meinem Auto für den TÜV noch irgendwas repariert, ob das der Bürgermeister einer Gemeinde ist, in der ich zufällig mal aufschlage, oder ein ganz normaler Geschäftsmann, der am Tisch neben mir sitzt, wo ich dann sage: Hören Sie mal, wie hat sich denn eigentlich in Ihrem Leben etwas verändert in den letzten drei Jahren? Das gibt mir die Erdung – oder hoffentlich wenigstens einen kleinen Teil davon, den man braucht, wenn man jeden Tag mehr als zehn Stunden auf dem Lerchenberg zubringt.

**Sind Sie ein religiöser Mensch?**
Nein. Aber ich bin ein religiös interessierter Mensch.

**Sie sind aber doch in dieser katholischen Verbindung gewesen – in Tübingen.**
Ja.

**Waren Sie damals religiös?**
Nein, nicht mehr als heute. Ich bin nach wie vor eingetragener und steuerzahlender Katholik und ich bin ganz sicher kein Atheist, aber unter einem religiösen Menschen verstehe ich jemanden, der die Ausübung seiner Religion ins Zentrum seines Lebens stellt. Und das bin ich nicht.

**Im amerikanischen Sinne, meinen Sie, sind Sie das nicht. Aber Sie sind ein gläubiger Mensch?**
Ja, das ist ein Thema, mit dem ich noch nicht fertig bin. Also ich bin keiner, der Religiosität oder die Existenz einer transzendentalen Autorität verneint.

**Sehr vorsichtig geäußert.**
Ja, ich versuche mich da nicht vor irgendwas zu schützen, sondern versuche

meinen Zweifelszustand anzudeuten.

**Im Hinblick auf die kommerziellen Fernsehsender haben Sie in Ihrer Dissertation 1986 einen »heilsamen Einfluss« auf unsere Fernsehlandschaft erwartet. Was ist aus diesen Erwartungen geworden?**
Ich glaube ganz sicher, dass die kommerziellen Sender auch einen positiven Einfluss hatten. Die öffentlich-rechtlichen Systeme waren behäbig geworden. Und Konkurrenz belebt nicht nur das Geschäft, Konkurrenz ist essenziell notwendig, um ein System aktiv zu halten. Aber im Moment ist ein, wie es in Amerika auch eingetreten ist, besorgniserregender Absturz in die Banalität zu beobachten. Nicht in jeder Sendung, aber insgesamt in diesem System. Meine Überzeugung ist, dass das zusammenhängt und zeitlich zusammenfällt mit dem Einstieg von nicht-publizistischen Interessen in Massenmedien.

**Was meinen Sie damit?**
Wie wir das bei Sat.1 gerade erleben: Sat.1 ist ja ursprünglich ein Verlegerfernsehen gewesen. Das heißt, es wurde gegründet von Menschen, deren Lebensinhalt es war, publizistische Inhalte zu vermitteln. Inzwischen kommen die Erbsenzähler irgendwelcher Investmentfirmen, und in dem Moment ist das Medium nicht mehr dazu da Inhalte zu vermitteln, sondern es ist dazu da Zuschauerschaften zu kreieren, die an die werbetreibende Wirtschaft vermietet werden. Es ist also ein völlig anderer Ansatz. Merkwürdigerweise – oder traurigerweise – lässt sich ein erheblicher Teil des Publikums darauf ein. Und lässt sich in diesen Sog ziehen. Es wird zunehmend schwieriger, Menschen für vernünftige Inhalte zu interessieren. Und das ist das Problem, mit dem wir hier jeden Tag kämpfen.

**Sie sagen, unsere heutige Tagesschau wäre in den USA, dem Mutterland des kommerziellen Fernsehens, nicht vorstellbar. Ist das als Kompliment für die Tagesschau gemeint?**
Nein. Das ist eine Beobachtung, dass Kulturen eben anders oder unterschiedlich reagieren auf Formen der Informationsvermittlung. Die Amerikaner kennen das, was wir in der Tagesschau sehen: ein als Sprecher geschulter Mensch – und ich rede speziell von der 20-Uhr-Tagesschau – ein hochprofessionell als Sprecher geschulter Mensch liest Texte von einem Blatt Papier vor – das kennen die aus Deutschland – und aus Nordkorea.

**Sehen Sie die Tagesschau immer, wenn Sie im Einsatz sind?**
Ja, ich sehe sie auch, wenn ich nicht im Einsatz bin.

**Warum?**
Die Tagesschau ist für Menschen, die politische Zusammenhänge kennen und sich den ganzen Tag damit beschäftigen, ein hervorragendes Medium, um sich upzudaten und um Gewichtungen zu überprüfen: Moment, die machen mit der Bemerkung von Bush über den dritten Weltkrieg auf. Wir haben das als dritte

Position im Nachrichtenblock, also in der Mitte der Sendung irgendwo. Die Tagesschau ist für mich nach wie vor ein Standard, an dem ich mich messe, nach dem ich mich aber nicht richten muss.

**Sie selbst hätten bei der ARD sehr gut alt werden können. Wie kam es Anfang 2003 zu diesem plötzlichen Wechsel zum ZDF?**
Eine Gelegenheit bot sich, die man nicht ausschlagen kann.

**Wer hat die geboten?**
Nikolaus Brender.

**Der kam auf Sie zu?**
Ja.

**Sie haben es als Vorteil angesprochen, dass Sie sich nun nur noch mit *einem* Chefradakteur rumschlagen müssen. Ist die Kleinstaaterei der ARD dagegen unzeitgemäß?**
Würde ich nicht sagen, weil die in den Dritten Programmen, wo ja auch wieder nur ein Chefredakteur auftritt, bemerkenswerte Formate entwickeln und gute Dinge machen, die auch erfolgreich sind.

**Aber das Erste?**
Ja, das Erste leidet eben darunter, dass niemand eine Entscheidung treffen und schnell umsetzen kann. Das hat zum Beispiel Jobst Plog erlebt, als er Günther Jauch ins Erste bringen wollte – um mal nicht von Informationsformaten zu reden. Der Chefredakteur des Bayerischen Rundfunks kann den neuen Peter von Zahn in seinen Reihen haben: Es wird ihm nie gelingen, den zum Amerika-Korrespondenten zu machen, weil der Bayerische Rundfunk nämlich für Amerika nicht zuständig ist. Umgekehrt kann der Norddeutsche Rundfunk den Menschen in seinen Reihen haben, der Papst Benedikt XVI. intim kennt: Der wird nie Rom-Korrespondent, weil er beim falschen Sender ist. Das sind so Merkwürdigkeiten dieses Systems, das aber zwei große Vorteile hat: Erstens, ein riesiges Talentreservoir …

**Aus dem sich das ZDF dann später bedient …**
Zum Beispiel. Und zweitens, sie haben Spielflächen für Experimente. Ich habe als Korrespondent sehr viel davon profitiert, dass viele Geschichten, Feature-Ideen im Dritten Programm erst mal entstanden sind und dann ins Erste kamen. Das sehen wir im Moment jetzt zum Beispiel auch mit »Hart aber fair«, das ja schon weit über Gebühr im Dritten ausprobiert worden ist und jetzt endlich seinen Platz im Ersten bekommt – und dann ab nächsten Mittwoch dem Heute-Journal Konkurrenz macht.

**Darauf freuen wir uns alle.**
Ja, ich auch. (lacht)

**Das Heute-Journal sei – gegenüber früher – nicht mehr wiederzuer-**

kennen, sagen inzwischen manche. Was haben Sie da gemacht?
Ich halte das für weit übertrieben. Das ist völliger Unfug. Ich wäre stolz, wenn es so wäre, dass alles, was das Heute-Journal gut macht, auf meinem Mist gewachsen wäre, aber das ist Quatsch. Die Sendungen vor sechs Jahren waren auch schon sehr gut und waren meinungsfreudig und publikumsnah und munter und originell bis manchmal zum …

**… Abwinken?**
… Amüsanten! Das haben wir alles nur weiterentwickelt. Also, ich würde mir dieses Lorbeerblatt nicht aufs Haupt legen.

**Na ja, aber es hätte ja auch als Kritik gemeint sein können.**
Auf die Idee komme ich gar nicht. (lacht)

**»In zehn Jahren sollen die Leute immer noch nicht wissen, auf welcher Seite ich stehe«, sagen Sie. Damit haben Sie aber eigentlich bereits alles verraten, denn: Linke lieben es nicht, mit ihrer politischen Haltung hinterm Berg zu halten.**
Aha. – Nein, damit habe ich gar nichts verraten, also daraus dürfen Sie nichts schließen. Ich bin auch wirklich … Ich habe alle großen demokratischen Parteien in letzter Zeit gewählt – in unterschiedlichen Entscheidungssituationen. Ich gehöre keinem dieser Vereine an. Ich bin in keinem dieser Vereine verdrahtet und lege auch Wert darauf, dass das so bleibt.

**Nikolaus Brender, Ihr Chefredakteur, will wohl wegkommen von einer Parteienbindung der Journalisten. Dennoch mussten Sie – nach allem, was wir hören – 2003 in den Parteienproporz des Senders eingebunden werden.**
Echt? Und wo landete ich da?

**Das sollen Sie uns jetzt sagen.**
Ich kann Ihnen Folgendes verraten. Ich habe das beobachtet, weil ja dann so Anfragen kommen: Kann man mal reden und so. Ich habe Folgendes festgestellt: Die Linken dachten, ich sei ein Rechter, weil sie ja wussten, dass ich kein Linker bin. Und die Rechten dachten, ich sei ein Linker, weil sie ja wussten, dass ich kein Rechter bin. Und die dachten, das sei sozusagen mutually exclusive. Also, wenn er keiner von uns ist, ist er automatisch einer der anderen. Und die waren grenzenlos verblüfft, als sie feststellten, ich gehöre auch zu den anderen nicht. Markus Söder hatte zum Beispiel am Anfang ein Statement gegeben auf 'ner Pressekonferenz, das dann auch heftig abgedruckt wurde: Wir brauchen keinen von der ARD.

**Weil die ARD als links gilt?**
Quatsch. Weil er irgendetwas gegen mich sagen wollte, und er war der festen Überzeugung, ich sei ein Linker, denn er kannte mich ja nicht. Ich hatte mit dem Mann noch nie geredet und auch mit seinen engeren Freunden noch

nie. Er hat das dann korrigiert inzwischen, ohne jetzt zu glauben, dass ich ein Rechter bin.

**Ein Mann, über dessen politische Einstellung auch noch gerätselt wird, hat am 19. 4. 2007 eine Schnuppermoderation in Ihrer Sendung gegeben, die nicht gerade als besonders gelungen angesehen wurde.**
Das finde ich unfair. Für ein junges Talent war das gut.

**War Harald Schmidt da betont nachlässig oder ist der Job doch schwieriger als man denken könnte?**
Ich habe bemerkt – und er hat das auch sehr charmant hinterher zugegeben: Harald Schmidt war durchaus in dem Moment aufgeregt. Und das ist eine der Sachen, die ihn mir noch sympathischer gemacht hat. Es ist ein Unterschied, ob du auf deinem eigenen Home-Turf bist – bzw. in deinem eigenen Aquarium schwimmst, um halbwegs deutsch zu reden – oder ob du in einem fremden Aquarium bist. Selbst die Kleinigkeit, die er da gemacht hat, war eine Herausforderung für ein Show-Horse wie ihn. Daraus spricht Respekt für das, was wir machen. Und er wollte uns – und das rechne ich ihm hoch an – obwohl wir ihm jede Gelegenheit dazu gegeben haben – er wollte uns keine Schande machen. Ich habe ihm nie irgendeine Beschränkung auferlegt. Der hätte da Rock'n'Roll tanzen können oder er hätte 'ne Kabarettnummer auf unsere Kosten machen können. Er hatte jede Freiheit, darüber ist zwischen uns nie ein Wort gewechselt worden.

**Ihre Kollegin Marietta Slomka wirkt auf viele Zuschauer wie eine Erscheinung. Ist sie real – und wenn ja, wie ist sie so?**
(lacht) Ja, sie ist eine wundervolle Erscheinung, finde ich. Ich kann den Zuschauern nur zustimmen. Marietta ist außerordentlich klug, analytisch. Gleichzeitig als Person noch charmanter als die Zuschauer ihr zutrauen. Sie ist sehr direkt, sehr erdverbunden und lebensnah und hat nicht das, was manche schreibende Kollegen ihr nachsagen: diese kühle Realitätsferne. Ich habe nie verstanden, woran das liegt. Vielleicht liegt es an ihren klaren blauen Augen.

**Wahrscheinlich.**
Aber die finde ich nun persönlich wunderschön und kann das also nicht nachempfinden. (lacht)

**Sie halten es – nach eigener Aussage – für wichtig, in der Lidl-Schlange Fragen mitzubekommen. Wann haben Sie zum letzten Mal bei Lidl in der Schlange gestanden?**
Das war vorletzte, nee Moment, heute ist Donnerstag, dann war es letzte Woche.

**Was haben Sie gekauft?**
Normale Sachen. So Reinigungszeug.

**Und was haben Sie da mitbekommen?**
Das kann ich gar nicht mehr sagen. – Da war die Eva-Herman-Debatte ganz groß. Richtig. Ja, es wurde darüber gesprochen und die Mehrheit der Leute, die um mich 'rumstanden – die mich übrigens nicht erkannt haben …

**Na ja, die Lidl-Einkäufer, die gucken andere Sender vielleicht.**
Haben Sie eine Ahnung!

**Na, wer weiß.**
Ich würde behaupten, wir haben beim Heute-Journal mehr Lidl-Einkäufer als die meisten Sendungen, von denen Sie jetzt denken …

**Okay, gut.**
Ich spürte, und das hat auch Wirkung auf mich gehabt, ich spürte die Sympathie für Eva Herman nach dem Motto: Man schmeißt jemanden nicht raus. Die haben jetzt also nicht irgendwie über die Sache geredet, sondern nur: Das geht nicht, man kann sie nicht rausschmeißen. Ich hatte auch den Eindruck, dass die Leute die Sendung nicht gesehen hatten. Aber ich habe da keine Debatte angefangen.

**Ein Markenzeichen Ihres Heute-Journals ist die linke Hand des Moderators am geöffneten Laptop. Das scheint auf Sie wie ein Aufputschmittel zu wirken. Was ist das Geheimnis dieses Laptops?**
(lacht) Der Laptop enthält den Fahrplan für die Sendung. Und verborgen links unten steht ein zweiter Laptop, der die aktuellen Agenturen hat. Und der Bildschirm dieses Laptops wird gespiegelt in der Glasfläche auf meinem Tisch. Das heißt, ich sehe immer vor mir den Ablaufplan der Sendung.

**Das brauchen Sie?**
Das brauche ich. Ich weiß, was als nächstes kommt. Ich kann an meinen eigenen Moderationen, die auf dem Teleprompter nachher aufscheinen, noch herumschreiben. Mache ich auch ständig. Ich ändere das, weil ich festgestellt habe, dass es schwer ist, gegen den Teleprompter anzureden. Dass das eine da steht und ich was anderes sage, ist schwierig, vor allem für die Assistentin auch schwierig, die dann nicht weiß, wo ich bin und hilflos vor- und zurückrödeln muss, um wieder Anschluss zu finden. Das verwirrt einen endgültig. Also, wenn ich die Moderation spontan ändere, versuche ich das, während der vorangegangene Film läuft, noch zu machen. Das heißt, ich brauche den Laptop richtig als Werkzeug.

**Es ist jedoch auffällig, dass Gundula Gause, die ihren Part ganz ohne Laptop gibt, unvergleichlich ruhiger wirkt als Claus Kleber.**
Ja, so sind wir halt.

**Das Dream-Team, wie es scheint.**
Ja, wir beide machen das sehr gerne zusammen. Ich halte das auch für eine

223

Stärke, dass wir in der Regel dieselben Paarungen haben. Die meisten Menschen glauben ja, Gundula Gause sei Nachrichtensprecherin und Heinz Wolf und jetzt Dunja Hayali dasselbe. Die wissen nicht, dass das Journalisten sind, die vorher die Meldungen ausgefiltert und die Texte selbst geschrieben haben. Das ärgert mich und ich bin manchmal versucht, eine Woche lang jeden Tag das ausdrücklich zu sagen: »Wenn Sie glauben, jetzt kommt Gundula Gause, die irgendwas vorliest, dann haben Sie sich geirrt, denn Gundula sitzt hier seit heute Mittag, beobachtet die gesamte Nachrichtenflut, filtert die Sachen raus, die für sie wichtig sind, streitet sich mit dem Rest der Redaktion darüber, was rein muss, was ein Film wird und was eine Nachricht bleibt, und liest jetzt nur das vor, was sie sich vorher erarbeitet hat. So, und jetzt kommt Gundula.« Wenn ich das fünfmal gemacht habe, vielleicht glauben es dann welche.

**Ja, machen Sie das. Und grüßen Sie Gundula Gause schön von uns.**
Mache ich gerne.

18. Oktober 2007

# Philipp Krohn

**Philipp Krohn**, Jahrgang 1976. Studium der Germanistik und Volkswirtschaft. Freie Mitarbeit bei der *Zeit*. Junior-Programmmitarbeiter im Deutschlandfunk. Seit 2007 Mitglied der Redaktion Zeitfunk und regelmäßige Moderation in verschiedenen Informationssendungen des Deutschlandfunks.

# Der Sender mit der ernsten Anmutung

**Was hat Sie in so jungen Jahren in den Rundfunk gezogen – und dann auch noch in den Sender mit der ältesten Hörerschaft?**
Na ja, irgendwann muss man ja anfangen mit dem, was man später mal beruflich machen will, und die Möglichkeiten, beim Hörfunk ein Volontariat zu machen, sind sehr gut. Ich wäre auch zu einer Landesrundfunkanstalt gegangen, aber ich finde, dass der Deutschlandfunk das beste politische Programm von allen macht und dass der Sender auf einer Stufe steht mit den größeren überregionalen Tageszeitungen – von der Relevanz der Berichterstattung. Deswegen hat es mich einfach zum Deutschlandfunk gezogen.

**Sie haben Germanistik und VWL studiert – eine eher ungewöhnliche Kombination. Stand das Berufsziel schon vorher fest?**
Ja. Ich habe das studiert, um Journalist zu werden. Ich habe mir gedacht, man sollte zu der Germanistik, die so ein bisschen was für das Herz ist, auch noch was für den Verstand haben, was Handfestes, das einen vielleicht noch mehr beruflich qualifiziert.

**Würden Sie die Kombination weiterempfehlen?**
Ich würde die Kombination empfehlen, die einem selber am Herzen liegt. Heutzutage würde ich mir glatt überlegen, Kunstgeschichte und VWL zu studieren. Die VWL ist schon wichtig, weil sie einen doch handfeste Dinge lehrt und ich auch die Beobachtung mache, dass Gesprächspartner das respektieren, wenn man ein bisschen ökonomische Fähigkeiten hat.

**Ihre Heidelberger Universität ist gerade in die Exzellenzinitiative aufgenommen worden. Macht das einem jungen Akademiker keine Lust auf Uni-Karriere?**
Also, bei mir stand das Berufsziel Journalist deshalb fest, weil ich den Beruf unheimlich toll finde. Eine akademische Laufbahn wäre erst an dritter oder vierter Stelle gefolgt. Und das ist für mich eigentlich auch relativ unabhängig davon, ob eine übergeordnete Stelle sagt: Das ist jetzt 'ne Exzellenzuni.

**Sie haben sich in Ihrer Diplomarbeit mit den natürlichen Grenzen des Wachstums beschäftigt. Was hat Sie an diesem Thema gereizt?**
Ich finde, dass die Frage, ob Volkswirtschaften wachsen müssen und ob sie es weiter können angesichts der Ressourcenknappheit und der ökologischen Probleme, die wir haben, eine der spannendsten Fragen überhaupt in der

Volkswirtschaft ist. Es ist 'ne sehr philosophische Frage, die sich unglaublich weit fassen lässt und die einfach an der Basis dessen steht, was Wirtschaften überhaupt bedeutet.

**Und wie lautet die Antwort?**
Die Antwort ist nicht so klar festzuzurren. Auf der einen Seite gibt es ganz erhebliche Probleme, wenn eine globalisierte Welt weiter nach einem Wachstum strebt, das auf Kosten der Umwelt geht. Auf der anderen Seite gibt es sicherlich so etwas wie einen internen Wachstumsdruck der Volkswirtschaften, der sich allerdings in den wissenschaftlichen Grundtheorien gar nicht unbedingt finden lässt. Die Hoffnung, die wir alle haben, ist, dass wir auf intelligente Produkte setzen und dass irgendwie am Ende – wie sagte das so schön Herman Daly, der amerikanische Volkswirt – dass wir praktisch einen Kuchen ohne Zutaten herstellen können.

**Sie gehören dieser Generation an, die als unpolitisch, aber mediengeil verschrien ist. Wie politisch sind Sie?**
Bei mir ist es das Gegenteil: Ich bin hochpolitisch und absolut medienungeil. Ich habe jedem erzählt, dass ich Journalist werden will, weil ich das als eine ganz wichtige Aufgabe innerhalb der Gesellschaft empfinde, zwischen Politik und Öffentlichkeit zu vermitteln.

**Verstehen Sie Ihre Arbeit demnach als politische Arbeit?**
Nein, ich verstehe sie nicht als eine politische Lobbyarbeit, aber als eine Arbeit der politischen Meinungsbildung selbstverständlich.

**Es hat einen politischen Nährwert, was Sie machen?**
Absolut. Ich denke, dass derjenige, der den Deutschlandfunk hört, mit einem hohen politischen Interesse daran geht und das deswegen hört, weil er sich 'ne Meinung darüber bilden will, was politisch passiert. – Die Frage, ob man mediengeil ist, kann ich für mich absolut verneinen. Ich würde *nicht* jeden Medienjob ausüben, sondern habe ein ganz großes Interesse daran, dass es wirklich ganz stark politisch und auch wirtschaftlich ist, dass es dabei um etwas geht, das die Gesellschaft betrifft.

**Wenn Sie morgen aufwachen und entdecken, dass Sie tatsächlich Politiker sind, woran arbeiten Sie dann gerade?**
Dann würde ich natürlich an meiner Herzensfrage arbeiten – an einer weiteren Dematerialisierung der Wirtschaft – und versuchen, die Energie-Effizienz massiv auszubauen – vielleicht als Bundestagsabgeordneter. Und ich würde wahrscheinlich in den Umwelt- und in den Finanzausschuss gehen.

**Für welche Partei?**
Die müsste für mich erst noch gebacken werden. (lacht)

**So kommt man da nicht rein.**

Deswegen bin ich auch Journalist und kein Politiker.

**Wahrscheinlich werden Sie morgen aufwachen und feststellen, dass Sie der höchstdekorierte Nachwuchsjournalist in Deutschland sind. In zwei Stunden werden Sie schon wieder einen Preis entgegennehmen.**
Ich werde einen Preis entgegennehmen. Einer der höchstdekorierten Nachwuchsjournalisten? Die Kategorie habe ich jetzt irgendwie noch nicht für mich entdeckt.

**Musste man sich für diese Preise selbst bewerben?**
Ja, man bewirbt sich selber um die Preise, wenn man meint, man hat irgendwas, das reinpassen könnte. Es gibt eine Stelle, die dafür zuständig ist beim Deutschlandradio, und da kann man dann sehr schön absprechen, wo man denkt, dass man vielleicht einen Preis bekommen könnte.

**Wie oft sind Sie in der letzten Zeit mit der Nationalhymne ins Bett gegangen?**
Mindestens einmal die Woche. Nein, damit bin ich nicht ins Bett gegangen, damit bin ich von der Arbeit weggegangen. Wenn man die 23-Uhr-Sendung moderiert, was bei mir durchschnittlich ein- bis zweimal in zwei Wochen der Fall war, dann beendet man die Sendung mit Europa- und Nationalhymne. Dann kann man sich ganz beruhigt auf den Heimweg machen. Ansonsten höre ich die Sendung relativ selten, weil es mir doch zu spät ist.

**Würden Sie sagen, wir leben in einer Mediendemokratie?**
Dafür bin ich zu wenig publizistisch-theoretisch vorgebildet, dass ich jetzt sagen könnte, was verstehe ich eigentlich unter einer Mediendemokratie. Wir haben immer noch eine Demokratie, bei der im Bundestag – und im Bundesrat – Gesetze verabschiedet werden, bei der Regierungen Gesetzesvorschläge machen ...

**Aber nehmen wir die Beck-Müntefering-Geschichte jetzt. Da ging es schon um Populismus, wie viele sagten. Das geht nicht ohne Medien.**
Das geht nicht ohne Medien. Und Medien sind sicher manchmal auch ein Impulsgeber für bestimmte Prozesse, aber ich glaube nicht, dass Kurt Beck ausschließlich auf die Medien geschielt hat, sondern er hat darauf geschaut, welche Vorstellungen im Volk vorherrschen, die mit seinem Parteiprogramm kompatibel sind. Das haben ihm sicherlich die Medien und die vielen Umfragen vermittelt.

**Nach einem Beitrag des Deutschlandfunks gestern, hat Beck ja doch schwer darunter gelitten, wie er von Rüttgers in der ersten Anne-Will-Sendung vorgeführt worden ist.**
Ich habe den Beitrag natürlich gehört. Der war sehr gut. Am Ende muss sich

natürlich die SPD als Partei für ihre Klientel positionieren. Und das ist eine große Herausforderung gewesen, praktisch links überholt zu werden von einer Partei, die eigentlich konservativer ist.

**Dürfen wir das aus der Nazizeit stammende Schornsteinfeger-Monopol ansprechen, ohne Sie in unnötige Verlegenheit zu bringen?**
Damit bringen Sie mich überhaupt nicht in Verlegenheit, weil ich darüber geschrieben habe in der *Zeit* und aufgrund der Recherchen ganz klar zu dem Ergebnis kommen musste, dass dieses Monopol durchaus eine Berechtigung hat – unabhängig davon, ob es im Kaiserreich oder im Dritten Reich oder später installiert worden ist.

**Was tun Sie so alles, um Ihre Allgemeinbildung auszubauen?**
Oh mein Gott. Viel zu wenig. (lacht) Ich höre unseren eigenen Sender, ich lese sehr viel Zeitung und versuche auch, über diesen beruflichen Alltag hinaus noch das eine oder andere zu lesen, versuche in Ausstellungen zu gehen, versuche in Theaterstücke zu gehen, in Kinofilme, aber ich merke: Die Ressourcen sind begrenzt.

**Die zeitlichen Ressourcen?**
Die zeitlichen Ressourcen sind begrenzt und auch die Aufnahmekapazität ist irgendwann erschöpft.

**Sind Sie ein religiöser Mensch?**
Zu wenig. Das ist auch 'ne Zeitfrage. Ich gehe relativ wenig in die Kirche, was ich aber eigentlich bedaure. Ich würde es gerne mehr …

**In welche Kirche?**
In die evangelische.

**Nicht in den Dom?**
Nee, wenn ich in Köln in eine katholische Kirche gehen würde, dann würde ich zu Pfarrer Franz Meurer gehen, weil man von ihm sehr viele tolle Anstöße bekommen kann. Aber dann müsste ich jeden Sonntagmorgen 'ne dreiviertel Stunde Fahrt auf mich nehmen, und das wäre mir vielleicht ein bisschen viel.

**Der Deutschlandfunk ist ein ernster Sender, beschäftigt sich mit ernsten Themen und nimmt sich selbst dabei auch sehr ernst. Das wirkt auf manche Leute antiquiert. Wie empfinden Sie das?**
Ja, da ist sicherlich was dran. Aber wir sind auch dabei, daran zu arbeiten, dass wir im Klangbild etwas lockerer und moderner werden. Abgesehen davon, glaube ich, dass es wichtig ist, über ernste Themen auch ernsthaft zu berichten, und dass das von den Hörern, die uns schätzen, auch so gewollt ist.

**Nach eigenem Anspruch bietet der Sender »schnörkellose Informationen«, also – im Unterschied zum Berliner Schwestersender – auch**

keine O-Töne in den Nachrichten. Das kann schon sehr trocken wirken ...

Ja, aber man bekommt auch in einer 10-Minuten-Nachrichtensendung, wenn man auf O-Töne verzichtet, sehr viel mehr Informationen unter. Ich stehe dazu, dass wir bei uns die Nachrichten ohne O-Töne haben. Ich finde O-Ton-Nachrichten sehr angenehm zu hören. Aber es muss auch Sender geben, bei denen das anders ist. Die geschriebenen Nachrichten haben immer noch den Vorteil, dass sie verschiedene Positionen gleichgewichtig aufnehmen können.

**Der Deutschlandfunk pflegt eine ganz eigene Sprecherkultur. Bei manchen Stimmen könnte man den Eindruck gewinnen, dass sie ihr Handwerk bzw. Mundwerk vor 60 Jahren gelernt haben: Kein Zuhörer würde es wagen, diesen »Meldungen« auch nur in Gedanken zu widersprechen.**

Das ist erstaunlich, dass das so wahrgenommen wird, weil wir vom Sprecherteam, glaube ich, vergleichsweise jung sind und insbesondere auch von den Redaktionsteams.

**Es gibt aber schon einige ältere Stimmen, die auch sehr autoritär wirken.**

Ja. Das mag sein. Also, ich empfinde das als etwas Seriöses. Ich höre das gern.

**Der pathetische Eindruck, den der Sender beim Hörer hinterlässt, wird durch die starre Formelhaftigkeit verstärkt, die starrer wirkt als beim Deutschlandradio Kultur. Muss das so sein?**

Bei welcher Sendung würden Sie das festmachen? Informationen am Morgen? Da weiß ich, ich kriege um 7.40 Uhr – nach dem Sport – ein Korrespondentengespräch. Ist das schlecht?

**Unter Umständen, ja. Wenn was anderes interessanter wäre. Und Abwechslung tut manchmal gut. – Apropos Abwechslung: Die Jingles vor oder nach den Nachrichtensendungen sind bei der Hörerschaft des Deutschlandfunks nicht gerade beliebt.**

Ja, wir wissen, dass es dazu viel Kritik gibt. Aber ich als Hörer bin dankbar, dass wir diese Jingles jetzt haben.

**Wissen Sie, wie gut die Dudelmusik zwischen den Informationsbeiträgen bei den Hörern ankommt?**

Da sprechen Sie einen sehr wunden Punkt an. Das könnte sehr viel moderner klingen, und das würde uns guttun. Ich glaube, wir würden damit weniger Hörer verschrecken als gewinnen, wenn wir z.B. moderne Loungemusik zwischen den Interviews spielen würden.

**Sie arbeiten jetzt regelmäßig in der Redaktion »Zeitfunk« – auch ein schöner altmodischer Name. Sind Sie dort schon durch Verbesse-**

rungsvorschläge irgendwelcher Art aufgefallen?
Natürlich bringen wir jungen Leute Vorschläge, wie wir uns die Sendung vorstellen und wie wir die Anmutung uns vorstellen.

**Hätten Sie einen konkreten Vorschlag, wie sich mehr Zuspruch bei jüngeren Hörern gewinnen ließe?**
Also, ich glaube, dass man das über die Musik schaffen könnte, dass man eher hängen bleiben würde, wenn man zufällig einschaltet und einem die Musik vertrauter ist – und eben nicht so altbacken. Ich würde Lounge da wirklich eine Chance geben.

**Werden Sie von Ihren älteren Kollegen immer ernst genommen und gibt es unter denen womöglich sogar einen, der ein Vorbild für Sie sein kann?**
Oh, es gibt 'ne Menge Vorbilder. In diesem tollen Redaktionsteam gibt es so viele Vorbilder, dass es manchmal schrecklich ist, sich daran messen zu müssen. Wenn es darum geht, maximal kontroverse Interviews zu führen, dann kann ich mir von Elke Durak was abgucken; wenn es darum geht, verständnisvolle Interviews zu führen, dann kann ich mir von Jochen Spengler sehr viel abgucken; wenn es darum geht, knappe und trotzdem sehr präzise Fragen zu stellen, kann ich mir von Klaus Remme viel abgucken.

**In zwei großen Schritten könnten Sie da sein, wo Christoph Heinemann jetzt ist (Aktuelles-Chef). Wäre das eine Perspektive für Sie?**
Sie wollen mich jetzt darauf festnageln, ob ich irgendwann mal in der Hierarchie aufsteigen will, und da würde ich eher sagen, dass das nicht mein Ziel ist.

**Das gehört zum guten Ton, das zu sagen.**
Das gehört zum Vertrauen in die eigene Kraft, ob man es könnte, gleichzeitig ein unglaublich fähiger Journalist zu bleiben und trotzdem noch 'ne Menge Verwaltungsaufgaben erfüllen zu müssen. Ich möchte immer inhaltlich so gut arbeiten, wie es möglich ist.

**Das Radio wird von vielen Journalisten als Sprungbrett zum Fernsehen verstanden – oder würden Sie sagen: *miss*verstanden?**
Ich kenne wenige, die das als Sprungbrett nutzen. Wir sind ja ein reiner Radiosender, anders als die Landesrundfunkanstalten. Da könnte ich mir vorstellen, dass das eher gilt. Für mich gilt: Wenn was anderes Journalistisches, dann ganz bestimmt nicht Fernsehen, sondern Print.

**Vollenden Sie bitte – zum Abschluss unseres Gesprächs – den Satz: Die deutsche Medienlandschaft ...**
... ist sehr vielfältig und vor allem im Bereich der Zeitungen hervorragend. Die öffentlich-rechtlichen Medien müssen aufpassen, dass sie weiterhin ihren Auftrag erfüllen. Ich finde, dass man von den privaten, gewinnorientierten Medien nicht erwarten kann, dass sie bestimmte öffentliche Aufgaben übernehmen; deswegen

würde ich an denen nichts kritisieren. Die Öffentlich-Rechtlichen stehen unter dem Quotendruck, den sie sich selber aufgebaut haben, der meiner Meinung nach manchmal sehr an der Qualität bohrt. Die Tageszeitungen sind, obwohl sie unter erheblich stärkerem personellen Druck als vor einigen Jahren stehen, trotzdem immer noch hervorragend.

**Und die Gefahr des Rudel-Journalismus sehen Sie gar nicht?**
Doch, klar: Dass man bestimmten Leitmedien hinterherläuft und beim Themensetzen manchmal mehr auf andere Zeitungen schaut als auf journalistische Instinkte und auf Vernetzung in der Bevölkerung ... Und insofern: Gefahr von Rudel-Journalismus ganz bestimmt. Na klar, guckt man auf andere Medien ...

**Und wie lässt sich das verhindern?**
Das ließe sich verhindern dadurch, dass auch Menschen, die in Redaktionen arbeiten, noch häufiger gezwungen wären rauszukommen – und Reportagen zu machen.

23. Oktober 2007

# Anke Kapels

**Anke Kapels**, in den 80er Jahren Studium der Theater- und Filmwissenschaften in West-Berlin, anschließend Hamburger Journalistenschule. Freie journalistische Tätigkeit für Rundfunk und Zeitschriften. Jugendredaktion Deutsche Welle TV. Ressortleiterin »Kino« bei *HörZu*. Ab 2000 wieder frei, von 2004-07 in Los Angeles.

# Einmal Hollywood und zurück

**Verraten Sie uns bitte, was Ihre Lieblingsfilme dieses Jahrhunderts sind.**
Also, ich muss schon sagen, ein Lieblingsfilm ist »Das Leben der Anderen« geworden. Dann auch »Gegen die Wand« von Fatih Akin. Und an amerikanischen Filmen »The New World« von Terrence Malick. Das ist wirklich ein Film, der mich von der Machart sehr beeindruckt hat. Wenn ich jetzt weiter nachdenken würde, würden mir wahrscheinlich noch sehr viele einfallen ...

**»Fabelhafte Welt der Amelie«?**
Vielleicht nicht so sehr.

**»Last King of Scotland« auch nicht?**
Den habe ich noch nicht gesehen, muss ich sagen. Ich habe einige jetzt noch verpasst.

**Der Filmjournalismus gilt als der journalistische Bereich, in dem sich die meisten Anfänger und Nichtskönner tummeln. Würden Sie dem zustimmen?**
Ja, denn man muss ja nicht unbedingt was studiert haben. Viele junge Menschen oder Studenten denken sich: Na, da geh' ich ins Kino, guck' mir 'nen Film an und schreib' meine Meinung dazu. Jeder kann sich Journalist nennen. Film ist vielleicht das Einfachste, weil man da vermeintlich nicht so viel recherchieren muss.

**Wie schwer ist es, einen gut gemachten Film als gut zu erkennen?**
Ich glaube, das ist nicht schwer zu erkennen. Das erkennt man auch, wenn man keine Ahnung davon hat, denn ein guter Film wird sich immer durchsetzen. Aber dann in die Tiefe zu gehen oder, wie es in der *Zeit* manchmal gemacht wird, filmhistorisch auszuholen, das wird oft in dem Maße nicht mehr verlangt.

**Von wem nicht mehr verlangt? Vom Publikum oder von den Redaktionen?**
Von den Redaktionen. In den größeren Zeitschriften will man meistens eine kurze Besprechung des Films haben, damit man weiß: Darum geht's, der macht da mit, was ist das für ein Genre und soll man da reingehen. Und dann am besten noch ein paar Pünktchen oder Sternchen am Schluss und das ist es dann meistens auch.

**Also, da ist schon ein Verfall des Filmjournalismus zu beobachten? Kann man das so sagen?**
Würde ich sagen.

**Obwohl Sie schon Beiträge zum Thema Kino für den SFB gemacht hatten, also schon auf der untersten Stufe einer journalistischen Karriereleiter standen, fühlten Sie sich bemüßigt, nach Ihrem Studium noch die Hamburger Journalistenschule zu durchlaufen. Warum?**
Wenn man keine Beziehungen in dem Metier hat, was Zeitschriften, Zeitungen anbelangt, war damals die Journalistenschule der einzige Weg, um an größere Magazine ranzukommen. Wenn man an der Schule angenommen wurde, bekam man eine außerordentlich gute Ausbildung, was ich sehr wichtig fand – auch wegen der vielen Praktika. Dadurch kam man in die Redaktionen von *Stern* oder von *Geo* oder der *Zeit*, und wenn man Glück hatte, öffneten sich dann sozusagen die Türen.

**Mit dem Abschluss der Journalistenschule in der Tasche, sind Sie tatsächlich beim Stern-TV-Magazin gelandet, haben es dort aber nur ein Jahr ausgehalten.**
Ja, ich hatte einen Jahresvertrag und wollte dann ein bisschen was von der Welt sehen. Ich dachte, bevor ich da jetzt strande, gehe ich nach London. Eine Freundin wohnte dort, und so hatte ich einen ganz guten Absprung.

**Sie haben dann als freie Journalistin ...**
Ich habe als Freie gearbeitet und konnte für den *Stern* schreiben, weil ich den Kontakt hatte. Ich hatte auch immer noch den Kontakt zum SFB und habe daher auch für die gearbeitet und für ein paar andere Zeitschriften.

**Ein knappes Jahrzehnt später sind Sie Ressortleiterin Kino bei der *HörZu* geworden.**
Dazwischen waren noch mehrere Stationen. 1990 bin ich zurückgegangen nach Berlin und habe da frei fürs Radio gearbeitet, viel Musikthemen und Filmthemen gemacht. Zwischenzeitlich war ich zwei Jahre bei Deutsche-Welle-TV und habe da ein Jugendmagazin gemacht, manchmal auch zum Thema Film. Dann war ich beim *Tagesspiegel* und habe das *Ticket*-Magazin mit aufgebaut, was zuerst als Stadtmagazin angedacht war, aber dann zusammengeschrumpft ist – auf eine Redakteurin und einen Layouter. Da kam man so gut wie nicht mehr raus. Das gefiel mir nicht. Deswegen wollte ich mich verändern und bin zuerst zur *Amica* nach Hamburg gegangen und von dort zur *HörZu*.

**Aber auch das währte nicht allzu lange ...**
Nein, aber zwei Jahre war ich schon da.

**Das wäre doch ein Posten gewesen, wo man theoretisch hätte bleiben können?**
Da hätte man theoretisch bleiben können. Aber dann ging der damalige Chef-

redakteur – Andreas Petzold – zum *Stern* und ich bin sozusagen mitgegangen. Ich sollte dort im Bereich Kino/Fernsehen arbeiten. Nur dann kam ein neuer Ressortleiter, der hatte seine eigenen Leute …

**Und da gehörten Sie nicht zur Clique dazu.**
Nee. (lacht) Also war ich beim *Stern* ein Jahr, habe aber schon schwerpunktmäßig Kino gemacht. Ja, und seitdem arbeite ich frei.

**Würden Sie Ihre berufliche Situation als prekär bezeichnen?**
(überlegt) Zwischendurch war es mal prekär, aber ich hatte den Vorteil, dass ich Verbindungen zu *Brigitte* und *Stern* oder auch *Financial Times Deutschland* hatte, so dass es eigentlich ganz gut ging. Im Vergleich zu anderen bin ich recht gut durchgekommen. Auch, weil ich mich nicht nur auf Kino beschränkt habe, sondern auch andere Sachen gemacht habe.

**Wie beurteilen Sie jetzt Ihren dreijährigen Ausflug nach Hollywood, von wo Sie 2004 – 2007 für deutsche Medien geschrieben haben?**
War sehr interessant. Man hat da noch ein bisschen mehr mitgekriegt, wie dort die Lage für Filmjournalisten ist. Die hat sich schon sehr verändert, glaube ich. Hollywood ist nur noch ein Zirkus. Es gibt diese Presse-Junkets, man wird für eine Viertelstunde vorgemerkt, man sieht sich vorher den Film an, man geht hin, man interviewt die Stars und geht dann nach Hause und tippt es ab und schreibt weniger über die Filme als über die Stars. Aber das ist vielleicht auch die veränderte Erwartungshaltung.

**Viele haben's versucht. Aber fast alle deutschen Filmstars und -sternchen konnten sich in Hollywood nur unter »ferner liefen« einbringen und kamen nach wenigen Jahren kleinlaut zurück. Ist Hollywood zu groß für die Deutschen?**
Nee. Das liegt, glaube ich, einfach an der Sprache. Australische, neuseeländische und britische Schauspieler haben es viel einfacher. Jetzt mal abgesehen vom Österreicher Arnold Schwarzenegger, der es ja geschafft hat, wird man eben leicht festgelegt – auf Deutschsprachige. Ich denke, dass ein Til Schweiger hier in Deutschland einfach viel eher machen kann, was er will. Und dort war er tatsächlich …

**… zu klein?**
Zu klein. (lacht) Oder eben auch festgelegt durch die Sprache auf Klischee-Rollen, und die wollte er dann einfach nicht spielen.

**Sie selbst leben jetzt mal wieder in der Nachbarschaft von Fatih Akin in Altona. Wo ist Ihre Heimat?**
Meine Heimat? Eigentlich würde ich schon sagen: Berlin. Weil ich da sehr lange gelebt habe, weil mir das sehr gut gefallen hat. Hamburg gefällt mir auch ganz gut. Und jetzt ist eigentlich auch Los Angeles oder Kalifornien eine zweite Heimat geworden.

**Also wäre Altona nur die dritte Heimat?**
Altona die dritte Heimat, ja.
**Im Hamburger Bezirk Altona koalieren, wie in nur wenigen deutschen Kommunen, die Grünen mit den Schwarzen. Wie klappt das?**
Eigentlich ganz gut. Man merkt, dass es ein sehr aufstrebender Stadtteil ist, der eine Mischung hat, von der Fatih Akin ja immer sehr schwärmt, die manchmal aber auch zu Reibereien führt. Das ist so ein alternativ-bürgerliches Biotop mit ein bisschen türkischem Einschlag oder Migrations-Hintergrund.
**Man würde eher Rot-Grün erwarten – bei der Beschreibung.**
Ja, aber der Bezirk ist relativ groß, der geht bis Ottensen und dann Othmarschen – so ziemlich der ganze Westen – und da wohnen natürlich auch Konservative.
**Dürfen wir als selbstverständlich annehmen, dass Sie, wie sehr viele andere Journalisten, ein Herz für die Grünen haben?**
(lacht) Ja, durchaus.
**Unter anderem schreiben Sie auch für das Lufthansa-Magazin. Was sagt denn Al Gore dazu?**
Ich glaube, Al Gore würde sagen, dass Lufthansa sich an diesen $CO_2$-Zertifikaten beteiligen sollte. Man kann sich da ja sozusagen rauskaufen.
**Was Lufthansa aber noch nicht macht?**
Das weiß ich nicht.
**Ist die Arbeit für das Lufthansa-Magazin noch Journalismus oder schon Werbung?**
Es ist noch Journalismus, weil die Redaktion unabhängig ist vom Unternehmen Lufthansa. Diese Filmstar-Portraits, die ich schreibe, sind natürlich abhängig von den Filmen, die an Bord gezeigt werden. Bei anderen Themen wie Lifestyle und Reisen ist die Voraussetzung eigentlich nur, dass man da mit einem Lufthansa-Flug hinkommt.
**Apropos Unabhängigkeit. Wie bewerten Sie denn die Tatsache, dass 40 % der »unabhängigen«** *Frankfurter Rundschau* **einer Deutschen Druck- und Verlagsgesellschaft gehören, die sich ihrerseits im Portfolio einer Partei namens SPD befindet?**
Ich weiß nicht, wie die letztendlich damit umgehen. Also inwieweit diese berühmte Schere bei den Redakteuren im Kopf ist, dass man bestimmte Dinge so oder so angeht. Ich glaube, der Prozess fängt in dieser Hinsicht schon an, wenn Redakteure angestellt werden oder Chefredakteure berufen werden, die nicht unbedingt das Parteibuch haben, aber sich doch politisch dort wiederfinden können.
**Wenn Sie die** *Frankfurter Rundschau* **aufschlagen, schlagen Sie dann eine unabhängige Tageszeitung auf?**

Na, bis zu einem gewissen Grad sicherlich schon. Genauso sind ja auch Zeitungen wie die *Welt* nicht völlig unabhängig, weil man sich ja dort auch auf eine politische Richtung verständigt. Wenn ich die *Welt* aufschlage, dann habe ich eher ein konservatives Blatt vor mir.

**Das ist aber kein Parteiblatt.**
Nein, natürlich kein Parteiblatt.

**Sollte es transparenter gemacht werden, wenn eine Partei auf diesem Wege Anteile an etlichen Tageszeitungen hält, an der *Neuen Westfälischen* in Bielefeld z.B. 57,5 %?**
Ja, vielleicht. Es gab ja vor vielen Jahrzehnten auch das *Spandauer Volksblatt*, das gehörte der SPD – und das wusste jeder. Das war also auch transparent.

**Wie beim *Vorwärts*.**
Ja. Als es den noch gab. Und die *MoPo* hier in Hamburg, die gehörte, soviel ich weiß, nicht direkt der SPD, aber es war durchaus bekannt, dass es ein SPD-freundliches, -beeinflusstes Blatt war. Ich denke aber schon, dass ein bisschen mehr Transparenz gut wäre. Dann kann jeder ja selber ...

**Aber wie sollte man es transparent machen?**
Hm, ich weiß nicht. Die Blätter gehören ja nicht direkt der SPD, sondern ... Vielleicht sollte es von anderen publik gemacht werden.

**Das wird es aber auch eigentlich nicht.**
Da habe ich jetzt auch keine Antwort. Man müsste einfach darüber reden.

**Was wir ja nun getan haben.**
Ja. (schmunzelt)

**Zurück zu Europas größtem Verlagshaus, zu dem Sie ja relativ gute Verbindungen haben. Würden Sie sagen: Gruner+Jahr macht sich gut?**
Na ja, wie alle anderen großen Verlagshäuser versuchen sie Erfolg zu haben, Auflage zu machen. Im Moment sind ja wieder neue Zeitschriften herausgekommen – wie z.B. *Park Avenue*. Es sind auch Zeitschriften herausgekommen und wieder eingestellt worden – wie *Woman*. Andere Titel wie *Brigitte* haben recht guten Erfolg.

**Warum wurde die *Woman* eingestellt?**
Das kann ich nur vermuten. Wahrscheinlich wegen der Auflage und fehlender Anzeigen. Weil die Zielgruppe anscheinend nicht so klar war. War es jetzt eine jüngere *Brigitte*, war es eine ältere *Freundin*? Was war es eigentlich?

**Wenn Sie sagen, die Zielgruppe war nicht klar genug gefasst, wäre das die Aufgabe der Chefredaktion gewesen?**
Sicherlich. Aber vielleicht waren auch fehlende Anzeigen der Grund, die Zeit-

schrift einzustellen. Die Leute sagen: Macht doch bitte – wir bekommen da und da Anzeigen, wir wollen die und die Zielgruppe – und dann verschwiemelt sich das offenbar. Es gibt ja ein anderes Beispiel von Gruner+Jahr, das ist die Zeitschrift *Neon*, die in München gemacht wird und die immer mehr ihre Zielgruppe findet. *Neon* läuft zwar unter *Stern spezial*, aber hat sich zu einem eigenständigen Magazin für den künftigen *Stern*-Leser entwickelt. Das hat sich als sehr erfolgreich herausgestellt.

**Also unterm Strich: Gruner+Jahr macht sich ganz gut.**
Ja, ich denke schon.

**Ist die Dominanz von Bertelsmann bei Gruner+Jahr (74,9 %) ein positiver Faktor?**
Das kann ich nicht beurteilen, da kann ich nur spekulieren. Negativ macht sich der Einfluss vielleicht insofern bemerkbar, dass Bertelsmann auf das große Ganze des Konzerns blickt und Gruner+Jahr nur ein Teil davon ist. Gruner+Jahr hat zwar Prestigeblätter wie z.B. den *Stern* oder *Brigitte*, die man nicht so einfach abschaffen kann oder will, aber auch da geht es oft ums Einsparen: mit weniger *mehr* machen. Und der Einfluss ist sicher auch da, wenn es darum geht, dass zum Beispiel bei *Stern Online* gerade sehr viel investiert wird. Weil man da einen neuen Markt sieht – oder neue Leser.

**Aber von einem positiven Einfluss würden Sie nicht ausgehen?**
Positiv? Ich habe natürlich das Ganze nicht so im Blick, als dass ich das beurteilen könnte. Das Positive ist sicherlich einfach die finanzielle Potenz von Bertelsmann.

**Viele halten Gruner+Jahr für die linke Alternative zu Springer? Können Sie das nachvollziehen?**
Ja, insofern, dass der Verlag von den Zeitschriften, von den Produkten her eher links positioniert ist: zum Beispiel der *Stern*. Aber ich glaube, das verschwimmt mittlerweile ein bisschen. Und bei Springer ist es eben so, dass man früher, als ich studiert habe, noch gesagt hat: Nie für Springer arbeiten. Springer war der Feind.

**Und das ist er nicht mehr?**
Na, bei Springer kann ich das nur von der *HörZu* her einschätzen. Die war, als ich dort gearbeitet habe, ein Blatt, wo man viel machen konnte. Auch inhaltlich war man keiner Ideologie verhaftet. Da thronte zwar schon noch Axel Cäsar Springer und blickte herab …

**Aus dem Himmel?**
Aus dem Himmel. Ich glaube, die *HörZu* existiert auch deswegen immer noch, weil sie, glaube ich, neben der *Welt* die Publikation ist, von der er gesagt hat, die darf nie sterben, die darf nie abgeschafft werden. Aber inhaltlich – und auch

bezogen auf die Leute, die dort gearbeitet haben, war die *HörZu* zu meiner Zeit keiner politischen Richtung verhaftet.

**Also Springer mit CDU gleichzusetzen, ist auch albern?**
Ja, würde ich schon sagen. Vielleicht ist das in den oberen Führungsetagen anders; das kann ich nicht beurteilen.

**Was denken Sie: Verbirgt sich in einem der Hamburger Verlagshäuser vielleicht noch eine feste Stelle für Sie?**
Ach, das kann immer mal wieder sein. Da tut sich jetzt auch einiges. Es ist so, dass viel auf Zeit eingestellt wird erst mal – oder auf Honorarbasis – und daraus werden dann doch oft wieder feste Stellen.

**Gibt es etwas, das Sie schon immer mal gern hätten machen wollen – etwas ganz anderes, in Ihrem Herzen Verborgenes?**
Ein Traum wäre vielleicht, mit anderen ein neues Magazin aufzubauen.

**Zum Beispiel?**
So eine Art deutsches *Entertainment Weekly*. Das ist diese amerikanische Zeitschrift, die einen großen Kinoteil hat, dazu Fernsehen und auch Bühne. In Deutschland müsste man vielleicht noch Kunst und Bücher einbeziehen, wobei dann auch immer so ein bisschen Hintergrund …

**Das klingt sehr interessant.**
Das wäre sehr interessant, ich weiß nur nicht, ob das hier eine große Leserschaft hätte.

**Haben Sie die in den USA mal angesprochen, ob sie eine deutsche Ausgabe versuchen wollen?**
Nee, weil ich glaube, dass die daran überhaupt nicht interessiert wären. Die spezialisieren sich auf den amerikanischen Markt. Ich weiß, dass es solche Ideen in Deutschland schon gibt, aber sie sind noch nicht realisiert worden, weil man einfach gucken muss, ob es überhaupt einen Markt dafür gibt, ob sich so eine Zeitschrift auch trägt.

**Was tun Sie so alles, um Ihre Allgemeinbildung auszubauen?**
Oh. Ich versuche zu lesen.

**Und – gelingt es?**
Ja, teils, teils. Im Moment gerade wieder besser. Ich lese Zeitschriften, Bücher, ich lese aber auch im Internet, alles mögliche.

**Lesen also hauptsächlich?**
Lesen. Auch Reisen.

**Sind Sie ein religiöser Mensch?**
Oh Gott! Na, teils, teils. Also, ich bin nicht religiös in dem Sinne, dass ich sage, ich bin evangelisch oder so etwas.

**Aber getauft?**
Getauft bin ich, ja. Und auch konfirmiert und bin auch noch in der Kirche, weil ich im Moment keinen Grund sehe auszutreten. Also, ich bin nicht in der katholischen Kirche, da wäre ich wahrscheinlich schon ausgetreten, aber in der evangelischen …

**Interessanterweise treten auch viele Evangelische aus der Kirche aus, weil sie den Papst nicht mögen.**
(lacht) Ah ja, das ist dann vielleicht ein Fehler … Nein, ich würde mich schon noch in gewisser Weise als christlich bezeichnen, aber nicht im Kirchenzusammenhang. Also, da habe ich mir was Eigenes zusammengebaut.

**Und woran glauben Sie?**
Pffhhh. Vielleicht schon eher an etwas Spirituelles. Also nicht an eine bestimmte Person, dass Gott tatsächlich als solches existiert. Vielleicht eher an Ideen. An christliche Ideen, urchristliche Ideen von Nächstenliebe, von Gerechtigkeit – und einen allumfassenden Geist, der, wenn man Glück hat, vielleicht alles durchstrahlt.

30. Oktober 2007

# Karin von Faber

**Karin von Faber**, geboren im zerbombten Berlin. Mit 13 Jahren Autorin für die Kinderseite des *Tagesspiegel*. Mit 18 Filmschauspielerin, mit 20 jüngste Fernsehansagerin beim WDR. Moderation der »Aktuellen Schaubude« und anderer populärer Sendungen. Seit 1967 bei der *HörZu*, bis 2004 als Chefreporterin.

# Mit einem Rosenstrauß für Golda Meir

**Wir haben gelesen, dass Sie weitläufig mit der Queen verwandt sind. Stimmt das wirklich?**
Ja, das stimmt. (lacht) In der Thronfolge käme ich aber allenfalls an 10.000ster Stelle. Jetzt muss ich erst mal überlegen. Also, der Mark Phillips ist ein Sohn von dem Würstchenfabrikanten Phillips, dessen Frau eine Verwandte von Leopold von Ranke ist. Ein Zweig dieser Familie ist nach England ausgewandert. Insofern stimmt das. Mark Phillips ist der – inzwischen geschiedene – Mann von Princess Anne. Und mit dem bin ich blutsverwandt.

**Dann Sind Sie aber nicht mit der Queen blutsverwandt?**
Nein, nein. Nur angeheiratet verwandt – und dann sogar geschieden.

**Das bleibt aber verwandt. Nach Scheidung bleibt man verwandt.**
Ja, ja. Und Leopold von Ranke ist einer meiner Vorfahren, nämlich ein Ururgroßonkel.

**Otto von Faber du Faur, der berühmte Maler des 19. Jahrhunderts, ist sogar einer Ihrer direkten Vorfahren, wenn wir richtig informiert sind ...**
Ja, natürlich. Das ist mein Urgroßvater. Da war erst einmal Christian Wilhelm, das ist sein Vater, der hat auch gemalt und ist mit Napoleon in den Russlandfeldzug gegangen. Dessen Sohn ist der Schlachtenmaler Otto und dessen Sohn wiederum ist Hans, der ein Impressionist und Schüler von Whistler war – das ist die direkte Linie – und jetzt hatte ich noch meine Tante, Armgard von Faber du Faur, die auch Malerin gewesen ist.

**Und diese ganzen verwandtschaftlichen Beziehungen gehen über Ihre Mutter – und auch Ihren Namen haben Sie von der Mutter?**
Ja, ja. Ich war ein uneheliches Kind, wie man das damals nannte. Mein Vater ist sehr früh gestorben.

**Ihre Eltern waren Journalist und Schauspielerin. Sind sowohl Vater als auch Mutter Vorbilder für Sie gewesen?**
Ja. Meine Mutter war natürlich diejenige, welche. Weil sie einfach länger da war; sie ist gestorben, als ich 19 war. Meine Mutter hatte eine Schauspielschule und dort bin ich ja Schauspielerin geworden und habe auch die Prüfung vor dem offiziellen Organ in Berlin – vor der Bühnengenossenschaft – abgelegt.

Ich habe das noch während des Gymnasiums gemacht. Man wurde auch in Theatergeschichte geprüft und solche Sachen.

**Mit 18 waren Sie also Schauspielerin, aber schon mit 13 haben Sie angeblich für den Berliner *Tagesspiegel* geschrieben. Was war das denn?**

Ja, irgendwelche Geschichten – ich hätte sie sogar noch – für die Kinderseite des *Tagesspiegel*.

**Und das ist auch gedruckt worden?**

Das ist gedruckt worden. Und der Chef von der Kinderseite wollte mich dann auch verpflichten als Volontärin.

**Mit 13?**

Nein, anschließend. Ich habe geschrieben, bis ich 15 oder 16 war. Der wollte dann, dass ich beim *Tagesspiegel* anfange. Das habe ich aber nicht gemacht, weil ich einen Film hatte: Das Herz von St. Pauli. Mit Hans Albers.

**Klar, das war interessanter. – Mit 20 waren Sie schließlich beim WDR die jüngste Fernsehansagerin. War das damals ein Traumberuf?**

Das galt als Traumberuf, hat mich aber nicht so ernsthaft tangiert. Ich hatte ja Theater gespielt, sowohl bei Oscar Fritz Schuh am Kurfürstendamm-Theater als auch bei den Schwäbisch-Hall-Festspielen. Dann starb aber meine Mutter und ich musste einfach gucken, dass ich Geld verdiene. So bin ich ans Kölner Theater am Dom gegangen und ein Bekannter hat gesagt: Hör mal, du könntest dich eigentlich eignen fürs Fernsehen. Und es hat tatsächlich geklappt mit dem WDR.

**Das war ganz leicht?**

Nee, das war sehr schwierig. Weil ich immer starkes Lampenfieber hatte – und deswegen auch Textprobleme. Dann habe ich bei der *NRZ* – beim Feddersen – geschrieben: Aus dem Tagebuch einer Fernsehansagerin. Das hatte er sich so ausgedacht. Hat mir auch sehr viel Spaß gemacht. Und als ich nach Hamburg berufen wurde, gab es plötzlich wieder eine Entscheidung: Entweder ich würde bei der *NRZ* als Schreiberin anfangen oder ich würde zur »Aktuellen Schaubude« gehen. Bei der *NRZ* war ich so richtig wohlgelitten und bei der Schaubude wusste ich gar nicht, was auf mich zukam. Aber ich hatte mich dann schon verpflichtet nach Hamburg zu gehen. Ein bisschen Abenteuerlust war ja auch im Spiel.

**Beim Fernsehen haben Sie sehr schnell Karriere gemacht: Schaubude (NDR), Schaufenster Deutschland (ZDF). Woran erinnern Sie sich gern?**

*Nicht* gern erinnere ich mich daran, dass das Schaufenster Deutschland eine schlechte Quote hatte. Quote: gab's damals schon! Weil wir ständig gegen Hans-Joachim Kulenkampff gesetzt wurden. Und das war ein völliger Unsinn.

**Gegen Kulenkampff hatte keiner eine Chance?**
Nein! Das war ein totgeborenes Kind, und wir sind nach einem Jahr geschasst worden. Das ZDF war ja noch in statu nascendi. Die haben noch geübt und waren immer froh, wenn sich etwas bewegte auf dem Schirm. (lacht) Von da kam ich direkt zur *HörZu*.

**Vom Fernsehen zur Fernsehzeitschrift. Heute würden das viele wahrscheinlich als Abstieg und Bedeutungsverlust empfinden.**
Ich habe es damals überhaupt nicht so empfunden. Ich war ja immer hin- und hergerissen zwischen Schreiben und – Darstellen. Ich war ganz stolz, dass ich schreiben durfte und gelesen wurde und das Geschriebene auch schwarz auf weiß nach Hause tragen konnte.

**Bei der *HörZu* ist es Ihnen ein bisschen wie der Queen mit ihren Premierministern gegangen: Die Chefredakteure sind gekommen und gegangen. Wer war Ihnen der Liebste?**
Das kann man so nicht sagen. Dann würden alle anderen beleidigt sein. Nein, das wäre gemein.

**Aber Sie haben einen?**
Ja.

**Zu der Zeit, als Peter Bachér die Goldene Kamera an den Polnischen Papst verlieh, verkaufte die *HörZu* mehr als 4 Millionen Hefte wöchentlich. 25 Jahre später sind es nur noch etwa 1,5 Millionen. Wie erklärt sich das?**
Na ja, das ist ganz einfach. Zunächst mal durch die Marktexplosion. Eigentlich ist es das überhaupt. Und dann musste man sich justieren, den Bedürfnissen des Marktes immer mehr anpassen.

**Hat die *HörZu* – nach Ihrer offiziellen Verabschiedung als Chefreporterin – noch eine Zukunft?**
(lacht) Klar. Also, ich finde *HörZu* sehr gut. Angela Meyer-Barg ist begabt, die Chefreporterin, aber auch Martin Häusler, der Chef vom Aktuellen, der ist erst 32. Und da gibt es noch einige.

**In einer Ausgabe dieses Jahres wird die Große Klimakatastrophe beklagt und in der nächsten werden die Leser aufgefordert, das Chinesische Mallorca vor der Küste Chinas zu entdecken. Wie sollen wir das verstehen?**
Sie meinen, dass die Fernreisen überhaupt sündhaft sind? Na gut, dann kann man über die Klimakatastrophe natürlich gar nichts mehr schreiben, wenn man auf dem Grünen Standpunkt steht, wir dürften nicht mehr in Urlaub fliegen. Ich weiß nicht, das geht ja eigentlich zu weit.

**Aber was soll man jetzt als Leser machen: Klima schützen oder nach China fliegen?**

Was immer ich jetzt auch antworte, ist es dann verantwortungslos? Ich finde es auch nicht gut, dass der Flugverkehr so zunimmt, aber – dann können Sie gar keine Fernreisen mehr empfehlen. Ich weiß nicht. Das können Sie als Fangfrage eigentlich nicht benutzen. In diesem Dilemma steckt jeder Blattmacher.

**Medienkritische und -analytische Beiträge sind in der heutigen *HörZu* seltener als zu den besten Zeiten. Wer oder was ist dafür verantwortlich?**

Das ist natürlich die Quote. Kritik schätzen Leser merkwürdigerweise gar nicht so sehr. Ich finde das auch sehr schade.

**Sie selbst beobachten die Medien intensiv. Sehen Sie einen neuen Trend am Horizont?**

Ich sehe zunächst mal die Online-Aktivitäten. Die werden dem Blatt auch starke Konkurrenz machen. Ich denke, es werden noch eine Menge Objekte eingehen. Momentan halten sich die Auflagen der guten Zeitungen gut, aber eine Marktbereinigung wird stattfinden. Jetzt wird man nur sehen, was es ist. Die ganz kleinen Regionalzeitungen wie das *Nordheide Wochenblatt*, das wird sich natürlich halten und die Anzeigen im Internet werden in diesem Fall keine Konkurrenz sein. Das wird nicht alles ans Internet fallen. Dann werden die ganz Großen – *Welt*, *Süddeutsche*, *FAZ* – zunächst mal dableiben. Aber die Fernsehzeitschriften werden einen ganz schweren Stand haben.

**Warum?**

Wenn es digitales Fernsehen gibt – über 100 Programme – ist es natürlich sehr schwierig, überhaupt Programme anzukündigen. Ich weiß es nicht. Aber irgendetwas wird da schon noch passieren. Man kann sich nicht nur die Programme im Internet raussuchen, das glaube ich nicht. Es entspricht der Mentalität des Menschen, dass man schon was Gemütliches haben will, glaube ich.

**Das heißt: ein Stück Papier in der Hand?**

Und dann irgendwohin mitnehmen: an den Kaffeetisch, an den Bettrand, in die U-Bahn, was auch immer. Es ist jetzt nur die Frage, wer überlebt.

**Die öffentlich-rechtlichen Fernsehsender bemühen sich gerade darum, Popularität mit Seriosität in Einklang zu bringen. Wie gut gelingt ihnen das?**

Also, ich muss dazu Folgendes sagen: Man wäre eigentlich in der Stimmung, den Öffentlich-Rechtlichen den Tod anzusagen und allenfalls noch die Nachrichten-Sendungen gelten zu lassen – und Talkshows. Aber so ist es doch nicht. Ich bin ja jetzt in der Jury der Goldenen Kamera – und es gibt derartig gute Sachen wie zum Beispiel »Die Frau am Ende der Straße« oder »Contergan« – das sind Fernsehspiele.

**Und von den Talkshows halten Sie ohnehin viel?**

Ja, ich bin ein ausgesprochener Talkshow-Kunde. Die Nachmittags-Talkshows natürlich nicht. Aber Anne Will – ich war im Prinzip bei Christiansen immer am Rohr, auch wenn sie weiß Gott nicht allen Wünschen entsprechen konnte, aber die Maischberger, die finde ich ganz besonders gut – und Illner auch. Also, die Frauen sind sehr stark. Ich habe alle Sendungen von Anne Will gesehen.

**Und?**
Ich weiß noch nicht, wie ich sie finden soll. So richtig zufrieden bin ich nicht.

**Warum nicht?**
Zunächst mal ist es was ganz Unobjektives. Sie hat eine schlechte Stimme. Sie krächzt ständig auf dem Kehlkopf rum, wirkt atemlos, und das klingt dann immer so geniert, ist aber gar nicht geniert wahrscheinlich. Und die Dekoration ist unmöglich, die ist viel zu groß, vom Größenwahn besessen.

**Das Studio?**
Ja, ja. Und die zwei oder drei Leute, die dann auf 'ne Extra-Couch kommen, die sollen zwar zur Belebung der Szenerie dienen. Aber das finde ich ganz furchtbar: Nobelpreisträger werden da – abgefeiert. Höchst seltsam. Das muss doch eine Runde sein. Demokratisch, verdammt noch mal. Das hat mich an Christiansen immer schon gestört, wenn die Gesprächspartner nicht beieinander saßen.

**Seit einer Woche gibt es unter den Polit-Talkerinnen von ARD und ZDF auch einen Mann. Sie haben schon mal gesagt, Frank Plasberg spiele in einer anderen Liga.**
Ich habe das nur in Bezug auf Will gemeint. Plasberg mit Will verglichen, da spielt der Plasberg in einer anderen Liga – bis jetzt, ja.

**Warum?**
Ja, da wirkt sie doch immer noch so wie ein kleines Mädchen. Ich will jetzt nicht zu ungerecht sein, weil man erfahrungsgemäß eine ganze Weile Zeit braucht, bis man Fuß gefasst hat.

**Hat Plasberg vielleicht auch das bessere Format? Er hat das Stehpult und hat die Leute als Schüler vor sich sitzen.**
Stimmt, aber das dient eher der Ordnung. Die Kontroverse als Voraussetzung – »Hart aber fair« – ist grundsätzlich effizient. Dazu kommt seine absolute Souveränität, die natürlich auch dadurch entstand, dass er viele Jahre im WDR-Regionalprogramm üben konnte.

**Sie haben mit Hans Albers vor der Filmkamera gestanden. Sie haben – neben vielen anderen Berühmtheiten – Henry Miller, Charles Bukowski und Luciano Pavarotti interviewt. Wer hat Ihnen am meisten imponiert?**

(überlegt) Frauen haben Sie überhaupt gar nicht erwähnt. (überlegt) Also, Indira Gandhi gehörte dazu. Aber Golda Meir hat mir *enorm* imponiert. Dann Henry Miller und Artur Rubinstein.

**Warum Golda Meir?**
Weil sie so knorrig war. Sie war ganz klein und hat eine Zigarre nach der anderen geraucht, war also – umwölkt. Allein schon von der Aura her war sie unglaublich. Übrigens auch humorvoll. Ich war noch so altmodisch und hab' ihr einen Rosenstrauß gebracht. Dabei hatte ich mich leicht verspätet, weil ich erst keine Geschäfte gefunden hatte, die Rosen feilboten. Sie sagte darauf: Ach, wie interessant, das heißt ja, dass wir gut sind im Export, wenn die Rosen ausverkauft sind, weil sie alle nach Europa gegangen sind. Sie hat ganz offen auf alles geantwortet und keine Form von Vorbehalten gegenüber Deutschen gezeigt.

**Und Artur Rubinstein?**
Artur Rubinstein war ganz besonders zauberhaft. Der ist mir an die Schulter gesunken und hat geweint. Das war im Hotel in Los Angeles und seine Frau war operiert worden; da war er furchtbar nervös und hat auch ständig von seiner Frau geredet. Ganz zauberhaft. Ach, das ist überhaupt noch'n Jude. – Er war so feinnervig. Er hat mir gesagt, er fühlt, wenn jemand in seinem Rücken ihn nicht mag. Dann spielt er schlechter.

**Und Henry Miller? War der auch Jude?**
Nee. Der war ja quasi aus Deutschland, beide Eltern waren Deutsche. Henry Miller hat immer gesagt, Einwanderer hätten alle schlechten Eigenschaften – vom einen Land und vom anderen Land. Er fühlte sich in seiner Jugend überhaupt nicht wohl. Er musste etliche Kilometer gehen, um überhaupt ein Buch kaufen zu können; er hat immer gejiepert nach Büchern. Die Eltern waren nur fleißig und sauber und haben versucht Geld zu verdienen. Henry Miller hat mir imponiert, er war unglaublich menschlich. Hat mich gar nicht weggelassen.

**Apropos imponieren: Eine höchst beeindruckende Karriere hat ja die Tochter eines Gärtners von der Insel Föhr gemacht – vom Kindermädchen zur Konzernchefin.**
Also, dazu kann ich mich überhaupt nicht äußern. Sie ist wahnsinnig aufmerksam und sehr nett. Ich kenne sie und sie gibt mir auch immer das Gefühl mich zu kennen, aber wir hatten nie ein persönliches Gespräch.

**Wie hat Friede Springer das geschafft, diese Karriere zu machen?**
Das weiß ich auch nicht. Sie ist offenbar unterschätzt worden. Axel Springer hat sie ja schon ausbilden lassen, hat sie auch in alles eingeweiht. Der Rest musste von ihr selbst kommen – und der ist offenbar auch gekommen. Mehr kann ich dazu gar nicht sagen. Sie ist immer ganz reizend und sympathisch.

**Friede Springer ist mit Angela Merkel befreundet. Wen von beiden halten Sie für mächtiger?**
Prima vista, würde ich sagen, ist Frau Merkel natürlich schon die Mächtigere zur Zeit.

**Wer könnte denn wen eher entmachten, wenn die beiden versuchen würden sich zu entmachten? Nur mal angenommen.**
Sie meinen damit, dass die *Bild*-Zeitung schon manchen Kopf gekostet hat?

**Es geht nicht allein um die *Bild*-Zeitung, sondern um die gesamte Springer-Presse.**
Na ja, es ist ja sonst ... Die *Bild*-Zeitung ist der Kopf der ...

**Schlange?**
Wenn Sie so wollen. Aber ich glaube, dass die Macht der Medien insofern überschätzt wird, als die Leute doch schon ihre eigene Meinung haben. Auch ihr eigenes Vorurteil.

**Aber woher haben sie die Meinung?**
Das Fernsehen ist mächtiger als das gedruckte Wort. Übrigens spielen auch gesellschaftliche Einflüsse eine Rolle. Immerhin, Fernsehen darf man nicht unterschätzen. Gerade Talkshows können entlarven. Ich denke, ja: Fernsehen ist mächtiger.

**Friede Springer ist Mitglied der CDU. Da stellt sich die Frage: Wie nahe steht der Springer-Konzern der CDU?**
Ja, na klar: nahe.

**Was heißt das? Macht der Verlag ...**
CDU-Politik? Nein. Gerade die *Bild*-Zeitung ist ja – und auch *Welt* und *Welt am Sonntag* – sehr bemüht objektiv zu sein. Bis es zum Showdown kommt, auf jeden Fall. Aber eigentlich auch dann nicht. Es wird sich sehr bemüht objektiv zu sein. Man hat den Seehofer bloßgestellt beispielsweise. Wenn es 'ne gute Geschichte ist, dann ist es 'ne gute Geschichte. Da kennt man nicht Freund und Feind. Das muss einfach so sein und das finde ich auch richtig. All the news that's fit to print. Und das macht natürlich der Springer-Verlag selbstverständlich.

**Hat nicht die *Bild*-Zeitung 60 % SPD-Wähler?**
Ja. Eher noch mehr, ganz genau weiß ich's nicht.

**Wie geht das zusammen, wenn Sie sagen, dass Springer schon der CDU nahe steht?**
Das geht dadurch zusammen, dass der Einfluss auf die Wähler gar nicht so groß ist. Genau das ist das, was ich meine.

**Über die Existenzberechtigung des Boulevard-Journalismus wird immer wieder heftig gestritten. Wie ist Ihre Haltung dazu?**

Ich finde ihn nicht nur absolut existenzberechtigt, sondern sogar nötig. So er sich denn verantwortungsvoll geriert, ist es ganz selbstverständlich, dass man auch eine Sache *einfach* darstellen kann – nicht vereinfacht, sondern plakativ sozusagen, für die Instant-Information.

**Welche Nicht-Springer-Blätter lesen Sie regelmäßig?**
Den *Spiegel*, den *Stern*, die *Süddeutsche*, die *Zeit*. Die habe ich alle abonniert. Die *FAZ* nur am Sonntag. Den Relaunch der *FAZ* finde ich übrigens gut. Endlich. Was die da alle Tränen im Knopfloch hatten, das habe ich gar nicht verstanden.

**Und wenn Sie jetzt von all denen und auch den Springer-Blättern ein Leitmedium hervorheben möchten, woran würden Sie sich am ehesten orientieren?**
Jetzt werden Sie sich wundern: eigentlich am Radio. Ich höre immer Deutschlandfunk und NDR Info. Da gibt es eine Menge auch gegenteilige Meinungen und man kann sich raussuchen, was man selber denken will. Vor allem ist das Radio auch das aktuellere Medium. Mein Mann staunt immer: Ach, was du schon wieder alles weißt, ich wollte es dir doch gerade frisch erzählen. Radio ist eigentlich – fast möchte ich sagen – das Medium für mich.

**Was tun Sie so alles, um Ihre Allgemeinbildung auszubauen?**
Eigentlich zu wenig. Sie meinen jetzt: Thomas Mann lesen und Co.?

**Je nachdem.**
Ja, natürlich Theater. Jetzt habe ich »Hoffmanns Erzählungen« in der Oper gesehen, weil ich die so wunderschön finde. Und es war eine wunderbare Aufführung – in der Staatsoper in Hamburg. Ich lese natürlich. Daniel Kehlmann habe ich gelesen; den habe ich interviewt; deswegen hatte der mich interessiert: »Die Vermessung der Welt« – das ist ausgezeichnet. Es ist aber so, dass ich eigentlich bei Belletristik nicht das Gefühl habe, was versäumt zu haben – vielleicht ist das Hybris, aber von wenigen Ausnahmen abgesehen, mag ich lieber Sachbücher.

**Sind Sie ein religiöser Mensch?**
Nnnnein. Aber es wird immer wieder versucht.

**Von wem?**
Von mir. Meine Tante hatte Gemälde für Klöster restauriert, für die Englischen Fräulein in München vor allem. Sie war sehr gläubig und enorm zufrieden – und hat mir sehr imponiert. Ich habe immer ein bisschen den Kopf geschüttelt, dass sie so gläubig war, aber im nachhinein scheint es mir dann doch bedenkenswert. Nur, das ist natürlich – so gesehen – auch nur Eigennutz. Ich möchte eigentlich die Zufriedenheit anstreben, die meine Tante hatte, und jetzt ist die Frage … Ich weiß es noch nicht.

**Sie wissen noch nicht, ob sie dem religiösen Weg folgen können?**
Also, ich muss Ihnen Folgendes sagen: Ich hatte einen Herzinfarkt und einen Schlaganfall, war eine Woche im Koma – vor gut zwei Jahren, kurz nachdem ich offiziell verabschiedet worden bin – pensioniert kann man ja nicht so richtig sagen. Ich habe dann noch gearbeitet, war in der Redaktion und dann passierte das. Ich habe gar keine Erinnerung daran. Ich bin auch gelähmt gewesen, habe im Rollstuhl gesessen – merkt man nix mehr davon – sechs Wochen lang. Und irgendwie gibt es mir zu denken: Man spricht ja immer vom geschenkten Leben. Es ist ein Geschenk, mit dem ich im Grunde gar nicht genug anzufangen weiß. Das will ich aber ändern; ich weiß noch nicht, in welche Richtung mich das führen wird. Soll ich nun dankbar sein oder soll ich sagen: Das ist doch 'ne Frechheit, ich hätte doch so gut einfach weg sein können – und aus. Ich hab' auch jetzt nicht die Vorstellung, dass ich der Menschheit was Gutes tun will – oder vielleicht doch. Aber das würde heißen, mich zu überschätzen.

**Man kann ja auch aus egoistischen Gründen am Leben hängen.**
Ja, aber ich hänge gar nicht so sehr am Leben. Andererseits finde ich es doch wieder ganz angenehm.

**Heute war es doch gut.**
Ich merke schon, dass ich noch ein bisschen schwerer spreche zum Beispiel, mich ein bisschen schlechter konzentriere. Ich hoffe, Sie haben nicht allzu viel davon gemerkt.

**Nee, wir haben davon gar nichts gemerkt.**

30. Oktober 2007

# Markus Schächter

**Markus Schächter**, 1949 in der Südwestpfalz geboren. Wollte Fußballnationalspieler werden. 1977-81 Pressesprecher im Kultusministerium Rheinland-Pfalz. Von 1981-98 im ZDF bis zum Programmdirektor hochgearbeitet. Seit 2002 Intendant des ZDF. 2005 bestes Ergebnis, das je ein Senderchef bei der Wiederwahl erzielen konnte.

## Der Brückenbauer aus Hääschde

**Sie sind heute als pflegeleichter Typ Musterschüler bekannt. Waren Sie auch schon in Ihrer Kindheit ein Musterschüler?**
Was heißt Musterschüler? Das war ich nie. Ich bin eher der Typ Klassensprecher. Ich war in der Schule derjenige, der versucht hat, seine soziale kommunikative Fähigkeit umzusetzen für Ziele, von denen ich überzeugt war, dass sie sinnvoll sind. Ich wollte es für mich und meine Klasse wissen.

**Also schon Gutmensch als Kind?**
Ich mag das Wort Gutmensch überhaupt nicht. Ich bin in der katholischen Jugendarbeit aufgewachsen, die immer idealistische Ziele setzte, denen man selbstredend folgen wollte. Ich stamme aus einer Gemeinde, die dieser Tage daran erinnert, dass es der Ort in Deutschland war, wo es die meisten Anti-Hitler-Stimmen bei der letzten freien Wahl gab.

**Hääschde?**
Hääschde (hochdeutsch: Hauenstein). Aus dem Geist dieser ganz besonderen Gemeinde gibt es durchaus Traditionen, Nachdenklichkeiten und Vorgaben an ein Ethos von Verhaltensweisen, die dazu führten, dass ich Journalist werden wollte. Die übrigens dazu führten, dass aus diesem Dorf unverhältnismäßig viele Journalisten kommen – auch auf der Ebene von Chefredakteuren und ähnlichen Positionen.

**Wie sah es bei Ihnen zuhause am 1. April 1963 aus?**
Am 1. April 1963 ... (überlegt) war ich 14 Jahre alt und es gab Zeugnisse. Übergang zur vierten Klasse ... Nein, ich habe im Moment keine Vorstellung, was Sie meinen.

**Sendestart des ZDF.**
Wir waren ein Haushalt ohne Fernsehen. Meine Eltern haben sich erst zur Weltmeisterschaft 1966 in England einen Fernseher geleistet. Also der Sendestart – den habe ich definitiv verpasst. Meine Brüder und ich, meine Cousins, meine Freunde – wir waren klassische Outdoor-Freizeitaktivisten: Fußball – wo immer es ging.

**FK Pirmasens?**
Ich merke, Sie kennen die Gegend. FK Pirmasens war ein Verein wie der 1. FC Kaiserslautern, der große Loyalitäten erwarten durfte und damals et-

was von einer Welt repräsentierte, die uns anzog, so dass ich – wie alle meine Brüder – dann mindestens Fußballnationalspieler werden wollte. Das war insgeheim ausgemacht: Wie die Walter-Brüder werden meine Brüder und ich – wir waren zu viert, gefürchtet, wenn wir zusammen gespielt haben, ein gutes Mittelfeld – wir werden es packen!

**Sie sind ein Kind der von Konrad Adenauer geschlossenen deutsch-französischen Freundschaft und haben auch in Frankreich studiert. Ist Ihnen das politische Erbe Adenauers eine Verpflichtung?**
Ja, ich bin ein Kind der von Adenauer und Schuman initiierten deutsch-französischen Versöhnung; so ist auch das benachbarte Elsass für mich schon in meiner Kindheit ein Nachbarort der Freundschaft geworden, zum Beispiel auch dadurch, dass ich sonntags schnell nach Straßburg ins Kino ging. So weit fühle ich mich dieser deutsch-französischen Versöhnung nicht nur verbunden, sondern ich bin dankbar und glaube, sie gehört zu den größten Geschichten der Nachkriegszeit. Ich habe die Pioniere erlebt und habe sie ganz persönlich kennengelernt. Einer dieser Pioniere, der Straßburger Bürgermeister Pflimlin, hat den schönen Satz gesagt: Lasst uns Jumelage machen, nicht Krieg.

**Jumelage?**
Das heißt Verschwisterung. Und so entstanden verschwisterte Orte, die man Jumelés nennt. Und mein ältester Bruder war Begründer einer Jumelage mit einem Ort in Frankreich. Er hat dort seine Frau gefunden. Mein Neffe aus dieser Ehe sagt von sich: Ich denke französisch, fühle deutsch und bin ein Europäer.

**Sie gelten als CDU-nahestehend. Wie nahe stehen Sie der CDU?**
Ich war Sprecher der Kultusministerin Laurien (in der rheinland-pfälzischen Regierung) und ich habe Vorstellungen, was politische Ziele sein sollen, die ich gerne unterstütze.

**Sie sind nie in Versuchung gekommen einzutreten?**
Ich bin nie Parteimitglied gewesen.

**Was tun Sie so alles, um Ihre Allgemeinbildung auszubauen?**
Zu wenig. Ich bin ein Multimedial-Nutzer. Alles, was es zu lesen und neuerdings zu verlinken gibt, ist Objekt meiner Neugierde. Ich lese gezielt Sachbücher: Ich interessiere mich für die Zusammenhänge historischer Begebenheiten, für alle gesellschaftsrelevanten, also soziologischen, aber auch philosophischen und theologischen Fragen. Und zurzeit lese ich wieder Camus: Die Pest.

**Sind Sie ein religiöser Mensch?**
Ja.

**Was bedeutet das für Sie?**
Das frühzeitig in mir angelegte Wissen, dass es was Größeres gibt als das, was wir sind. Auch das Wissen um Gemeinsamkeit. Das tief in mir angelegte, mit

meinen Geschwistern und Lebensbegleitern geteilte Wissen: Über dir, über dem, was du bist, steht etwas, was größer ist als du.

**In die Kirche gehen Sie nicht?**
Doch, das ist eine ungeheuer vielfältige Möglichkeit, Gemeinschaft zu erleben.

**Ist das ZDF ein katholischer Sender – oder anders gefragt: Ist der Sender vom Glauben an eine übergeordnete Wertordnung geprägt?**
Das ZDF ist religiös und parteipolitisch neutral, wie sich das gehört für eine journalistisch-publizistische Institution. Aber es ist schon grundgeprägt durch seinen Gründungs-Intendanten Holzamer, dessen Welterklärung von einer Werthaltung geprägt war, die ihn als philosophisch-religiös denkenden Menschen gezwungen hat, sich auch ins Alltagsgeschäft einzumischen. Unser Sender, der als einziger deutscher Kanal jede Woche einen christlichen Gottesdienst überträgt, war und ist geprägt von der Ausrichtung seines Gründungs-Intendanten.

**Daran gibt's nichts zu rütteln?**
Daran wird jeden Tag gerüttelt und es rüttelt sich das eine oder andere aus und fest; das ZDF ist eine viertausend Köpfe zählende differenzierte Community von unterschiedlichen Individuen, aber es gibt hier einen Grundzug, der ist stärker als bei privaten Sendern – um jetzt mal einen Vergleich zu setzen – von Wertorientierungen und von einem Verständnis für Verantwortung geprägt.

**War Eva Hermans Rausschmiss aus der Kerner-Sendung eine Sternstunde des ZDF?**
Sicher nicht. An der Sache kauen wir alle, da kommen sehr viele komplexe Sachverhalte zusammen, die dazu geführt haben, dass man heute darüber sicher anders denkt als zu dem Zeitpunkt, als die Kollegen gemeint haben, eine solche Einladung auszusprechen. Ganz neu aber war auch eine Erfahrung, dass Menschen sich heute über ein interaktives System massenhaft gemeldet haben und gesagt haben: So geht's nicht. Und darüber wird man nachdenklich.

**Klassische Musik ist im ZDF gerade auf dem Vormarsch – jedenfalls in der Anna-Netrebko-Variante. Verstehen Sie das als Upmarket-Bewegung des Senders?**
Dies ist ein kleiner, aber nicht unbedeutender Akzent, um zu seinen eigenen Vorstellungen und Selbstverpflichtungen eines qualitativen Programms zurückzukehren. Wir können uns diese Renaissance von E-Kultur deshalb leisten, weil wir glauben, dass wir nicht mehr in dieser Weise wie früher im Wettbewerb mit quotenorientierten privaten und anderen Programmen stehen. Wir setzen hier einen eigenen Akzent, weil Fernsehen ein Kulturgut und nicht bloß ein Wirtschaftselement des Wettbewerbs ist.

**Sie haben zeitgemäße Umsetzungen für die klassische Musik im Fernsehen gefordert. Könnte man sich auch vorstellen, dass Sie zum**

**Beispiel moderne Komponisten beauftragen, für das Fernsehen zu komponieren?**

Ich kann mir vorstellen, dass man darüber zu sprechen hat: Wie wird heute E-Kultur sinnvollerweise fürs Fernsehen umgesetzt? Man ging jahrelang etwa davon aus, konzertante Musik dadurch abwechslungsreich zu zeigen, dass man schnell geschnitten hat auf den jeweiligen tonführenden Musiker. Diese Zeit ist definitiv vorbei, man muss sich was Neues einfallen lassen. Wir sind im Gespräch – etwa mit Penderecki, seine ja sehr eindrucksvolle akzentuierte Musik auch entsprechend umzusetzen. Hier gilt es neue Formsprachen in einer neuen Welt zu finden, ohne dass man sich an der Hektik des schnellen Schnitts als Vorgabe orientieren muss.

**Jugendliche Zuschauer lieben ja – schon aus Oppositionslust – gerade das Unprofessionelle. Das ist mit einem Haushalt von knapp 2 Milliarden wohl gar nicht mehr zu machen. Oder doch?**

Jugendliche Zuschauer zu gewinnen, ist eine der wichtigsten Aufgaben und die größte Baustelle öffentlich-rechtlicher Fernsehveranstalter. Überall dort, wo ein Anspruch von Seriosität in ein Formatstandard – wie Heute und Heute-Journal – kommt, haben wir Probleme mit jugendlichen Zuschauern, die sich weder an die strenge Formatierung einer Zeitung gewöhnen wollen noch an die Informationssendungen, wie wir sie traditionell umsetzen. Jugendliche Zuschauer zu gewinnen, ist aber definitiv unsere Verpflichtung, weil wir als Integrationsfernsehen diese vornehme Aufgabe haben. Umso mehr werden wir über das, was Jugendliche jetzt im Moment ganz besonders fasziniert, nämlich das Netz, versuchen – mit möglicherweise auch veränderten Formaten – Jugendliche anzusprechen.

**Aber denen jetzt eine Ecke von einer halben Stunde am Tag zu geben und zu sagen: Macht mal, was ihr wollt ...**

Das wird definitiv nicht funktionieren. Als langjähriger Jugendredakteur weiß ich: Dort, wo man Inseln schafft, macht man Ghettos. Jugendliche riechen das und werden das scheuen. Ich bin Redaktionsleiter der Sendung Direkt gewesen, wo man gesagt hat: Lasst uns Freiraum für junge Leute geben, die ihre eigene Sendung machen wollen. Das waren damals – Anfang der 80er Jahre – eher gewerkschaftliche oder Öko-Jugendgruppen, die sich gemeldet haben. Der Erfolg dieser autonomen, das heißt jugendlich gestalteten Insel-Programme war, dass wir hauptsächlich die ältere Generation als Zuschauer hatten, die wissen wollten, wie ihre Enkel ticken.

**Das ist ja auch was.**

Das ist aber nicht, was angestrebt wurde. Eher das Gegenteil. Zurzeit machen wir folgende Erfahrung: Wir stehen jetzt im Netz mit unserer Mediathek, und da finden wir wieder Teile der Generation, die ZDF und ARD nicht mehr auf der Fernbedienung vorne haben – oder gar keine Fernbedienung haben, sondern nur noch die Maus. Die treffen wir jetzt wieder hier im Netz, wohin wir uns unbedingt bewegen müssen.

**Mit einer Gebührenerhöhung um lediglich 1,50 € könnten die komplette ARD und das ZDF vollständig werbefrei gestaltet werden – wie das Vorbild BBC. Ist das eine gute Idee?**
Das Wort lediglich ist verführerisch. Sie haben gemerkt, dass vor drei Jahren die Politik mit einer Erhöhung, die inflationsgemäß notwendig war, nicht einverstanden war. Jetzt käme zu einer normalen Erhöhung noch mal 1,50 € hinzu.

**Aber man kriegte ja was fürs Geld.**
Dann aber noch der Hinweis auf die BBC: Die BBC macht keine Werbung, aber sie macht kommerzielles Auslandsprogramm und verdient das Vielfache von dem, was wir in der Werbung haben. Hätten wir auch so eine Möglichkeit, müssten wir nicht die Diskussion neu anfangen.

**Und warum haben Sie die Möglichkeit nicht?**
Das ist eine Frage der Medienpolitik. Wir dürfen uns nicht in einem anderen Bereich betätigen. Die BBC macht Fernsehillustrierte, Bücher, Hochglanzillustrierte und vor allen Dingen macht sie Werbung in ihrem internationalen Programm, in ihrem Online-Programm – und macht auf diese Weise einen Riesen-Umsatz.

**Was macht ein Intendant eigentlich so alles? Erzählen Sie uns mal konkret von einem Problem, an dem Sie gerade herumbasteln.**
Dieses Jahr war ein Jahr der großen medienpolitischen Weichenstellungen, das Jahr der vier großen Ks: ein Kompromiss in Brüssel, ein Urteil in Karlsruhe, das uns den Weg weisen sollte, eine Entscheidung der KEF, die aufgrund unserer Argumentation Geld geben soll, und eine Lösung des Konflikts mit den Verlegern, wo aus Konflikt Kooperation werden soll. Die ersten drei Dinge sind nun – auch mit der Mitarbeit des ZDF – erledigt, das vierte, an dem ich jetzt konkret arbeite, ist: Wie kriegen wir eine Brücke zwischen den Verlegern von Zeitungen und den Fernsehveranstaltern, die beide ins Netz müssen, weil keiner eine Zukunft hat, wenn er nicht ins Netz geht.

**Warum brauchen Sie denn da eine Brücke?**
Weil es medienpolitisch wichtig ist, miteinander auszukommen. Und weil wir die gleichen Ziele haben: Qualitätsjournalismus – auch im Netz, das sich immer mehr zu einem Bewegtbild-Medium entwickelt.

**Als Außenstehender stellt man sich natürlich auch vor, dass Sie täglich vor einer großen Pinnwand stehen und nachzählen, ob das Gleichgewicht von roten und schwarzen Köpfen im ZDF noch gewährleistet ist.**
Die Frage nach einer solchen politischen Ausgewogenheit ist eine Frage aus dem letzten Jahrhundert. Meine Fragen heißen heute: Habe ich in China den

259

richtigen Mann, der das professionell und glaubwürdig macht, habe ich im Heute-Journal den besten Autor für die jeweilige Frage, habe ich für das neue Nachrichtenstudio die Weichen technisch und personell richtig gestellt. Das sind meine Fragen; aber sie sind nicht aufgeladen mit Rot und Schwarz.

**Beschreiben Sie uns bitte die Situation, als Anfang 2003 ein neuer Leiter des Heute-Journals bestimmt werden musste. Dass die Farbenlehre dabei gar keine Rolle gespielt hat, würden wir eigentlich nicht glauben.**

Also: Den richtigen Nachfolger für einen Lojo zu finden, gehörte sicher zu den großen Personalentscheidungen. Wir suchten den Besten. Und ich habe schließlich mit meinem Chefredakteur (Nikolaus Brender) den Besten gefunden, von dem ich dann nach einiger Zeit überzeugt sein konnte: Der macht es so richtig gut. Ich weiß nicht einmal, ob Kleber einer Partei angehört.

**Er gehört wohl keiner an.**

Ich hab' ja ein großes Privileg: Ich habe das Vorschlagsrecht im Verwaltungsrat und ein anderer als der, der von mir vorgeschlagen wird, steht nicht zur Debatte. Und ich wollte den, ich war nicht sicher, dass er zu uns kommt, aber wir – das heißt in diesem Fall der mit ihm vertraute Brender und ich – haben in einer klaren Zielvorstellung gesagt: In keinem Job in Deutschland gibt es größere Entfaltungsmöglichkeiten. Das hat ihn dann überzeugt.

**Können Sie sich eine noch deutlich verbesserte Zusammenarbeit mit der ARD vorstellen – bis hin zur Herausgabe einer gemeinsamen Programmzeitschrift, die wir am Kiosk kaufen können?**

Programmzeitschriften werden wir nicht herausgeben, das gehört nicht zu unseren Aufgaben und wir werden den Teufel tun, die Brücke zu den Verlegern durch einen solchen Versuch abzubrechen. Aber zum Kern Ihrer Frage: Ich bin, wie es meiner Stilistik entspricht, immer ein Brückenbauer. Wir haben mit der ARD mehr Gemeinsamkeiten als Unterschiede und wir suchen im Moment und mehr denn je die Gemeinsamkeit, obwohl ich mich jeden Tag über die so ärgere wie die über mich.

**Mitte der 80er Jahre hat mancher einen heilsamen Einfluss der Privatsender auf die Öffentlich-Rechtlichen erwartet. Was ist daraus geworden?**

Wir hatten in den frühen 80er Jahren die beste Zeit des öffentlich-rechtlichen Fernsehens, die goldene Zeit: Geld, Erfolg – und man hat sich in dieser goldenen Zeit auf die Schultern geklopft und nicht gemerkt, dass sich die Welt verändert; und da wurden die Privaten für uns wichtig. Nicht, dass ich deren Programm als Alternative für uns akzeptiere, aber der Wettbewerb selbst hat uns und unsere Potenziale wachgerüttelt. Und die Tatsache, dass heute in Deutschland die Öffentlich-Rechtlichen stärker sind als in den 90er Jahren, dem Jahrzehnt der Sackgassen und Fehler, ist auch dem Umstand zu verdanken, dass die Wettbewerbssituation in Deutschland mit den Privaten so herausfordernd war. Deshalb bedauere ich sehr, dass ehemals starke Sender wie Sat.1 im Moment Gefahr laufen, in die Zweite Liga abzusteigen.

**Was denken Sie: Zerreißt die Gesellschaft in diejenigen, die sich noch mehr oder weniger aktiv an der Demokratie beteiligen, und die anderen, die nur noch fernsehen?**

Es gibt heute 500 in Deutschland lizensierte Sender, die man über eine große Schüssel auch empfangen kann; dazu kommen andere mediale Angebote. Daraus entsteht eine fragmentarisierte Öffentlichkeit; das lässt Gesellschaft erodieren und zerfallen. Ich glaube, das ist das eigentliche Thema, das gesehen werden muss: Was hält die Gesellschaft zusammen, was sind die gemeinsamen Themen einer Gesellschaft? Die Zeitungen werden von bestimmten Leuten, zum Beispiel von jungen und weniger gebildeten, nicht mehr gelesen, bestimmte Sendungen des Fernsehens werden nicht mehr geschaut, weil es auch viele Alternativangebote gibt; die kleinen Sender werden immer stärker.

**Da sind Sie als Brückenbauer schon gefordert.**

Ja. Wir haben die Notwendigkeit, auf unterschiedlichen neuen Plattformen die richtigen Themen und Formate zu finden. Wir sind gefordert, als Integrationssender zu gucken, wie kommen wir zusammen.

**Sehen Sie sich als Integrationssender in dem Sinne, dass Sie das RTL2-Publikum auch noch gewinnen?**

Das wird gar nicht so leicht möglich sein. Aber Angebote zu machen, die vielleicht in Erzählformen etwas ermöglichen könnten, dass man rüberzappt: Die Geschichte vom – und jetzt erwähne ich einen ARD-Film – vom »Checkpoint Charlie« hat eine solche Migration von Zuschauergruppen mit sich gebracht, die sich sonst nicht treffen. Wir müssen schauen: Wie kriegen wir Zuschauermassen, die uns aus unterschiedlichen Gründen nicht mehr auf der Fernbedienung haben, wieder zu uns?

**Sie haben einmal Unzufriedenheit mit der »dürftigen Reaktion der Presse« auf das Fernsehen geäußert. Was würden Sie sich von der schreibenden Zunft denn wünschen?**

Eine stärkere medienkritische Resonanz. Nur noch einige große überregionale Zeitungen haben medienkritische Seiten. Und das in einer Zeit, in der – wie nie zuvor – Weichen gestellt werden für eine veritable Veränderung des Mediensystems. Da wünschte ich mir eine brisante Diskussion, und wir denken auch schon ein bisschen daran, ob wir nicht selbst eine medienkritische Sendung initiieren müssen.

**Ja, warum nicht?**

Ja, warum nicht. Vielleicht muss das Fernsehen oder das Internet aktiv werden.

Ich behaupte ja, die nächsten dreißig Wochen sind die spannendsten medienpolitischen Wochen dieses Jahrzehnts, wo Gesetze formuliert und Weichen gestellt werden. In dieser Zeit muss die Diskussion provoziert werden. Nur damit kommen wir weiter.

**Gegenüber den Anbietern von Internet-Plattformen – wie Google oder Yahoo – sehen Sie nicht unerhebliche Probleme auf das Fernsehen zukommen. Warum?**
Ich sehe große, gravierende Probleme auf uns zukommen – durch diese Googles, die erstens nicht reguliert werden können, weil sie weltweit unterwegs sind, und die im Netz auch schon überall sind, weil sie zu einem monopolitischen System gefunden haben.

**Das Fernsehen verliert allmählich, aber unaufhaltsam seinen Event-Charakter. Wenn alles jederzeit verfügbar ist, wird es keinen Kulenkampff und bald auch keinen Gottschalk mehr geben. Können Sie diesem Trend auch positive Seiten abgewinnen?**
Ich sehe grundsätzlich das, was auf uns zukommt, auch als Chance. Der Eventcharakter geht seit fünfzehn Jahren schleichend verloren. Event wird es aber weiterhin geben. Der Film »Contergan« gestern und heute zeigt: Dort, wo Fernsehen sich anstrengt, ist es zu besonderen Leistungen fähig; man spricht darüber. Ich bin grundsätzlich der Meinung, dass das, was kommt, eine Chance darstellt – zum Beispiel für Information im Öffentlich-Rechtlichen. Aber es wird natürlich immer weniger die ganz großen Lagerfeuer geben, soweit gebe ich Ihnen Recht.

**Wie werden wir im Jahre 2020 fernsehen?**
Das kann keiner, der Vernunft hat, prognostizieren. Aber ich denke schon, dass man in vier – fünf Jahren ein IP-TV haben wird.

**Was heißt IP-TV?**
Internet-Protokoll Television. Das ist die Zukunft. Und im Namen wird schon deutlich: Man weiß nicht mehr, kommt das Bild jetzt aus dem Netz oder kommt's aus dem Schirm. Irgendwo aus der Wand, vielleicht demnächst aus der Steckdose. Und dennoch bin ich sicher, es gibt den Set der fünf – sechs großen Adressen, an die man sich wendet, weil man dann doch das Gemeinsame sucht. Diese relevante Anzahl von wichtigen Markennamen wird auch im Jahr 2012 eine wichtige Orientierung für die Zuschauer sein.

**Und das ZDF wird die Nummer eins sein?**
Das ZDF wird dabei sein und als das Zweite manchmal das Erste sein wollen.

8. November 2007

# Dirk Kurbjuweit

**Dirk Kurbjuweit**, Jahrgang 1962. Volkswirtschaftsstudium parallel zur Kölner Journalistenschule für Politik und Wirtschaft. 1990-99 bei der *Zeit*, seitdem beim *Spiegel*. 2002 stellvertretender und 2007 Leiter der Hauptstadtredaktion des *Spiegel* in Berlin. Schreibt heimlich auch Romane.

## »Wir machen diese Leute ja erst zu Königen«

**Smarter Fernsehmoderator für gutbezahlte Spitzenstellung in der Hamburger Presselandschaft verzweifelt gesucht. Warum will da keiner anbeißen?**
Ich glaube, dass manche Kandidaten Angst haben vor dem *Spiegel*. Der *Spiegel* ist ein schwieriges Unternehmen und der *Spiegel* ist immer noch das Sturmgeschütz der Demokratie. Deshalb glaube ich, dass jemand wie Claus Kleber, auf den Sie ja anspielen, der eine schöne Work-Life-Balance haben möchte, sich den *Spiegel* nicht zutraut. Auch weil er denkt, dass er als Chefredakteur wahnsinnig viel arbeiten muss. Der Irrtum von Herrn Kleber war: Niemand arbeitet so wenig wie ein Chefredakteur vom *Spiegel*, wenn er ein paar Jahre Erfahrung gesammelt hat, denn er muss ja nur diese Titelbilder erfinden und die Schlagzeile – das kann man auch prima vom Pferdestall aus machen.

**Wie der alte Chefredakteur.**
Wie der alte Chefredakteur. Und jetzt mal ganz im Ernst – das war nur halb im Ernst – aber ganz im Ernst: Es ist, glaube ich, wirklich ein sehr schwieriger Job, den sich nicht viele zutrauen, und ein Job, in dem die Aussicht auf das Scheitern relativ groß ist. Wir haben eine schwierige Zeit für Print, das heißt, dass wir auf große Krisen zusteuern könnten, und da brauchen wir jemanden, der das aushalten kann, der sich das zutraut. Da wird es nicht so viele geben.

**Di Lorenzo, Kleber – wen gäbe es da überhaupt noch? Eine Frau kommt sicher nicht in Frage?!**
Wüssten Sie eine?

**Bascha Mika?**
Ich glaube nicht, dass Bascha Mika die richtige wäre. Kurt Kister ist jemand, dem ich das zutrauen würde, den ich persönlich gern als meinen Chefredakteur hätte. Bernd Ulrich ist jemand ... Ich glaube, es gibt schon eine Handvoll. Es ist halt nur das ganze Verfahren verpfuscht worden von der Geschäftsführung der Mitarbeiter KG.

**2007 war ein sehr interessantes Jahr für die Medienbranche. Was war denn in Ihren Augen die Peinlichkeit des Jahres?**
Ich finde, das Verfahren, wie Stefan Aust abgesetzt wurde, das ist das Peinlichste, was im vergangenen Jahr in den Medien passiert ist. Bei all den Problemen,

die man mit ihm haben kann – und er ist ein schwieriger Typ – aber dass man einen Mann, der so große Verdienste um diesen Verlag und um diese Redaktion hat, so behandelt und so abserviert, das finde ich schäbig und peinlich.

**Inwieweit waren Sie an dieser Palastrevolution beteiligt?**
Gar nicht. Ich saß harmlos mit Professor Münkler beim Mittagessen.

**Wie immer.**
Wie so oft. Wir aßen vorzüglich, und da kriegte ich einen Anruf: Herr Aust sei abgesetzt – und war völlig überrascht. Damit hatten wir alle nicht gerechnet.

**Aber das war doch eine Entscheidung der Mitarbeiter KG?**
Nein, der *Geschäftsführung* der Mitarbeiter KG.

**Da werden die Mitarbeiter gar nicht gefragt?**
Nein, die werden nicht gefragt. Wir wählen die Geschäftsführung, dann sind die für drei Jahre im Amt und werden auch nicht weiter kontrolliert. Dann können die eigentlich machen, was sie wollen.

**Und die holen sich auch bei solchen Entscheidungen keine Rückmeldung?**
Offenbar nicht. Die haben das heimlich gemacht, und es ist dann durch einen Zufall rausgekommen. Weil einer der Kandidaten, den sie angesprochen hatten, geplaudert hat.

**Wann hätte das denn öffentlich werden sollen?**
Sie wollten es öffentlich machen, sobald sie den Neuen haben. Sie haben's halt vermasselt.

**Aber das sind immerhin die Leute, die Sie mal gewählt haben.**
Es sind die Leute, die wir gewählt haben, das sind unsere Repräsentanten. Ich kann nicht sagen, dass ich die alle selbst gewählt habe, aber immerhin einen von diesen fünfen. Ich wollte nicht, dass Aust geht, ich hätte ihn nicht gestürzt, ich hätte es gerne verhindert, aber das war dann zu spät.

**Ihr Vorgänger (als Leiter des Berliner Büros) Gabor Steingart hat sich nicht einfach als Beobachter gesehen: »Im Meinungskampf sehe ich den politischen Journalisten auf Augenhöhe mit den Akteuren aus den Parteien.« Sind Sie jetzt auf derselben Augenhöhe angekommen?**
Das würde ich so nicht sagen. Ich würde da einen Unterschied machen. Ich sehe mich persönlich durchaus mit den Politikern auf Augenhöhe. Das gilt auch für ein Gespräch mit der Bundeskanzlerin; aber es gibt dabei eine zweite Ebene, und das ist ihr Amt: Sie ist die Bundeskanzlerin; sie ist auch meine Bundeskanzlerin und als solche respektiere ich sie sehr. Das war bei Schröder anders: Bei Schröder musste ich mir zuletzt den Respekt vor dem Amt immer wieder einbläuen, weil Schröder teilweise unsäglich aufgetreten ist und ich den

Respekt vor dem Menschen Schröder zum Teil verloren hatte.

**Zu Ihrer Inthronisation als neuer Hauptstadtbüroleiter wurde auch Angela Merkel eingeladen. Und sie kam! Was besagt uns das über den Stand der Vierten Gewalt in diesem Land?**
Ich finde das problematisch. Ich wurde dazu nicht gefragt, das war auch eigentlich nicht meine Inthronisation, wie Sie sagen, sondern es war eher der Abschied von Steingart, und es war sein Wunsch, einen solch großen Bahnhof zu machen. Ich hätte das für mich persönlich sicher nicht gemacht, und sollte ich hier einst verabschiedet werden, in wie viel Jahren auch immer, wird sicherlich nicht die Bundeskanzlerin kommen, weil das eine Vermischung von politischer und medialer Ebene ist, die mir persönlich unangenehm ist. Deshalb halte ich von solch pompösen Veranstaltungen, wie wir sie in Berlin leider immer wieder erleben, überhaupt nichts.

**Lassen Sie uns einen kleinen Beitrag zur Dauer-Neid-Debatte leisten. Verraten Sie uns, wie viel Sie jetzt verdienen.**
Nein, das mache ich nicht.

**Nun ist es aber Ihr Job darüber zu schreiben, wie viel andere Leute verdienen. Da wäre es vielleicht doch angebracht, ein bisschen so etwas wie Reziprozität walten zu lassen.**
Das finde ich nicht. Wir schreiben zwar darüber und ich hab' auch jüngst selbst darüber geschrieben – über Managergehälter und eben auch über die Zahlen. Aber da geht es um ganz andere Regionen.

**Das könnten Sie ja jetzt klarstellen.**
So viel kann ich sagen: Da bin ich leider nicht, in diesen Regionen. Und ich finde es schwierig, vor meinen Kollegen zu offenbaren, wie viel ich verdiene.

**Dann könnten die neidisch werden?**
Ja, das kann man vielleicht sagen, dass beim *Spiegel* generell das Gehaltsniveau so ist, dass andere eher neidisch werden. Das würde ich zugeben.

**Der *Spiegel* schreibt gern über den großen Graben: Deutschland driftet auseinander. Auf welcher Scholle stehen Sie denn nun – bei den Prekariern oder bei den Top-Managern?**
Na ja – weder noch.

**Aber dazwischen gibt es doch nur den großen Graben, da kann man nicht stehen.**
Okay, wenn ich mich auf das Bild einlasse, dann stehe ich auf der Seite der Wohlhabenden. Mein ganzes Leben spielt sich auf dieser Seite ab, ganz klar. Die andere Seite kenne ich nur als Reporter, so dass ich eine ungefähre Vorstellung davon habe, wie es auf der anderen Seite des Grabens zugeht.

**Das Bild des Grabens finden Sie nach wie vor zutreffend?**

Ja. Den gibt es tatsächlich.

**Niemand steht in der Mitte?**

Nein, ich habe ja gesagt, dass ich mich auf Ihr Bild einlasse.

**Das war nicht unser Bild, das war das *Spiegel*-Bild Nr. 51.**

Der Titel spitzt natürlich zu, der Titel kann nicht differenziert sein. Ich hoffe, dass die Texte differenzierter sind.

**Im Text war dann vom Graben die Rede.**

Es gibt einen. Sicher.

**Also, es gibt kein Mittelfeld in der Mitte – sondern einen Graben?**

Nein, es gibt einen Graben, der am unteren Ende des Mittelfeldes beginnt. Das Wort von der Zweidrittel-Gesellschaft trifft es. Ich glaube, dass das Leben des Mittelfeldes mehr mit dem Leben der Oberklasse zu tun hat als mit dem Leben des Prekariats.

**Also, es gibt ein Mittelfeld, aber zwischen Mittelfeld und Prekariat gibt es einen Graben?**

So ist es.

**Der nicht zu überschreiten ist?**

Ich hoffe doch. Dass alle eine Chance kriegen müssen, ihr jeweiliges Milieu zu verlassen und ihren Lebensstandard, ihren Bildungsstandard zu erhöhen, davon bin ich unbedingt ein Fan und davon habe ich selbst profitiert.

**Sie bekommen, wie wir nun wissen, beneidenswert viel Geld dafür. Aber ist das der einzige Grund, warum Sie sich als Journalist betätigen?**

Nein, das war keine Berufsentscheidung, die irgendetwas mit Geld zu tun hatte. Sondern es war die Entscheidung, aus einer Leidenschaft einen Beruf zu machen, weil ich wahnsinnig gerne schreibe. Dazu kommt eine große Neugier auf die Welt, auf das, was passiert, und der Wunsch dabei sein zu wollen, wenn etwas passiert. Geld spielte da keine Rolle.

**Steingart hat inzwischen zugegeben, im Jahre 2005 eine Kampagne gegen Rot-Grün geritten zu haben. Sie dagegen haben sich damals im Vorwort der »Operation Rot-Grün« als Sympathisant von Rot-Grün geoutet. Würden Sie das heute auch noch tun?**

Ich hatte eigentlich immer ein gutes Verhältnis zu Steingart, aber dass er hinterher gesagt hat: Wir haben hier 'ne Kampagne gemacht – das fand ich völlig daneben.

**Also, Sie fanden nicht die Kampagne daneben, sondern die Offenbarung, dass es eine war?**

Nein, beides. Wir hatten oft Gespräche darüber, weil ich in den rot-grünen Jahren Reporter bei ihm war und zwei Jahre sein Stellvertreter. Wir haben miteinander verabredet, wir gucken uns jeden Politiker an, wir gucken uns jeden Fall an, wir gucken uns jedes Gesetz an und entscheiden darüber, wie wir das finden. Damals gab es schon Kampagnen-Vorwürfe, auf die ich ihn angesprochen habe, aber er hat immer beteuert: Nein – und ich hab' das geglaubt, was sicher naiv war. Dann hinterher lesen zu müssen, es war eine Kampagne – das fand ich schon empörend, dass er das gemacht hat. Erstens dass er eine Kampagne geführt hat – das ist nicht angemessen für Journalisten – und zweitens dann noch hinterher zu sagen: Ätsch, das war doch eine, nachdem er es vorher bestritten hatte.

**Und zu der Frage zurück: Würden Sie sich heute noch als Sympathisant von Rot-Grün outen?**
Was heißt outen – das ist ja nichts Gefährliches, wenn ich einer wäre. Ich hab' zweimal Rot-Grün gewählt und insofern hatte ich große Hoffnungen. Beim ersten Mal größere als beim zweiten Mal, ich war dann am Ende sehr enttäuscht von Rot-Grün. Kritik hatten Schröder und Co. absolut verdient.

**Also 2005 haben Sie sie dann auch nicht mehr gewählt?**
2005 war ich sehr enttäuscht vor allem von Schröder und auch von Fischer. Wie ich sie vorher kannte, wie sie in ihren ersten Regierungsjahren waren und was dann aus ihnen geworden ist, das finde ich erschütternd.

**Können Sie das in einem Satz zusammenfassen?**
Man könnte es als Verköniglichung bezeichnen. Das liegt bei Typen wie Schröder und Fischer besonders nahe. Sie gehen sozusagen als reine, gute Demokraten ins Amt und dann pumpen sie sich mit den Segnungen ihrer Ämter auf: mit der Macht, mit den Machtsymbolen, mit dem Zuspruch, den sie bekommen, und mit der Aufmerksamkeit durch die Medien natürlich – wir machen diese Leute ja erst zu Königen. Irgendwann denken diese Politiker, sie seien wirklich Könige, fangen an sich so aufzuführen und missbrauchen die Institutionen, die man ihnen anvertraut hat. Bei Schröder hat sich das in der Wahlnacht gezeigt, als er nicht gehen wollte. Schröder ist sein Abschied total missraten.

**Sie sind in Hessen geboren. Würden Sie jetzt bei der Landtagswahl gerne in Hessen mitwählen?**
Nein. Ich bin froh, dass ich da nicht mitwählen muss, weil keiner der beiden Spitzenkandidaten für mich wählbar ist. Koch ist mir zu radikal in seinen gesellschaftspolitischen Ansichten, ich finde den Wahlkampf, den er jetzt führt, in hohem Maße unsympathisch.

**Und Ypsilanti?**
Ich glaube nicht, dass man mit Frau Ypsilanti eine krisenfeste Gesellschaft hinkriegt – und damit meine ich ökonomische Krisen. Ich glaube nicht, dass sie dazu größere Beiträge leisten könnte. Aber ich muss ja nicht dort wählen. Da habe ich Glück gehabt.

**Wie hoch ist der Mindestlohn beim *Spiegel*?**
Ich würde sagen – 400.000 Euro.

**Das ist vielleicht für den Chefredakteur der Mindestlohn, aber doch nicht für die Kaffeefrauen.**
Das ist der Mindestlohn, ob Sie das jetzt glauben oder nicht. Das überlasse ich Ihnen.

**Sie nehmen die Frage nicht ernst, mit anderen Worten.**
(lacht) Ich weiß nicht, ich kann darauf keine andere Antwort geben.

**Na gut, das ist ja auch 'ne Antwort. Stimmt es, dass der Chefredakteur so viel verdient wie 30 Kaffeefrauen?**
Das stimmt nicht.

**Das hat ein langjähriger *Spiegel*-Mitarbeiter behauptet. Wobei das positiv formuliert war: *nur* 30mal so viel!**
Ja, wir haben wahrscheinlich die bestbezahlten Kaffeefrauen der Welt. Wir haben doch diese hübsche Gewinnbeteiligung.

**Sind die Kaffeefrauen daran auch beteiligt?**
Bei den älteren Kaffeefrauen ist das so. Heute kriegen die Kaffeefrauen nur noch befristete Verträge. Damit schaffen sie es nicht mehr in die Mitarbeiter KG, sind keine stillen Gesellschafter mehr und bekommen keine Gewinnbeteiligung.

**Was ist in Ihren Augen gerechter: nach Leistung oder nach Stunden bezahlen?**
Nach Leistung, eindeutig. Bei mir war es immer so: Meine Chefs haben mich nie danach gefragt, wo ich gerade bin, was ich gerade mache, sondern die haben immer nur nach dem Ergebnis geguckt. Und die wollten von mir halt hin und wieder einen guten Text haben. Solange sie den gekriegt haben, war denen völlig egal, was ich sonst so mache.

**Aber was soll für die anderen Menschen gelten? Bei der Bezahlung, selbst bei Top-Managern rechnet man das Gehalt immer wieder auf die Stunde um und sagt: Der verdient ja viel mehr als Tante Jutta nebenan und das ist doch ungerecht.**
Wer sagt das? Ich sage das nicht. Ich habe überhaupt nichts gegen hohe Gehälter. Ich finde das völlig in Ordnung, solange sie durch Leistung gerechtfertigt sind. Zum Beispiel diese Debatten über Politikergehälter, die finde ich abartig. Darüber kann ich mich überhaupt nicht aufregen, wenn die ihre Diäten erhöhen. Das sind Leute, die wirklich viel arbeiten, die hart arbeiten, die einen extrem wichtigen Job für unsere Gesellschaft machen, einen Job, den viele nicht wollen, und die sind in meinen Augen alle krass unterbezahlt. Und wenn die ihre Diäten erhöhen, ja, sollen sie. Und die Bundeskanzlerin kann sicher gut leben von dem, was sie verdient, aber es ist nicht viel im Vergleich zu Managern.

**Wie viel verdient sie?**
Ich glaube, ihr Gehalt liegt bei 200.000 Euro im Jahr.

**Sie schreiben manchmal in der Wir-Form: »Wir richten uns, vielleicht in bester Absicht, eine Welt ein, in der wir nicht gerne leben.« Heißt das: *Sie* richten sich eine Welt ein, in der *Sie* nicht gerne leben?**
Natürlich arbeite auch ich durch viele Verhaltensweisen daran mit, dass eine Welt entsteht, in der ich nicht gerne lebe. Wobei ich mich tatsächlich auch dagegen wehre, also ich versuche Entscheidungen so zu treffen, dass die Welt so bleibt oder so wird, wie ich sie mir wünsche.

**Haben Sie dafür ein Beispiel?**
Ich habe dafür ein ganz banales Beispiel und das ist die Frage: Wo kaufe ich meinen Fernseher? Der Impuls ist oft, man geht zum Media-Markt, denn da ist der Fernseher billig. Aber ich finde es eine absolute Zumutung, was die aus unserer Welt machen, zum Beispiel durch die Werbung: Geiz ist geil und jetzt auch diese neue Werbung mit den Schweinen – das ist alles in höchstem Maße ekelhaft und gesellschaftlich eine unerträgliche Umweltverschmutzung. Wenn ich dahin gehe, weil ich da für 500 Euro einen Fernseher kaufen kann, der anderswo vielleicht 800 Euro kostet, dann unterstütze ich deren Projekt. So, und das mache ich nicht. Das ist eine Lebenshaltung, die sich nicht jeder leisten kann, ich weiß. Ich würde das auch nicht von anderen fordern. Wer wenig Geld hat, natürlich geht der zum Media-Markt. Das kann ich sehr gut verstehen. Auch wenn er damit für mich die Lebenswelt so gestaltet, wie ich sie nicht haben will.

**Also, im Grunde läuft es darauf hinaus: Der Andere versaut Ihnen die Welt.**
Aber ich kann ihm das nicht vorwerfen, weil ich weiß, dass er nicht das Geld hat, um einen Fernseher von Loewe zu kaufen – im kleinen Laden an der Ecke. Ich komme darauf, weil mich kürzlich ein Freund angerufen hat, der ist Theaterintendant und stand genau vor dieser Entscheidung, und da habe ich ihm gesagt: Selbstverständlich gehst du in den kleinen Laden an der Ecke und kaufst den Fernseher von Loewe, auch wenn der 700 Euro mehr kostet als der vom Media-Markt, und ich habe mich sehr gefreut, dass er das gemacht hat.

**»Effizienz essen Seele auf«, überschrieb die *Welt* den Artikel über Ihr McKinsey-Buch. Offenbar leiden Sie an Ihrer eigenen Effizienz ...**
Leide ich an meiner Effizienz? Woher nehmen Sie das? Das ist ein Fehlschluss. Ich leide nicht an meiner Effizienz, weil ich mich selbst nicht als besonders effizient empfinde.

**Sie haben keine effiziente Karriere gemacht?**
Kann man effizient Karriere machen?

Sie schon.
Aber effizient Karriere gemacht, hieße ja, ich hätte unter geringstmöglichem Einsatz von Ressourcen sehr viel erreicht.

**Haben Sie das nicht?**
Äh – ja, in gewisser Weise habe ich das schon. (lacht) Ja, das stimmt. Es ist insofern wahr, dass ich ja, was Sie Karriere nennen, nicht erreicht habe, indem ich mich immer verhalten habe, als müsste ich Büroleiter werden. Sondern ich war Reporter, also eher Flaneur und Müßiggänger, und der ist ja eigentlich nicht effizient. Aber dass ich trotzdem, wie Sie jetzt sagen, damit Karriere gemacht habe, ist ja fast schon wieder effizient, da haben Sie Recht. Also leide ich an meiner Effizienz. – Aber ich leide irgendwie nicht ...

**Ja, leiden Sie nun daran?**
Nein, an meiner eigenen Effizienz leide ich nicht. Weil ich mich nicht als effizient wahrnehme.

**Mit der sind Sie einverstanden, mit Ihrer eigenen Effizienz? Wie sie auch immer sein mag – damit sind Sie einverstanden?**
Darüber muss ich mal nachdenken. (überlegt) Ja, damit bin ich einverstanden.

**Und andere dürfen aber auch so effizient sein, wie sie selber sein wollen, ist das auch okay?**
Ich schreibe niemandem seine Lebensform vor.

**Also, wo ist das Problem? Wenn Sie selber effizient sind und sein dürfen und die anderen dürfen das auch, wo ist das Problem?**
Ich bin nicht effizient in Ihrem Sinne. Ich habe ja gesagt: Als Reporter war ich Müßiggänger, Flaneur, Tunichtgut ...

**Sie sind demnach ungewollt effizient?**
Ja, eher so. Wahrscheinlich bin ich ungewollt effizient.

**Und das ist für Sie persönlich kein Kritierium: Effizienz. Können wir das so festhalten?**
Ja.

**Aber Sie schreiben gern darüber. Obwohl es kein Kriterium für Sie ist.**
Es ist ein Kriterium für meine Sicht auf die Welt, aber in meinem eigenen Leben spielt Effizienz keine Rolle. Ich bin nicht effizient oder es ist kein Ziel von mir effizient zu sein, es ist ein Ziel von mir gründlich zu sein. Das ist für mich ein Ziel. Etwas gründlich zu durchdenken. Die Dinge, die ich tue, gründlich zu tun.

**Und das schaffen Sie auch?**
Hin und wieder, ja.

»Ich glaube keinem, dass er für das Allgemeinwohl arbeitet, alle vernebeln ihre wahren Absichten im gigantischen Machtspiel.« Dabei haben Sie sicherlich die *Spiegel*-Redaktion im Auge gehabt.
Ja. Ja, da haben Sie Recht. Das war mein Artikel über die *Spiegel*-Redaktion.

**Sie sagen uns nicht immer die Wahrheit, oder?**
Wie kommen Sie darauf?

**Weil wir genau wissen, dass es so nicht gemeint war.**
Aber warum fragen Sie mich dann so?

**Na ja, man kann im Hinterkopf etwas haben und dann vordergründig über etwas anderes sprechen.**
Gut, dann antworte ich mal anders: Ich glaube tatsächlich, dass auch die *Spiegel*-Redaktion nicht nur an das Allgemeinwohl denkt. Aber das war eigentlich ein Satz, der sich auf Politiker bezog.

**Ist der *Spiegel* nun, wie manche sagen, das Zentralorgan des Neoliberalismus oder »im Zweifel links«, wie Augstein sagte, als er tatsächlich links war?**
Weder das eine noch das andere. Ich halte von solchen Festlegungen überhaupt nichts. Ich bin auch persönlich beleidigt, wenn über mich behauptet wird, ich sei links oder ich sei rechts. Ich finde das sind Kategorien, die mit meiner Generation nichts zu tun haben und mit meinem Beruf wenig zu tun haben sollten. Das galt für die Generation vor mir, gerade die 68er ...

**Also die Generation Aust.**
Ja, wobei Aust nicht dazugehört, der ist nicht ein solcher Typ.

**War er aber.**
Ich kenne den Aust von früher nicht. Ich weiß nicht, wie links der war.

**Der war ein harter Linker – nach seiner eigenen Aussage.**
Gut, dann hat er vielleicht so angefangen, aber er hat sich ja dann anders entwickelt, wie manche aus dieser Generation. Also, ich war nie links oder rechts und ich habe weder Sympathien für Neoliberalismus noch für eine linke Politik, sondern ich frage mich: Kann ein Vorschlag diese Gesellschaft irgendwie weiterbringen? Ob er von links kommt oder von rechts, ist mir wirklich völlig egal. Und ich hoffe, dass der *Spiegel* insgesamt eine solche Haltung hat.

**Wie ernst wird die Konkurrenz des *Focus* genommen?**
Auch wenn das jetzt arrogant klingt: Von mir persönlich überhaupt nicht ernst.

**Und in Hamburg?**
Weiß ich nicht. Der *Focus* macht ja etwas anderes. Das Genie von Markwort war, dass er ein neues Marktsegment eröffnet hat. Er hat mit seinem Magazin eine neue Leserschaft erschlossen.

**Aber hat er nicht den *Spiegel* auch ein bisschen bewegt?**
Er hat ihn damals bewegt: Die Texte sind kürzer geworden, es wurden neue Nachrichtenseiten und Graphiken eingeführt – da war man wahrscheinlich auch ein bisschen hysterisch und panisch. Manches hat dem *Spiegel* aber ganz gutgetan.

**Die für das deutsche Pressewesen einzigartige direkte Anbindung der *Spiegel*-Mitarbeiter an den Unternehmensgewinn hat zweifellos Folgen – unter anderem, dass der *Spiegel* immer mit dem Zeitgeist schwimmt, da sich gegen den Zeitgeist bekanntlich kein Geld verdienen lässt. Sehen Sie das auch so?**
Nein. Das sehe ich naturgemäß nicht so. Das wird generell überschätzt.

**Aber Sie müssen Ihr Blatt ja verkaufen.**
Das wird ja verkauft. Aust hat uns in den letzten vier Monaten drei politische Titel machen lassen. Das waren die drei schlechtestverkauften.

**Und was lernen wir daraus?**
Wir wussten vorher, dass die Titel sich nicht gut verkaufen werden.

**Und demnächst machen Sie dementsprechend weniger?**
Nein. Stefan Aust hat sich immer für politische Titel entschieden, wenn er der Ansicht war, sie müssen sein. Obwohl er wusste, dass sie sich meist schlecht verkaufen.

**Aber wurden nicht in früheren Jahren mehr politische Titel gemacht?**
Das weiß ich nicht. Ich hab' das nie gezählt. Ich höre manchmal, dass das nicht so sei. Und wenn ich mir dann so angucke, was die in den 50er und 60er Jahren für banale Titel gemacht haben!

**Da noch, ja. Aber danach wurde es politisch. Das ist ja damit gemeint: Dass der *Spiegel* mit dem Zeitgeist schwimmt.**
Nein, ich würde nicht sagen, dass er mit ihm schwimmt. Aber er ist nicht unabhängig vom Zeitgeist. Wir können kein Blatt nur für uns machen. Natürlich müssen wir auch gucken, was wollen unsere Leser. Das finde ich auch gut so.

**Aber Sie tun es natürlich in verstärktem Maße durch die Mitarbeiter-Beteiligung. Da sind Sie ja gleichzeitig auch noch unternehmerisch interessiert.**
Ja, ich habe das einmal ganz negativ erfahren, was das heißt. Ich habe ja nicht beim *Spiegel* angefangen, sondern bei einem Reportagemagazin, das der *Spiegel* gegründet hatte. Das hat sich nicht gut verkauft. Und da war ein irrer Druck aus der Redaktion – von den Mitarbeitern: Die verbraten nur unser Geld und das wird unsere Gewinnbeteiligung senken und diese Reporter reisen durch die Welt auf unsere Kosten und so weiter. Das war keine besonders angenehme

Zeit. Und das Magazin wurde ja auch nach anderthalb Jahren dicht gemacht. Da hat man gesehen, dass Mitarbeiter nicht gute Unternehmer sind, denn sie gucken natürlich vor allem auf die Gewinnbeteiligung.

**Was tun Sie so alles, um Ihre Allgemeinbildung auszubauen?**
Ich lese jeden Abend und mehr noch auf Reisen.

**Wir dachten, da schreiben Sie?**
Ja, auch. Und wenn ich nicht mehr schreiben kann, dann lese ich. Aber ich will nicht meine Allgemeinbildung erhöhen, sondern ich möchte etwas wissen. So würde ich das sagen.

**Sind Sie ein religiöser Mensch?**
Ich bin nicht Mitglied einer Kirche, ich bin aus der Evangelischen Kirche ausgetreten – mit 18. Trotzdem bin ich ein religiöser Mensch.

**Was bedeutet das für Sie?**
Ich glaube an Gott und ich glaube, dass die Welt nicht nur das ist, was der Fall ist, wie Wittgenstein gesagt hat. Die Welt ist *mehr* als das, was der Fall ist.

10. Januar 2008

# Eva Herman

**Eva Herman**, am 9. November 1958 geboren. Journalistische Ausbildung beim BR. 1988 Wechsel zum NDR und zur Tagesschau. Viele Moderationen populärer Sendungen. Ab 1997 eigene Talkshow im NDR. 2007 unter fragwürdigen Umständen aus der journalistischen Laufbahn geworfen.

## Die verlorene Ehre der Eva Herman

**Was tun Sie so alles, um Ihre Allgemeinbildung auszubauen?**
Lesen. Tageszeitungen natürlich: Als Hamburgerin habe ich das *Hamburger Abendblatt* abonniert. Der Tenor ist zwar leider etwas negativer geworden, was meine Person angeht, aber ich bemühe mich innerlich neutral zu bleiben, was das Blatt angeht. Ich lese auch regelmäßig die *Welt* – und die *Bild*-Zeitung.

**Darf man das als Allgemeinbildung bezeichnen?**
Was heißt schon Allgemeinbildung in der heutigen Zeit? Viel interessanter ist doch die Beobachtung, wie heute Trends gemacht werden. Da erkennt man, wie Zeitgeist entsteht – in einem Blatt – und sich dann woanders niederschlägt. Was politische Entwicklungen angeht, ist vor allem die Seite 2 der *Bild* interessant; sie ist meist sehr aktuell und beschreibt hin und wieder in harmlosen Worten, was eigentlich als Katastrophe naht und was andere zu diesem Zeitpunkt vielleicht noch gar nicht erfasst haben. Außerdem lese ich täglich in verschiedenen Büchern.

**Zeitungen aber nur von Springer?**
Gut, ich lese auch gern die *FAZ*, aber nicht regelmäßig. An Büchern interessiert mich alles Mögliche: Biografien wie die von Marion von Dönhoff, Coco Chanel oder Michail Gorbatschow. Aber die wichtigste Allgemeinbildung ist für mich die Bibel. Darin lese ich jeden Tag.

**Ach ja? Dann erübrigt sich fast die nächste Frage: Sind Sie ein religiöser Mensch?**
Ja, also religiös heißt eigentlich, dass man etwas mit einer bestimmten Religion zu tun hätte; das habe ich nicht. Ich bin nicht kirchengläubig, sondern gottgläubig.

**Aber Sie treten schon im Rahmen von Veranstaltungen der Katholischen Kirche auf.**
Nicht nur der Katholischen, auch der Evangelischen und der Freien Kirchen. Ich unterstütze die Arbeit der Kirchen durchaus.

**Sind Sie Mitglied einer Kirche?**
Nein, ich bin von Geburt an ungetauft, und dabei wird es auch bleiben.

**Man bekommt leicht den Eindruck, dass Sie katholisch wären.**

Ich weiß. Das denken viele, auch manche Katholiken. Wenn sie feststellen, dass ich's nicht bin, dann fragen sie manchmal, warum ich es nicht bin und ob ich es nicht vielleicht werden möchte.

**Und dann sagen Sie?**
Nein. Ich trete keiner Kirche bei. Ich bleibe allein in meiner Verantwortung vor Gott und fühle mich dabei sehr wohl.

**Sind Sie in Ihrem Leben immer gläubig gewesen?**
Ja, schon. Mal mehr, mal weniger. Ich war eine Suchende. Jesus hat ja gesagt: Suchet, so werdet ihr finden. Und das habe ich gemacht und war so mein ganzes Leben lang auf der Suche. Es gab Zeiten, in denen ich die Suche mal schwächer und dann wieder stärker betrieben habe. Schwächer immer in den Momenten, wenn mein Leben gut lief. So ist das nun mal, vor allem, wenn man jung ist.

**Würden Sie sagen, dass Sie früher eine emanzipationsbewusste Karrierefrau gewesen sind?**
Ja. Das war ich.

**Und haben Sie auch bewusst keine Kinder gekriegt in dieser Zeit?**
Ja, das würde ich schon sagen. Kinder hätten mich in meinem Karrieredrang ja aufgehalten.

**Wie hat sich Ihr Leben verändert, als Sie mit 38 Jahren dann doch noch einen Sohn geboren haben?**
Es wurde komplett umgekrempelt. Ich habe am eigenen Leib erfahren, dass sich die Prioritäten handfest verschieben können. Während mir bis dahin die Karriere am allerwichtigsten gewesen war und sie auch mit allen Mitteln durchgesetzt wurde, über alle Partnerschaften hinweg, geriet das alles dann plötzlich in den Hintergrund. Ich habe es bereits als Schwangere gemerkt, indem ich Tagesschau-Dienste verschlafen habe.

**Was heißt verschlafen?**
Ich lag am späten Nachmittag glückselig auf dem Bett, streichelte meinen Bauch und träumte von meinem Kind, als das Telefon klingelte: Mein Chefredakteur war stinksauer. Er musste, weil niemand da war, im Rollkragenpulli meine Nachrichten lesen. An meiner Reaktion bemerkte ich dann, dass etwas Neues angefangen hatte: Ich hatte mich zwar für mein Fehlen entschuldigt, fand das alles aber nicht weiter schlimm – im Gegensatz zu meinem Chefredakteur.

**Waren Sie dem Kind dann nach der Geburt eine gute Mutter?**
Ich habe mich bemüht. Ich merkte nun, dass ich mit dem Kind eine riesengroße Verantwortung übernommen hatte, und mir schwante immer mehr, dass ich die Verantwortung als Mensch anderen Leuten gegenüber jahrelang vernachlässigt hatte – aufgrund eigener Eitelkeiten, auch Selbstherrlichkeit, Karrieredenken, Ehrgeiz. Und alles änderte sich nun durch die Geburt.

**Es kann allerdings keinen Zweifel darüber geben, dass es auch schlechte Mütter gibt. Liegt das an den Genen der Frauen oder am Zeitgeist, der die – eigentlich als typisch weiblich geltende – Empathiefähigkeit wegrationalisiert hat?**
Ja, es dürfte am Zeitgeist liegen. Es ist unmodern Mutter zu sein. Das begann vielleicht damit, dass Alice Schwarzer in den 70er Jahren behauptete, wer zuhause bliebe und sein Leben damit verbringen würde Blumen zu ordnen, könne kein ernst zu nehmendes Mitglied der Gesellschaft sein.

**Ein Gedanke, der sich weitgehend durchgesetzt hat, oder?**
Ja, leider. Es kamen damals mehrere Zeitströmungen zusammen. Tatsache ist, dass die 68er sich von vielen Werten verabschiedet haben, und damit wurde das Kind mit dem Bade ausgeschüttet. Werte, die uns Menschen immer zusammengehalten haben, gingen einfach über Bord. Das war die eine Strömung, und gleichzeitig gab es den Siegeszug des Feminismus. Wer jetzt Korrekturen anmahnt und sagt: Leute, wir stehen vor einem gesellschaftlichen Scherbenhaufen, wir haben ein riesiges demographisches Problem und müssen schleunigst umdenken – bekommt eine Menge Ärger.

**Diese Thesen haben Sie erstmals im Mai-Heft 2006 von *Cicero* in solcher Deutlichkeit geäußert. Damit aber war Eva Herman zum *Fall* Eva Herman geworden. Erzählen Sie uns etwas von der Reaktion der *Emma*-Chefin Alice Schwarzer.**
Es gab nie eine persönliche Reaktion mir gegenüber. Sie hat nicht geschrieben oder mich etwa angerufen. Das Erste, was ich von ihr vernahm, war ein *Spiegel*-Interview, in dem sie meine Thesen ansiedelte zwischen Steinzeitkeule und Mutterkreuz und in dem sie, angesprochen auf die Frage, ob ihr die demographische Krise Deutschlands keine Sorge bereiten würde, die Antwort gab: Wir müssen dem Führer heute kein Kind mehr schenken. Das war das erste Mal, dass ich meine Einstellungen zu diesem Thema mit rechtsgerichtetem Gedankengut konfrontiert bzw. in Zusammenhang gebracht sah.

**Obwohl das eigentlich eine ganz dumme Bemerkung war, denn den Führer gibt es ja gar nicht mehr.**
Da haben Sie absolut Recht, aber es hat sich niemand wirklich über ihre Polemik aufgeregt. Ich dachte, jetzt ginge ein Sturm der Entrüstung los, aber weit gefehlt. So musste ich feststellen, dass es ein inszenierter Vorsatz zum Missverständnis gewesen zu sein scheint, um jemanden wie mich, der tatsächlich ein – in Anführung – unmodernes Menschenbild anmahnt, mundtot zu machen. Wenn die braune Keule geschwungen wird, gibt es ja sofort eine reflexartige Erstarrung in unserem Land, und bevor man sich auf dünnes Eis begibt, sagt man lieber: Nee, nee, nee, mit Rechts wollen wir gar nichts zu tun haben. Ungeprüft. Wer geprüft hätte, hätte bei mir nachlesen können, dass ich mich mit der verheerenden Familienpolitik des Dritten Reiches in mehreren Büchern intensiv

auseinandergesetzt habe. Die seelischen Macken und die Schlafstörungen, die viele Leute heute haben, beruhen unter anderem darauf, dass sie als Kinder nicht kindgemäß zum Einschlafen gebracht wurden, sondern nach dem Muster von Johanna Haarer, die im Dritten Reich Bücher veröffentlicht hatte zu diesem Thema, schreien gelassen wurden bis zur Erschöpfung ...

**Nennt man das nicht Schwarze Pädagogik?**
Ja. Damals gehörte es, wie viele andere menschenverachtende Maßnahmen, zur Familienpolitik Hitlers. Wer mir Blauäugigkeit im Zusammenhang mit dieser Zeit vorwerfen will, der hat schlicht und einfach schlecht recherchiert – wie auch Frau Schwarzer. Ja, und dann schickte mir jemand anonym diesen Aufruf, den Frau Schwarzer unter ihren *Emma*-Abonnentinnen verschickt hatte, diesen Newsletter. Sie hatte darin aufgefordert, sich bei meinem Tagesschau-Chefredakteur Kai Gniffke – stand alles drin: Fax-Nr., E-Mail-Adresse – zu beschweren und zu fragen, ob man mich wirklich noch bei der Tagesschau dulden könne. Es kamen auch Hunderte von diesen Briefen.

**Haben Sie das mitgekriegt?**
Ja, sie sind mir zum Teil gezeigt worden.

**Mit vorwurfsvollem Blick?**
Ja, natürlich. Die meisten hatten das Schriftbild von diesem Aufforderungs-Newsletter übernommen, so dass sie fast alle gleich aussahen – subtilerweise. Und ich habe dem Chefredakteur gesagt: Schauen Sie sich die Vordrucke an. Sie sind selber Journalist. Bilden Sie sich Ihr eigenes Urteil.

**Sie haben dann irgendwann gesagt: Ich verzichte jetzt mal auf die Tagesschau. Steht das im Zusammenhang damit?**
Ja, sicher. Viele Sendungen wie Christiansen, Illner, Plasberg usw. hatten nach dem *Cicero*-Artikel sofort signalisiert: Wir laden Eva Herman zu diesem Thema ein. Aber ich bekam von meiner Chefredaktion den freundlich-ernst gemeinten Hinweis, diese Sendungen nicht zu besuchen. Was bedeutete, ich hatte aufsehenerregende Thesen aufgestellt, ein Tabu gebrochen und sollte mich nicht mehr dazu äußern.

**Und das war auch ein Grund für Sie zu sagen: Dann verzichte ich lieber auf die Tagesschau?**
Es war ja klar, dass eine öffentliche Debatte darüber gegen den Willen meines Arbeitgebers schwierig werden würde. Und um auf jeden Fall meine Thesen auch persönlich vertreten zu können, ist dann diese Vereinbarung getroffen worden.

**Würden Sie es im nachhinein als gerechtfertigt ansehen, dass man sich entscheiden muss: Entweder ich bin in der Tagesschau oder ich vertrete irgendwelche brisanten Thesen?**
Ich bin der Ansicht: Wenn der NDR das getan hätte, was sein Auftrag als

öffentlich-rechtliche Anstalt ist, nämlich möglichst viele Meinungen zu transportieren, hätte es lediglich einer ganz bestimmten Haltung des Hauses bedurft, um das Ganze zu entschärfen. Wenn der NDR gesagt hätte: Sie macht hier ihren Dienst. Während sie die Tagesschau liest, spricht sie nicht darüber. Aber gleichzeitig hat sie natürlich eine Meinung wie jeder andere Mensch auch, und es ist auch keine radikale Meinung …

**Kommt mitten aus der Gesellschaft, könnte man sagen?**
Aufgrund der vielen Reaktionen, die ich bekommen habe: Ja, auf jeden Fall kommt sie mitten aus der Gesellschaft.

**Von Alice Schwarzer wurden Sie – in jenem Newsletter – als »Blondinen-Darstellerin, die häufig die Männer wechselt« bezeichnet, vom *Spiegel* als »kleine Küchenphilosophin«, von der *Bunten* als »Emanzipationsbremse« – und bei Maischberger versuchte man Sie als psychisch gestört hinzustellen. Aber den Vogel hat vermutlich Thea Dorn in der *taz* abgeschossen?**
Sie meinen das Eva-Braun-Prinzip? Dagegen läuft eine Klage. Ich kann dazu jetzt nichts sagen.

**Sie haben es demnach als so gravierend empfunden, dass Sie dagegen geklagt haben?**
Ja. Sie hat in diesem Artikel meine Worte mit Rosenberg-Zitaten vermischt, so dass der Eindruck entstanden ist, dass Rosenberg-Zitate mit meinen Worten identisch seien.

**Mit dem Nazi-Ideologen Alfred Rosenberg, der von den Alliierten zum Tode verurteilt worden ist, verglichen zu werden, das könnte man schon als mediale Todesstrafe bezeichnen. – Stimmt es übrigens, dass Sie in Radio-Interviews von Journalistinnen wütend angeschrien und auch persönlich beleidigt worden sind?**
Ja. Ich kann Ihnen vielleicht über ein Beispiel berichten; das trifft die Situation ganz gut. Auf der Frankfurter Buchmesse gab ich einige Interviews. Eine Radiokollegin – etwa Mitte 30 – betrat den kleinen Raum. Sie hob an und ich dachte erst, das seien einleitende Worte, aber diese einleitenden Worte hörten einfach nicht auf, sie redete sich in Rage und zum Schluss stand sie über mir und brüllte mich an.

**Und das war das ganze Interview?**
Ich sah in dem Moment das, was ich schon kannte, gerade bei Frauen, die in den Medien arbeiten: Sie haben häufig keinen Partner und keine Kinder, und da ist oft ein großer Schmerz – tief in ihrem Inneren. Und ich sagte: Wir müssen das Interview jetzt leider abbrechen. Sie sind persönlich erregt. Es wäre besser, wenn Sie wieder einpacken und vielleicht über sich nachdenken würden.

**Sie bleiben dann immer ganz ruhig?**

Ja, meistens. Es geht hier ja überhaupt nicht um mich, auch wenn es so aussieht. Vielmehr geht es um ein Problem unserer Zeit, das viele Menschen betrifft, und wenn sie es endlich bemerken, dann liegt darin eine große Chance. Das habe ich auch dieser Radiofrau gesagt. Sie kam eine Stunde später wieder zu mir und entschuldigte sich; dann hat sie geweint und gesagt: Ich wollte immer Kinder haben.

**Oh, das war aber ein Aha-Erlebnis allererster Ordnung.**
Ja. Sie war letztlich beeindruckend. Und ich habe ihr das auch gesagt. Nur: Ich bemerke öfter bei Interviews mit Journalistinnen, gerade auch mit älteren, die keine Chance mehr auf Kinder haben, dass während meiner Ausführungen plötzlich eine Art innerer Tunnelblick kommt. Sie scheinen dann weit weg und ganz mit sich selbst beschäftigt zu sein, und ich kann reden, was ich will. Das ist mehrfach auch bei Veranstaltungen passiert, coram publico, dass eine Frau mir Fragen stellte und dann plötzlich gar nicht mehr da war.

**In den Medien fair behandelt fühlten Sie sich selten, sagen Sie. Eine positive Ausnahme im September 2006 war Plasbergs Sendung unter der Überschrift »Evas Sünde oder Emmas Ende« …**
Ja. Plasberg hat sich immer Mühe gegeben, zwar nicht zimperlich, aber klar zu fragen und möglichst auch ausgewogen zu sein. Hart, aber fair.

**Ausgewogen auch durch die Besetzung der Runde?**
Ja, mindestens einer war jeweils an meiner Seite. Aber ich denke, fair ist Plasberg schon deswegen, weil er schlau ist und auch um die Reaktion der Zuschauer weiß. Die Zuschauer werden – das ist meine hundertprozentige Erkenntnis – von den Medien grandios unterschätzt.

**Sie werben seit einigen Jahren für die Kampagne »Laut gegen Nazis« und haben, wenn wir richtig informiert sind, auch einen Taxifahrer angezeigt, der in Gegenwart Ihrer jüdischen Freundin den Holocaust geleugnet hat.**
Ja, das ist richtig.

**Trotz alledem sind Sie wiederholt schon in die braune Ecke gestellt worden, *bevor* Sie auf dieser berüchtigten Pressekonferenz vom 6. 9. 2007 folgenden Satz sagten: »Und wir müssen vor allem das Bild der Mutter in Deutschland auch wieder wertschätzen lernen, das leider ja mit dem Nationalsozialismus und der darauf folgenden 68er Bewegung abgeschafft wurde.« Für einen unbeteiligten Beobachter ist es auf Anhieb nicht einleuchtend, wie nach diesem Satz ein derartiger Sturm über Eva Herman hereinbrechen konnte.**
Bei dieser Pressekonferenz waren etwa 30 Pressevertreter. Ich habe mich mehrfach ganz deutlich und energisch distanziert von allem, was rechtsradikal oder rechtsextrem ist – mit dem Hinweis auf die schlechten Erfahrungen, die ich

zu dem Thema schon gemacht hatte: Eva-Braun-Prinzip, Frau Schwarzers Äußerungen usw. Mein Verleger hat ebenfalls deutlich gemacht: Frau Herman engagiert sich gegen Rechts. Und er hat die Schlussbemerkung meines Buches vorgelesen, in der dies alles noch mal klargestellt wird.

**Aber Barbara Möller wollte es irgendwie nicht verstehen?**
Nur Barbara Möller nicht. Als Einzige. Es hatte sonst niemand etwas Falsches verstanden. Auch in der Zeitungsberichterstattung am nächsten Tag: kein Wort in dieser Richtung – bis auf diesen Satz von Barbara Möller im *Hamburger Abendblatt*.

**Wie kommt die arme Barbara Möller darauf das misszuverstehen?**
Ich kenne Barbara Möller nicht.

**Sie sind doch eine Abonnentin ihrer Zeitung.**
Also, wenn man ihre oft männerfeindlichen Artikel liest und ihre verstaubten Emanzipationsthesen auf rührende Weise ständig wieder als etwas ganz Neues aufgetischt bekommt, versteht man schon, dass sie feministischen Kreisen zugerechnet wird – und übrigens zum engen Kreis von Frau Schwarzer gehören soll. Damit könnte die Intention klar sein. Für mich persönlich wäre sie damit klar.

**Wer heute die Reaktionen der Presse nach jener Pressekonferenz unter die Lupe nimmt, bekommt den Eindruck, dass eigentlich alle – von *Bild* bis zu den seriösesten Medien – nur die Fehlinterpretation Ihrer Aussage vom *Hamburger Abendblatt* abgeschrieben haben, bevor dann durch RTL dieser unverständliche Wortschnipsel verbreitet wurde, der fast nur aus einer Parenthese bestand. Der Satz, in den diese Parenthese eingebettet war, lautete tatsächlich: »Mit den 68ern wurde damals praktisch alles – das alles, was wir an Werten hatten […] das wurde abgeschafft; es durfte nichts mehr stehenbleiben.« Auch das wäre eigentlich nicht misszuverstehen gewesen. Kannte der NDR den jetzt von uns zitierten Wortlaut Ihrer Aussagen, als Sie am 9. 9. gefeuert wurden?**
Nein. Sie haben einen Gegencheck am Telefon gemacht, und ich habe sie dringend darauf hingewiesen, dass es ein aus dem Zusammenhang gerissener Halbsatz ist und dass es ein entsetzliches Missverständnis sein muss und sie sich dringend das Originalzitat besorgen sollten. Aber der NDR hat von der einzigen Fernsehstation, die mitgedreht hatte, nur das abgeschnittene – und dadurch verfälschte – Zitat bekommen.

**Was wir dann alle über die Medien geliefert bekommen haben.**
Ja. Das Ganze wurde immer anmoderiert mit Worten wie: Hier greift Eva Herman wieder in die braune Kiste. Mein Anwalt, der Verleger und ich haben alles versucht, um von dieser bewussten Fernsehstation das gesamte Originalzitat

283

zu bekommen. Inzwischen habe ich aus verlässlicher Quelle gehört, dass eine Mitarbeiterin dort sich selbst mal dieses Band angeguckt hat und dass an der entsprechenden Stelle nur noch dieser Halbsatz vorhanden sein soll; davor ist angeblich schwarz gezogen.

**Ach ja? – Warum, denken Sie, haben die sich entschieden, den gesamten Text nicht mehr an die Öffentlichkeit gelangen zu lassen?**
Vielleicht, weil dann die Wahrheit ans Tageslicht gekommen wäre. Sie haben ja unter anderem die Hetze mitausgelöst.

**Sie meinen, man hatte vielleicht ein bisschen Scham, dass man mitgehetzt hat, und wollte sich deswegen nicht mehr korrigieren?**
Man könnte das annehmen. Vielleicht nicht nur Scham, sondern auch Furcht. Die haben ja zunächst, also am ersten Abend nach der Pressekonferenz, noch ein völlig normales Interview gesendet: kritisch, etwas unfreundlich wie immer, aber einigermaßen sachlich. Und erst nachdem am nächsten Tag dieser *Abendblatt*-Satz von Barbara Möller erschienen ist, waren ein paar Stunden später die ganzen Online-Dienste voll mit Schlagzeilen: Eva Herman lobt Hitlers Familienpolitik. Und dann legte besagter Sender mit diesem abgeschnittenen Zitat nach.

**Stimmt unsere Vermutung, dass Sie Ende September 2007, als die Richtigstellung Ihrer Aussagen in der katholischen *Tagespost* zu lesen war, auch andere Medien davon in Kenntnis gesetzt hatten?**
Ich hatte sie auf meiner Homepage veröffentlicht. Ich war ja auch mit einigen Zeitungsredaktionen im Kontakt, die mich ständig anriefen, und ich habe allen gesagt: Das Originalzitat ist endlich da. Ich hatte dann erst den Originalwortlaut in Gänze durch einen Hörfunkjournalisten erhalten. Der Redakteur einer großen Tageszeitung sagte einige Tage später zu mir: Frau Herman, wir haben jetzt das Originalzitat und wir sind uns einig in der Redaktion, dass Ihnen schweres Unrecht geschehen ist. Ich habe zu ihm dann gesagt: Okay, dann würde Sie ja jetzt nichts hindern das richtigzustellen. Ja, nee, das können wir nicht machen. Aber wir berichten nicht mehr negativ über Sie.

**Warum waren Ihrer Meinung nach die journalistischen Bemühungen um Richtigstellung derart dürftig?**
Weil sich alle, um es in christliche Worte zu fassen, versündigt hatten.

**Hätten sie denn nicht auch Reue zeigen können?**
Die Medien?! – Letztes Wochenende habe ich eine Pressemitteilung veröffentlicht, dass dpa und ZDF sich durch eine Einstweilige Verfügung unterworfen haben; dpa hatte eine Aussage aus der Kerner-Sendung gefälscht und veröffentlicht, dass ich gesagt hätte, wenn man nicht über die Familienpolitik des Dritten Reiches sprechen dürfe, dürfe man auch nicht auf deutschen Autobahnen fahren; in Wirklichkeit ging es um den Begriff Gleichschaltung …

**Das machen wahrscheinlich irgendwelche Praktikantinnen, die es auch nicht besser können.**
Da hätten die Praktikantinnen aber großen Erfolg gehabt, weil diese Falschmeldung in tausenden – auch ausländischen – Medien wiedergegeben wurde. Das dürfen sie bei dpa jetzt nicht mehr behaupten. Und das ZDF darf nicht mehr dieses falsche Zitat verwenden, um das es in der ganzen Diskussion ging. – Dass dpa und ZDF unterlegen sind, ist ja – nach dem ganzen Ärger – eigentlich eine ziemlich interessante Meldung! Ich kriege jetzt wieder haufenweise E-Mails von Leuten, denen an Meinungsfreiheit und Gerechtigkeit gelegen ist: Juhu, endlich kommt Aufklärung in Ihre Angelegenheit. Aber die Medien veröffentlichen es nicht. Diese Meldung ist an über tausend Pressestellen gegangen; veröffentlicht wurde sie lediglich von einigen christlichen Magazinen und von der Auslandspresse.

**Wir müssen noch über Herrn K. sprechen. Wer oder was, glauben Sie, hat Johannes B. Kerner in der Sendung am 9. 10. 2007 geritten, immer wieder auf Ihrer gar nicht wirklich gemachten Äußerung herumzureiten? Obwohl er den richtigen Wortlaut doch schon kannte.**
Keine Ahnung. Ich kenne den Mann zu wenig, um zu wissen, wer oder was so jemanden reitet. Es könnte eventuell eine redaktionelle Absprache gewesen sein. Kerner war die ganze Zeit über einen Knopf mit der Redaktion verbunden, und es sah übrigens so aus, dass auch der Anklatscher im Studio über einen Knopf verbunden war. Ich wunderte mich immer, warum die Leute an so komischen Stellen klatschten.

**Und diese Redaktion? Man hört ja, ein verantwortlicher Redakteur bei Kerner solle einen Bruder bei der *Bild*-Zeitung haben.**
Ja, das stimmt – bzw. es stimmte zu dem Zeitpunkt. Er ist inzwischen nicht mehr bei Kerner.

**Würden Sie annehmen, dass dieser Redakteur Kerner getrieben hat?**
Damit würde ich mich auf dünnes Eis begeben. Ich kann nicht auf der einen Seite Kollegen in Frage stellen, die nicht sorgfältig recherchieren, und hier irgendwelche Spekulationen loslassen. Das geht nicht.

**Und wie fällt heute Ihre Antwort auf Kerners berühmte Frage aus, die er in seiner Sendung auch fleißig selbst beantwortet hat: »Was ist denn die wahre Bestimmung der Weiblichkeit? Doch nicht, zuhause zu sitzen und Kinder groß zu ziehen, sondern die wahre Bestimmung der Weiblichkeit ist doch, ein voll anerkanntes Mitglied der Gesellschaft zu sein.«**
Das war der eigentliche Skandal in der Sendung. Weil aus diesen Worten hervorgeht, dass die Mutter, die sich entscheidet bei ihren Kindern zu bleiben,

kein vollwertiges Mitglied der Gesellschaft ist, also in höchstem Maße diffamiert wird. Übrigens beleidigt Kerner damit auch seine eigene Frau. Aber es geht mir, ehrlich gesagt, nicht um seine Frau.

**Ihm ging es wahrscheinlich auch nicht um seine Frau. – Eine Woche nach diesem Rauswurf von Kerner haben Sie der *Bild*-Zeitung anvertraut, dass Sie ihm nicht böse seien. Gilt das jetzt immer noch?**
Ja. Er tut mir leid.

**Vielleicht haben Sie auch wirklich noch Glück gehabt mit Kerner, dem Grzimek für Menschen, wie er vom »Scheibenwischer« bezeichnet wurde. Dieter Hildebrandt sprach von der Ungeschicklichkeit Kerners: »Ich hätte Herman den Triumph nicht gegönnt, so strahlend aus der Sendung zu kommen.«**
Herr Hildebrandt ist eigentlich ein schlauer Kopf. Und er weiß selbst nur zu genau, wie es ist, wenn etwas Ungerechtes über ihm schwebt. Da ist er recht unangenehm geworden. Und deswegen hätte ich gerade ihm zugetraut, dass er besser recherchiert und wirklich Bescheid weiß über einen Fall, bevor er sich in der Öffentlichkeit dazu äußert.

**Eine sehr große Enttäuschung dürfte es für Sie gewesen sein, dass Ihre langjährige Partnerin Bettina Tietjen keinerlei Solidarität mit Ihnen zeigen mochte.**
Ja. – Mehr gibt es dazu allerdings nicht zu sagen.

**Hat sie denn irgendwann einmal gemerkt: Au, wir haben da ja alle falsch geurteilt, wir sind ja einem Irrtum aufgesessen und ich müsste mich vielleicht mal entschuldigen?**
Ich kann Ihnen nicht sagen, ob sie sich diese Gedanken gemacht hat. Denn wir hatten seitdem keinen Kontakt mehr.

**Hat es andere Leute gegeben, die mal ihren Irrtum eingestanden haben?**
Ja, die gab es. Unter meinen ehemaligen Tagesschau-Kollegen: Dagmar Berghoff und Jo Brauner beispielsweise, die beide ja befragt worden waren – und sich negativ über mich geäußert hatten. Ich kann ihnen das zunächst auch gar nicht übelnehmen. Sie waren falsch informiert.

**Wie wir alle.**
Die beiden haben sich dann später persönlich bei mir gemeldet und die Sache geradegerückt. Das hat mich beeindruckt.

**Als Fazit drängt sich nun auf: Wer in mehreren Jahren zu Deutschlands beliebtester Moderatorin gekürt wird, um wenig später vom eigenen Sender gefeuert und sogar als Gast aus Kerners Sendung geworfen zu werden, muss etwas verkehrt gemacht haben. Was haben Sie verkehrt gemacht?**

Ich habe ein Tabu gebrochen, das sorgfältig gehütet und bewahrt wurde.

**Wie heißt das Tabu?**
Vorbehaltlos über die Rolle und über die Aufgabe der Frau nachzudenken.

**Jeder im Land ist auf die Medien angewiesen, um den Fall Eva Herman kennen und würdigen zu können. Was würden Sie selbst sagen: Haben die Medien in Ihrem Fall vollkommen versagt?**
(überlegt) Ja, das ist nicht so leicht zu sagen. Mich hat verwundert, wie es nach diesem einen falschen Barbara-Möller-Satz sein konnte, dass so viele seriöse Medien ungeprüft auf einen Zug aufgesprungen sind und nicht den Hauch eines Versuches gemacht haben mich zu fragen; es hat sich von denen niemand gemeldet!

**Die *Bild*-Zeitung soll sich mal gemeldet haben, die *Bild am Sonntag* ...**
Um ein weiteres Missverständnis zu initiieren. Überraschend ist doch der fehlende Aufklärungswille, nachdem nun klar ist, was in Wirklichkeit geschehen ist. Und was mich besonders entsetzt hat, ist in diesem Zusammenhang die Reaktion meines Arbeitgebers, der ja immerhin die seriöseste Nachrichtensendung des Landes produziert, die ich auch selber jahrelang präsentiert habe.

**Die Sie jetzt aber gar nicht mehr angucken mögen?**
Doch, doch. Aber dass der NDR trotz meiner vielen Hinweise und Bitten um sorgfältige Prüfung des Falles sich meiner so kurzfristig entledigt hat, musste ja dazu führen, und das ist das besonders Fatale, dass damit für viele Menschen, die eventuell Zweifel gehabt haben könnten am Wahrheitsgehalt dieser Falschmeldung, praktisch bestätigt wurde, dass es ja doch nun so sein müsste. Das heißt, den finalen Genickschuss habe ich damit vom NDR gekriegt. Das hat mich maßlos entsetzt. Wer sich über Jahre gegen Rechts engagiert, wie ich es getan habe, und plötzlich in eine solche Ecke gedrängt wird und dadurch seine Existenz verliert – und dass das alles auch noch vor den Augen der Menschen im Land passiert – und jetzt, wo alles klar ist, trotzdem eigentlich immer noch nichts getan wird um die Sache geradezurücken ...

**Da haben die Medien schon versagt?**
Ja, viele. Es gibt welche, die sind ganz gerade geblieben, das sind meistens christliche Medien, die sich sehr bemüht haben um Aufklärung, die deswegen aber selber teilweise schwer angegriffen wurden.

**Sie selbst sind lange als Journalistin tätig gewesen, haben die Medien also schon von innen gekannt. Hat sich jetzt durch den eigenen Fall Ihre Haltung zur Vierten Gewalt verändert? Können Sie noch Vertrauen haben in das, was Sie lesen, sehen oder hören?**
Ich bin viel kritischer und noch sensibler geworden. Vor allem, wenn es um die Aburteilung von Menschen in der Presse geht. Das ist eigentlich schon Anlass

genug, ganz besonders sorgfältig hinzuschauen. Wenn dann fast unisono so etwas behauptet wird …

**Das Wort von der Gleichschaltung, das Sie in dem Zusammenhang ab und zu mal gebraucht haben, würden Sie das noch mal gebrauchen?**

Nach der großen Aufregung um diesen Begriff würde ich das Wort jetzt einfach mal nicht benutzen wollen, das muss ja nicht sein. Aber es gibt eine Form von Nachlässigkeit und Unwilligkeit, selbst zu prüfen und zu recherchieren, das scheint im Moment vielerorten der Fall zu sein. Das ist festzustellen, ja.

**Und wenn Sie den Medien einen letzten Satz ins Gewissen schreiben könnten?**

Dann würde ich sagen, dass die Würde des Menschen unantastbar ist und der Respekt vor dem einzelnen Menschen immer gewahrt bleiben muss. Wer des Menschen Würde nicht wahrt und ihm seine freie Meinung nicht lassen will, verstößt gleich gegen mehrere Artikel des Grundgesetzes. Und wer Falschmeldungen verbreitet, verstößt auch noch gegen das Achte Gebot: Du sollst kein falsch Zeugnis reden wider deinen Nächsten.

12. Februar 2008

# Nachwort

## Vom Konflikt zweier Eitelkeiten und anderen interessanten Überraschungen

Ihr Buch »Die Vierte Gewalt« enthält Interviews, die Sie mit einer Auswahl von deutschen Journalistinnen und Journalisten im Zeitraum von etwa einem Jahr geführt haben. Diese Gespräche sind kommentarlos aneinandergereiht; so etwas wie eine systematische Auswertung oder wenigstens Stellungnahmen zu Ihrem persönlichen Erkenntnisgewinn bleibt uns das Buch schuldig …
**Das ist so, ja. Uns war nicht an einer medienwissenschaftlichen Theorie gelegen, die wir gegebenenfalls durch ausgesuchte Einzelfälle hätten belegen können. Wir sind vielmehr Beobachter der Wirklichkeit; wir beobachten aufmerksam und durchaus kritisch, wer was wann – in welchem Medium – wie und warum macht. Man könnte also sagen, dass wir schon einen journalistischen Ansatz haben, ohne aber tatsächlich Journalisten zu sein: Wir haben uns den Medien auf die gleiche Weise genähert, wie es die Medien selbst mit allen anderen gesellschaftlich relevanten Bereichen üblicherweise tun, nämlich personenbezogen. Wir wollten wissen, wer ist der Mensch hinter dem Zeitungsartikel oder hinter dem Fernsehauftritt – und was denkt er sich eigentlich dabei?**

Der Titel »Vierte Gewalt« suggeriert, dass Ihre Auswahl von 17 Männern und 9 Frauen die gesamte deutsche Medienlandschaft repräsentieren zu können in der Lage ist. Das Prinzip, das Ihrer Auswahl innewohnt, lässt sich auf den ersten Blick jedoch nicht erschließen. Es scheinen relativ viele Prominente dabei zu sein …
**Das ist zweifellos richtig. Unsere Neugier auf einige der herausragenden deutschen Journalisten – wie Claus Kleber beispielsweise – konnten und wollten wir nicht ignorieren. Aber dennoch haben wir uns sehr darum bemüht, ein ausbalanciertes Verhältnis zwischen den Hauptmedien Fernsehen, Print, Radio …**

Den Online-Journalismus haben Sie dabei allerdings vergessen.
**Nein, nicht vergessen. Das heißt, es stimmt, wir haben keinen Vertreter eines reinen Internetmediums. Die aber – im Vergleich zu traditionellen Medien, die ja inzwischen auch alle im Internet unterwegs sind – wirklich nicht so relevant sind. Und über den Konnex zwischen**

alten Medien und neuem Internet haben wir sehr wohl gesprochen; nehmen Sie nur das Gespräch mit Markus Schächter, dem Intendanten des ZDF. – Aber noch mal zurück zu dem Prinzip unserer Auswahl: Wir wollten, wie gesagt, die Hauptmedien angemessen vertreten haben, Frauen und Männer in einem angemessenen Verhältnis, Ältere und Jüngere, Politikjournalismus und Kultur-, Wirtschafts-, Sport- und Boulevardjournalismus. Wobei die Politik natürlich den deutlich größten Stellenwert genießt, was uns logisch erschien, wenn wir das Buch »Die Vierte Gewalt« nennen.

Ist es auch logisch, dass praktisch doppelt so viele Männer wie Frauen im Buch vertreten sind?
**Ähm. Ja, das könnte man so sagen. Angeschrieben haben wir – mit der Bitte um ein Interview – annähernd gleich viele Frauen und Männer. Während uns aber fast keiner der Männer eine Absage erteilt hat, haben einige der Frauen ... interessanterweise gerade zwei Top-Journalistinnen, die es beide aus feministischen Gründen für richtig hielten, dass auch Top-Frauen im Buch vertreten sind, dann aber beide darauf verwiesen, dass es ja noch andere Top-Frauen gäbe ... So etwas haben wir jedenfalls von Männern nicht gehört. Na ja, und so ist es zu diesem Verhältnis von 17 : 9 gekommen, das aber interessanterweise dem Gesamtverhältnis von Männern und Frauen im Journalismus sehr nahe kommt.**

Wie erklären Sie sich denn, dass Sie als Außenseiter von so vielen interessanten Journalisten ohne weiteres eine Zusage bekommen konnten?
**Wir hatten ein sehr gutes Anschreiben, damit begründete auch Markus Schächter, der nicht weniger als 19 von 20 Interviewanfragen – schon aus Zeitgründen – eine Absage erteilen muss, in unserem Fall die Zusage. Aber für viele gilt wahrscheinlich, was Cathrin Kahlweit auf ihre Frage, wie wir das denn geschafft hätten, selbst antwortete: Es ist die Eitelkeit. Es war jedenfalls auffällig, dass wir nach den ersten Zusagen, die wir schnell bekommen hatten, praktisch jeden mit dieser Liste gewinnen konnten. Und auffällig war auch, dass praktisch jeder die Liste sehen wollte!**

Das wäre also etwas, das wir so festhalten könnten: Deutschlands Journalistinnen und Journalisten zeichnen sich durch ein hohes Maß an Eitelkeit aus?
**Ja. Nicht jeder im selben Maße, aber – ja. Wobei das interessanteste und spannendste und die Dinge noch nach dem Interview teilweise komplizierter machende Element wieder eine ganz andere Seite dieser Eitelkeit war, nämlich die Eitelkeit gut auszusehen. Da stand dann in einigen Fällen tatsächlich Eitelkeit gegen Eitelkeit: Dabeisein auf der einen Seite, aber doch vielleicht nicht unbedingt um**

den Preis, dass man im Gespräch nicht so gut ausgesehen hat, wie man – oder frau – gern ausgesehen hätte. Und so gab es bei einigen unserer Interviewpartner einen nicht unerheblichen nachträglichen Veränderungs- und Verbesserungsbedarf, dem wir uns natürlich stellen mussten.

Nun ist es ja aber üblich, dass Interviews, wenn sie abgedruckt werden, bereinigt und geglättet werden, damit sie sich besser lesen. Viele Passagen in Ihrem Buch lesen sich so, als ob sie eins zu eins vom Gespräch übernommen sind ...
**Das möchten wir gern als Kompliment verstehen. Wir haben die Gespräche durchaus redigiert, aber wir wollten, dass der Charakter des Gesprächs erhalten bleibt und vom Leser auch nachvollzogen werden kann. Es sollte keine Ansammlung von Statements werden, bei der wir nur als Stichwortgeber funktionieren. Wir haben uns mit interessanten Menschen unterhalten und die Unterhaltung sollte als solche erkennbar bleiben. Bei der Arbeit des Redigierens haben wir immer den Punkt gesucht, der exakt an der Schnittstelle zwischen optimaler Authentizität und optimaler Lesbarkeit liegt.**

In anderthalb Fällen scheinen Sie mit dem Abdruck des Interviews an den Rand von rechtlichen Problemen gekommen zu sein. Wie ist das denn passiert?
**Ja, dahinter steckt der schon erwähnte Konflikt zweier Eitelkeiten: Dabeisein erst einmal ja, aber hinterher könnte man es sich ja unter Umständen noch einmal überlegen, ob man – bzw. nun wirklich: frau – tatsächlich dabei gewesen sein möchte oder doch lieber nicht. Da wir einen sehr guten Rechtsbeistand haben, wussten wir, dass mit der Zusage – zu dem Gespräch für ein Interviewbuch – und dem tatsächlichen Akt des Interviews konkludent, wie der Jurist es nennt, das Einverständnis zur Veröffentlichung erklärt worden ist. Eine Autorisierung kann danach nur bedeuten, dass der Autor der Worte seine Worte als tatsächlich gegeben wiedererkennt, nachdem wir sie transkribiert haben. Bascha Mika hat unsere Transkription übrigens als »gut« bezeichnet, war aber offensichtlich mit einigen ihrer Aussagen nicht glücklich, was dann zu diesem zwistigen Ende unserer Kommunikation führte. Wir haben uns daraufhin entschieden, zwei Aussagen zu ihrem Privatleben, die im Sinne des Persönlichkeitsrechts relevant sein könnten, aus dem Gespräch zu streichen.**

Und wieso mochten Sie Bascha Mikas Wunsch, am Ende vielleicht doch gar nicht dabei gewesen zu sein, nicht erfüllen? Selbst wenn, mal angenommen, Sie rein rechtlich auf der sicheren Seite sind.
**Wir haben die Interviews geführt, um auf diese Weise einen Schnitt quer durch die Medienlandschaft zu machen. Wenn wir hinterher die Pfefferkörner alle rausfallen lassen würden, müssten wir uns**

jetzt sicher die berechtigte Kritik anhören: Oh, was ist das für ein fader Käse. – Der Käse ist, wie er ist, und wir verstehen uns nur als jemanden, der die Sicht auf das Innere freigelegt hat.

Hat es denn eigentlich auch gänzlich unkomplizierte Journalisten gegeben?
**Ja, allerdings. Die drei Rundfunkleute waren sehr unkompliziert. Sven Kuntze war das genaue Gegenteil von kompliziert. Einige der Interviewten wollten das Gespräch gar nicht mal gegenlesen, andere – wie Henryk M. Broder und Tilman Krause – wollten nur ein einziges Wort ändern. Würden wir wie beim Eiskunstlaufen Haltungsnoten für das Handling der ganzen Angelegenheit vergeben, könnte Peter Rásonyi mit einer glatten 6,0 rechnen.**

Was waren denn so die interessantesten Überraschungen, die Ihnen im Gespräch begegnet sind? Kann man da vielleicht mal zwei oder drei herauspicken?
**Ja. Wie Peter Kloeppel es z.B. geschafft hat, bei der Bewerbung für die Hamburger Journalistenschule den Mitbewerber Harald Schmidt auszustechen. Oder wie Sven Kuntze den damals noch unbekannten Abgeordneten Gerhard Schröder im »Bericht aus Bonn« untergebracht hat. Auch dass Claus Strunz – der Chefredakteur der *Bild am Sonntag* – in unserem Gespräch mit einem sehr interessanten Gedanken von Aristoteles aufwartet. Dass Gerhard Delling übrigens als Kind nicht Fußballnationalspieler werden wollte, Markus Schächter aber sehr wohl! Und Eva Herman tatsächlich nicht einmal Mitglied einer Kirche ist, während Hans Leyendecker sonntags sogar regelmäßig in den Gottesdienst geht.**

Apropos Religion: Die Gretchenfrage war ja eine von nur zwei Fragen, die Sie jedem Ihrer Gesprächspartner gestellt haben. Was haben Sie sich denn dabei gedacht?
**Wir hatten ursprünglich vier – fünf Themen, die wir *immer* ansprechen wollten, darunter das Verhältnis des Journalismus zur Politik. Aber es hat sich dann sehr schnell herausgestellt, dass unsere beiden regelmäßigen Fragen – und auch gerade im Tandem: Allgemeinbildung und Religion – die richtige Dosierung sind. Zu viel Gleichmäßigkeit in der Fragestellung würde den Leser ermüden, aber ganz auf die Chance des direkten Vergleichs zu verzichten, wäre auch dumm. Und die Frage zur Religion hat überdies so interessante Reaktionen gezeitigt, dass wir jedem, der eine schnelle Antwort auf die Frage sucht, wer ist dieser Mensch eigentlich, empfehlen: Lies nur, wie er die Gretchenfrage beantwortet hat.**

1. Mai 2008

| | Tissy Bruns | Sven Kuntze | Tilman Krause | Henryk M. Broder | Peter Rasonyi | Marie Sagenschneider | Helmut Markwort | Christine Ellinghaus |
|---|---|---|---|---|---|---|---|---|
| Nähe Journalismus – Politik | • | • | | | • | | | |
| Journalistisches Ethos | • | • | | | | | • | |
| Journalistisches Handwerk | | | | • | | • | | |
| Boulevardjournal./Unterschicht | | | | | | | | |
| Medienlandschaft im Überblick | | | | • | | • | • | |
| Einstieg in den Beruf | | | | | | | | |
| Frauen im Journalismus | • | | | | | | | • |
| Online-Journalismus | | | | • | | | | |
| Radio | | | | | | | • | |
| Kultur | | | • | • | | | | |
| Religion/Philosophie | | | | • | | | | |
| Sport | | | | | | | • | |
| Wirtschaft/Finanzen | | | | | | • | | • |

Besondere Themen, die im jeweilige

|   | Claus Strunz | Günter Schabowski | Wolfram Weimer | Bascha Mika | Peter Kloeppel | Maybrit Illner | Jolyon Brettingham Smith | Cathrin Kahlweit | Hans Leyendecker | Gerhard Delling | Christoph Amend | Claus Kleber | Philipp Krohn | Anke Kapels | Karin von Faber | Markus Schächter | Dirk Kurbjuweit | Eva Herman |
|---|---|---|---|---|---|---|---|---|---|---|---|---|---|---|---|---|---|---|
|   |   | • |   | • | • |   |   | • | • |   |   | • |   |   | • | • | • |   |
|   | • | • |   | • |   |   |   |   | • | • |   |   | • |   |   |   | • |   |
|   |   |   |   |   | • | • | • |   |   | • |   |   |   |   |   |   |   |   |
|   | • |   |   |   | • |   |   |   |   |   |   |   | • |   |   |   |   |   |
|   | • |   |   |   |   |   |   |   |   |   |   |   |   |   |   |   |   |   |
|   | • |   |   |   | • |   |   |   |   |   | • | • | • | • |   |   |   |   |
|   |   |   |   |   |   | • |   |   | • |   |   |   |   |   |   |   |   | • |
|   |   |   |   |   |   |   |   |   |   | • |   |   |   | • | • |   |   |   |
|   |   |   |   |   |   |   | • |   |   |   |   | • |   |   |   |   |   |   |
|   |   | • |   |   |   |   | • |   |   |   |   |   |   |   | • | • |   |   |
|   | • | • |   |   |   | • |   |   |   |   |   |   |   |   |   |   |   | • |
|   |   |   |   |   |   |   |   | • | • |   |   |   |   |   |   |   |   |   |
|   |   |   |   |   |   |   |   |   |   |   |   |   | • | • |   |   | • |   |

terview angesprochen worden sind

# Register

Ackermann, Josef 64f.
Adenauer, Konrad 17, 49f., 198, 256
ARD 24, 30f., 152, 167, 183, 200-202, 214, 220f., 249, 258-261
Aristoteles 99, 294
Augstein, Rudolf 33, 87, 89, 210, 273
Aust, Stefan 90, 93, 188f., 265f., 273f.

Bachér, Peter 247
Bayern München, FC 82, 92f., 104, 210
BBC 76, 167, 172, 259
Beck, Kurt 93, 186, 192, 229
Beckmann, Reinhold 180, 200, 202
Berghoff, Dagmar 286
Beuys, Joseph 80
*Bild* 11, 84, 100-107, 129, 134, 140f., 152, 179, 190, 251, 277, 283, 285-287
*Bild am Sonntag* 98, 100, 104-108, 152, 287, 294
Biolek, Alfred 172
Bonhoeffer, Dietrich 195
Boßdorf, Hagen 200f.
Brandt, Willy 10, 17, 50, 186
Brauner, Jo 286
Brender, Nikolaus 220f., 260
*Brigitte* 96, 135, 178, 212, 237, 239f.
Broder, Henryk M. 90f., 294

Camus, Albert 81, 256
CDU 15, 27f., 36, 121, 140, 185f., 194, 241, 251, 256
Christiansen, Sabine 19, 90, 105, 111, 155, 180, 182, 249, 280
*Cicero* 37, 120, 122-125, 129, 279f.
Clement, Wolfgang 185
CSU 20

Deutschlandfunk 75f., 112, 136, 226-231, 252
Diekmann, Kai 9, 11, 93, 105, 107
di Lorenzo, Giovanni 93, 206, 209, 213, 265

DKP 14, 50
Döpfner, Mathias 35
Dorn, Thea 281
dpa 63, 152, 284f.

*Emma* 58, 135, 279f., 282
Ensslin, Gudrun 186f.

Feddersen, Jens 246
*Frankfurter Allgemeine Sonntagszeitung* 99, 106f., 152
*Frankfurter Allgemeine Zeitung* 11, 34, 37, 63, 66, 100, 107, 120, 124, 148, 152, 248, 252, 277
*Frankfurter Rundschau* 11, 152, 238f.
FDP 31, 36, 89f., 176
*Focus* 58, 82-88, 90f., 152, 191, 273

*Gala* 57
Gause, Gundula 223f.
Gniffke, Kai 280
Goethe, Johann Wolfgang 39, 44
Gorbatschow, Michail 157, 277
Gottschalk, Thomas 262
Grass, Günter 44
Grünen, Die 15, 25, 36, 125, 142, 176, 185, 238
Gruner+Jahr 94, 96f., 239f.

Häusler, Martin 247
*Hamburger Abendblatt* 13, 107, 277, 283f.
Heidenreich, Elke 42f.
Heinemann, Christoph 232
Herman, Eva 199, 210f., 223, 257, 294
Heute-Journal 162, 173, 214, 216, 220f., 223, 258, 260
Holzamer, Karl 257
*HörZu* 234, 236, 240f., 244, 247f.

Illner, Maybrit 11, 111, 180f., 211, 249, 280

Jauch, Günther 106, 161, 220

Kästner, Erich 115
Kerner, Johannes B. 180, 217, 223, 257, 284-286
Kister, Kurt 265
Kleber, Claus 148, 162, 260, 265, 291
Köpf, Doris 26, 90
Kulenkampff, Hans-Joachim 246f., 262

Lambsdorff, Otto Graf 32
Leyendecker, Hans 11, 101, 179, 294
Linke, Die 125, 140, 142
Luhmann, Niklas 25, 163

Maischberger, Sandra 155f., 249, 281
Markwort, Helmut 58, 273f.
Martenstein, Harald 208
Meinhof, Ulrike 187
Meisner, Joachim Kardinal 194, 210f.
Merkel, Angela 15, 17, 27, 78, 176f., 192, 251, 266f., 270
Meyer-Barg, Angela 247
Mika, Bascha 56, 265
Möller, Barbara 283f., 287
Murdoch, Rupert 92

NDR 183, 196, 198-201, 246, 252, 276, 280f., 283, 287
Neon 240
Netzer, Günter 196f., 201f.
Nowottny, Friedrich 26
NRZ 246

Pauli, Gabriele 19f.
Petzold, Andreas 237
Plasberg, Frank 155, 180, 249, 280, 282
Platon 99, 103

Reuters 63, 152
Rosenberg, Alfred 281
Roth, Joseph 91
Roth, Thomas 29
RTL 29, 47, 123, 144f., 147f., 151f., 283

Rübenacker, Thomas 168
Rüttgers, Jürgen 186, 194, 229

Sat.1 152, 219, 261
Schirrmacher, Frank 9, 11, 93

Schmidt, Harald 51, 87, 146, 150, 222, 294
Schönenborn, Jörg 29
Schröder, Gerhard 10, 15, 17, 26f., 90, 189, 266f., 269, 294
Schwarzer, Alice 25f., 132, 134f., 177, 279-281, 283
SED 110, 112-114, 116, 154, 157f.
Slomka, Marietta 222
Sloterdijk, Peter 126-128
SPD 15-17, 27f., 36, 50, 75, 90, 117, 176, 184-187, 192-194, 230, 238f., 251
*Spiegel, Der* 32, 37, 46, 57f., 63, 84-87, 89, 91, 102, 106, 123, 139, 152, 184, 188f., 252, 264f., 267f., 270, 273f., 279, 281
Springer, Axel Cäsar (Verlag) 13, 35, 108, 187, 212, 240f., 251f., 277
Springer, Friede 250f.
Steingart, Gabor 266-268
*Stern* 12, 58, 86, 90, 95, 147, 236f., 240, 252
Stoiber, Edmund 20, 105
*Süddeutsche Zeitung* 11, 32, 37, 57, 63, 100f., 106f., 138, 152, 174f., 181f., 184, 189, 208, 212f., 248, 252
SWR 164, 171

Tagesschau 19, 24, 27-30, 63, 151, 219f., 276, 278, 280f., 286
*Tagesspiegel, Der* 12, 19, 21, 34f., 133, 206, 212, 236, 244, 246
taz 12, 16, 55f., 132, 134, 136-142, 152, 281
Thoma, Helmut 29
Tietjen, Bettina 286

Ulrich, Bernd  265

*Vanity Fair*  57

Wallraff, Günter  102, 190, 212

WAZ  185

WDR  164, 167, 169, 196, 202, 244, 246, 249

*Welt, Die*  12, 34-36, 41, 63, 98, 100, 120, 152, 239f., 248, 251, 271, 277

Will, Anne  11, 174f., 180-183, 198, 211f., 229, 249

*Woman*  94-96, 239

ZDF  31, 92, 152, 154, 173, 214f., 220, 246f., 249, 254f., 257-259, 262, 284f., 292

*Zeit, Die*  11, 37, 66, 123f., 206-208, 210, 212f., 217, 226, 230, 235f., 252, 264

# Fotonachweis

ARD: 164, 196; Cicero: 120; Focus: 82; RTL: 144; Springer-Verlag: 98; Süddeutsche Zeitung: 184; Tagesspiegel: 12; ZDF: 154, 214, 254; J. Dylong: 264; J. Gern: 206; St. Jänicke: 24; M. Lengemann: 34; privat: 46, 60, 72, 110, 174, 226, 234, 244, 276